역사 속 인물들의 빛나는 지혜

역사 속 인물들의 빛나는 지혜

발행일 2022년 6월 27일

지은이 허만행
펴낸이 손형국
펴낸곳 (주)북랩
편집인 선일영 편집 정두철, 배진용, 김현아, 박준, 장하영
디자인 이현수, 김민하, 김영주, 안유경, 한수희 제작 박기성, 황동현, 구성우, 권태련
마케팅 김회란, 박진관
출판등록 2004. 12. 1(제2012-000051호)
주소 서울특별시 금천구 가산디지털 1로 168, 우림라이온스밸리 B동 B113~114호, C동 B101호
홈페이지 www.book.co.kr
전화번호 (02)2026-5777 팩스 (02)2026-5747

ISBN 979-11-6836-355-7 03190 (종이책) 979-11-6836-356-4 05190 (전자책)

동서양 18인의 인생 역경과 업적

역사 속 인물들의 빛나는 지혜

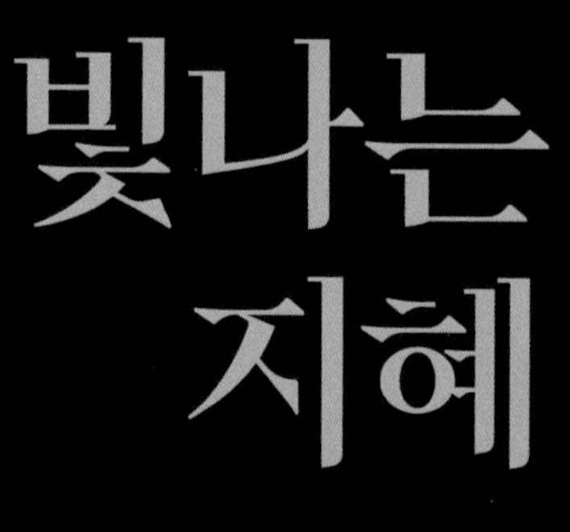

허만행 지음

북랩

책을 펴내며

사람은 태어나서 유아기, 소년기, 청년기, 장년기, 노년기를 거치면서 늙고 병들어서 세상을 마감하게 된다. 요즘은 의학의 발전으로 평균 수명이 많이 늘어나서 기본적으로 90세 이상은 살아야지 섭섭하지 않다고 생각할 것이다. 그러나 90세가 넘은 어르신들은 본인의 삶에 대하여 만족스럽다고 생각하실까? 대부분의 어르신들은 그렇지 않다고 대답하실 것이다. 그 이유는 무엇일까. 본인이 살아온 인생이 본인이 상상하는 멋진 인생과는 차이가 있기 때문이다. 우리는 결국 과거의 아쉬움 속에서 살아간다. 20대는 10대의 삶을 아쉬워하고, 30대는 20대를, 40대는 30대를, 50대는 40대를 아쉬워하면서 살아간다. 아마도 90대는 살아온 인생 전체를 아쉬워할 것이다. 그렇다면 하나밖에 없는 인생을 어떻게 하면 보람 있고 후회 없이 잘 살 수 있을까? 우리가 아무리 멋진 인생을 살기 위해서 훌륭한 계획을 세워서 인생을 잘 살았다고 하더라도 100% 만족은 못 할 것이다. 그 이유는 사람의 욕심은 끝이 없기 때문이다. 그래서 자기의 인생을 평가해 볼 때 80~90점만 되면 성공한 인생이라고 볼 수 있다고 생각된다.

필자는 세계적으로 유명한 위인들 18인을 선정해서 그들의 삶을 심층 분석해서, 무엇이 그들의 삶을 지배했는지 알아보기로 했다. 어떠한 부모로부터 태어나고, 어린 시절은 어떠한 가정에서 자랐으며, 교육은

어떻게 받았으며, 어떠한 사상을 가지고 있었는지, 그들의 목표는 무엇이었으며, 얼마나 고생을 하면서 목표를 달성했는지 분석을 해보았다. 보통 가정에는 아이들이 자라고 있다면 기본적으로 위인전 몇 권씩은 보유하고 있을 것이다. 그리고 그 사람들이 남긴 업적은 대략적으로 알고 있을 것이다. 그러나 필자는 그 위인들의 사상을 세밀하게 분석하여 우리의 삶과 연관을 지어보고 싶었다. 그리고 그들의 신념, 지혜, 노력, 덕망, 용기, 인내, 사랑, 자유의 열망 그리고 고생의 연속 등 많은 것을 조사하고 분석해 보았다. 그리고 그 사상을 보고 우리가 배우고 우리의 삶에 어떻게 적용할지를 생각해 보았다.

필자는 자라나는 청소년들에게도 도움을 주려고 노력했다.
청소년들은 꿈을 가져야 한다.
청소년들은 용기와 신념이 있어야 한다.
청소년들은 인내와 노력이 있어야 한다.
청소년들은 사랑과 덕을 베풀 줄 알아야 한다.
청소년들은 정의를 위해서 헌신할 줄 알아야 한다.
청소년들은 성인들의 삶을 보고 미래를 설계할 수 있어야 한다.
등 청소년들의 바른 사상과 행동을 지도하고자 노력했다.

그리고 청장년들에게도 자기 삶을 되돌아 볼 수 있는 기회를 주고 싶었다. 본문에 나오는 이야기들은 대부분 알고 있는 내용이겠지만 우리가 다시 한 번 읽어 보면서 본인이 걸어온 과거와 비교도 해보고 미래를 다시 한 번 더 조명해 볼 공간이 되었으면 한다. 마지막 장에는 노

후에 관심이 많아지는 종교와 영혼에 대하여 기술해 보았다. 사람은 누구나 늙고 병들고 죽는다. 죽어서 구원을 받을 수 있는지 궁금해할 것이다, 모든 행복은 내 마음속에 있다고 생각한다. 우리 자신이 우리의 정신세계를 어떻게 조각하느냐에 따라 행복의 수치가 달라진다고 생각한다.

이 책을 내면서 많은 사람들에게 보다 나은 삶을 살고 인생을 보람되게 살 수 있도록 미력이나마 노력해 보았다. 저의 노력이 헛되지 않고 독자 한분 한분에게 조금이나마 생의 영양소가 되었으면 하는 소망을 밝히는 바이다.

2022년 6월

허만행

차 례

5. 젊었을 때 고생은 성공의 주춧돌

6. 지도자의 덕

7. 사람의 마음을 움직이는 지혜

8. 사랑이 없는 지도자는 인류를 슬프게 했다

9. 좋은 인연(因緣)을 만나면 성공한다

10. 끝없는 연구와 호기심은 신에게 열쇠를 받는다

11. 불굴의 의지력은 세계 지도도 바꾼다

12. 지나치게 재물을 탐하면 화(禍)가 될 수 있다

13. 자유는 죽음보다 귀하다

14. 훌륭한 통치력은 세계 최고 나라를 만든다

15. 영웅은 난세에 태어난다.

16. 네가 살면 내가 죽는다는 권력 다툼

17. 자기 배만 채우는 욕심쟁이 탐관오리들

18. 영혼의 행복

1. 용기는 영웅을 만든다

"육지에 가만히 앉아서 좋은 선장이 될 수는 없다. 바다에 나가서 무서운 폭풍을 만난 경험이 유능한 선장을 만든다. 격전의 현장에 나서야만 전쟁의 끔찍함을 느낄 수 있다. 사람의 참된 용기는 인생의 가장 곤란한 때 또는 가장 위험한 위치에 섰을 때 비로소 나타난다."

(S. 다니엘)

용기에는 필요한 용기와 필요하지 않은 용기가 있다. 필요한 용기는 정의를 바탕으로 일어나는 것으로써, 그 앞에는 항상 위험이 도사리고 있다. 정의감에 의해 위험을 감수하고 용기를 내는 것이 진정한 용기라고 본다. 용기의 결과가 좋지 않을 때는 죽음까지 각오해야 한다. 용기의 결과가 좋게 끝나면 상상할 수 없는 영광이 뒤따른다. 세계의 모든 영웅은 큰 용기의 결실로 얻은 명성이라고 본다. 한마디로 용기 없는 사람은 영웅이 될 수 없다. 그러나 정의감이 없는 용기는 진정한 용기라고 볼 수가 없다. 경거망동하고 자기 과시용 용기는 용기가 아니다. 순자가 말씀하시기를 "죽음을 가벼이 하고 날뛰는 것은 소인의 용기니라. 죽음을 소중히 여기고 의로써 마음을 늦추지 않는 것은 군자의 용기니라."라고 했다.

제2차 세계 대전의 영웅 처칠

윈스턴 처칠은 1874년 11월 30일 귀족 가문의 아버지 랜돌프 처칠과 어머니 제니 제롬 사이에서 태어났다. 처칠은 고집이 셌고 장난꾸러기였지만 부모님을 사랑하고 존경했다. 공부는 잘하는 편이 아니었지만, 군사학만은 열심히 공부했다. 가장 싫어했던 과목은 수학과 라틴어였는데, 아예 그 과목들을 공부할 생각도 하지 않았다. 처칠은 고등학교를 마치고 군사학을 좋아했기 때문에 왕립군사학교에 입학하기 위해 시험을 쳤지만 낙방하고 말았다. 그러나 포기하지 않고 세 번의 도전 끝에 입학시험에 합격했다. 시험 성적이 좋지 않아서 보병대에는 못 들어가고 말을 타고 싸우는 기병대에 들어가게 되었다. 기병대는 말을 직접 사고 관리를 해야 하기 때문에 돈이 많이 들어갔다. 처칠은 입학하게 되어 기뻤지만 아버지는 돈 들어갈 일에 걱정이 많았다. 처칠은 군사학교에서 열심히 공부했다. 특히 라틴어와 수학을 더 이상 공부하지 않아도 되어 좋았다. 공부를 열심히 해서 150명 중에 8등이라는 우수한 성적으로 군사학교를 졸업했다.

처칠이 21살 때 아버지 랜돌프 처칠이 45세의 젊은 나이로 세상을 떠났다. 처칠은 몹시 슬퍼하고 아버지가 못 이룬 꿈을 대신 이루겠다고 다짐한다. 어머니와는 전보다 더 가까워졌고 서로 의지하게 되었다.

1895년에 훗사르 부대에 중위로 가게 되었다. 훗사르 부대는 군기가 엄하고 훈련이 셌지만 6개월간 기병 학교 교육을 받고 훌륭한 기마 장교가 되었다. 훈련 중 잠시 시간을 내어 중병에 걸려있는 어릴 적 보모를 문병하고 의사들을 불러 임종을 앞둔 보모를 돌보도록 하고 직접 임종을 지켰을 정도로 정이 많았다.

1896년 훗사르 부대는 인도 파견을 명령받았고 인도에서 장기간 근무하게 되었다. 장기간 파견하기 때문에 군인에게 긴 휴가를 주는데 처칠은 그 기간에 또 다른 모험을 준비한다. 당시 쿠바는 에스파냐와 독립 전쟁을 치르고 있었는데, 거기에 종군 기자로 가서 쿠바의 독립전쟁을 취재해서 신문에 기고해 볼 생각이었다. 처칠은 에스파냐 군대를 따라가서 쿠바의 밀림으로 들어갔다. 밀림에는 쿠바 독립군이 숨어 있다가 총을 쏘고 달아나는 게리라 전법을 쓰기 때문에 매우 위험했고 처칠도 죽을 고비를 많이 넘겼다.

훗사르 부대는 예정대로 인도로 출발했다. 인도에서 근무하면서 학교 다닐 때 게을리했던 역사, 정치, 철학 등 책들을 열심히 읽었고 직접 책을 쓰기도 했다. 1898년 훗사르 부대에서 휴가를 얻은 처칠은 혁명이 일어난 수단으로 건너갔다. 전쟁을 모험하기 위한 것이지만 상당한 위험을 감수해야 하는 것이었다. 그곳의 영국군 파견 대장은 처칠의 동행을 허락했지만 비용은 처칠이 부담해야 했기 때문에 비용을 마련하기 위해서, 처칠은 한 신문사의 종군 기자 명목으로 동행했다. 처칠은 옴두르만 전투에 참가하였고 죽을 고비를 많이 넘기게 된다. 전투에서 부상당한 동료의 수술을 위해서 자신의 팔 안쪽 살을 망설임 없이 떼어 주었다.

1899년 처칠은 정치를 해 볼 생각으로 군대를 제대하고 고국으로 돌아온다. 하지만 국회위원 선거에 출마했다가 낙방했다. 그러던 중 신문사에서 많은 급료와 경비를 주겠다고 제안해 와서, 종군 기자로 남아프리카에서 벌어지고 있는 보어 전쟁(남아프리카에서 금광 소유권을 두고 영국과 네덜란드의 보어족 사이에서 벌어진 전쟁)을 취재하러 떠난다. 그러나 열차를 타고 전쟁터로 가는 도중에 보어인들에게 기습 공격을 받게 된다. 기차는 탈선되고 총탄은 비 오듯 쏟아졌고 처칠은 항복할 수밖에 없었다. 처칠은 프리토리아에 있는 장교 포로수용소로 끌려갔다. 처칠은 자기가 기자라고 주장하며 석방해 달라고 요구했지만 들어주지 않았다. 처칠은 수용소 담장을 넘어 탈출했다. 중립 지역까지 제대로 먹지도 못하고 480㎞를 가야 했다. 화물열차에 몰래 탑승도 하고 걷기도 하다 결국 잉글랜드인의 도움으로 안전지대까지 도착하게 된다. 죽은 줄 알았던 처칠이 안전하게 탈출했다는 소식이 영국 신문의 1면에 실리고 영국 국민은 환호했다. 전쟁 중에 벌인 이러한 모험으로 처칠은 일약 세계적인 유명 인사가 되었다.

1900년 10월 처칠은 다시 국회의원 선거에 나섰고, 이번에는 당당히 하원 의원으로 당선된다. 그 당시 국회의원은 보수를 받지 않았기 때문에 따로 돈을 벌어야 했다. 처칠은 전국을 돌며 강연을 했고 사람들은 처칠의 강연을 듣기 위해 구름처럼 모여들었다. 따라서 강연을 통해서 약 4만 달러를 벌었고, 그 정도의 돈은 그 당시 큰돈으로, 정치할 수 있는 자금으로 충분했다. 처칠은 아버지라는 든든한 후광이 있었다. 처칠은 아버지의 전기를 펴냈고 사람들은 처칠의 아버지는 훌륭한 연설가에다 위대한 정치가이고 어떤 일에도 자신의 믿음과 양심을 지키

는 인물로 기억하고 있었다. 처칠도 아버지를 닮아서 자기의 신념이 뚜렷한 정치인으로 입지를 다졌다. 그렇게 자기주장이 강해서 보수당 내에서도 처칠과 충돌이 자주 일어났다. 결국 처칠은 보수당에서 자유당으로 당적을 옮기게 된다. 자유당은 과반의 의석을 확보하게 되어 정권을 잡게 된다. 그리고 처칠은 식민차관으로 임명된다. 초선 국회의원으로 이것은 큰 영광이었다. 처칠은 자유당에서 재선 의원으로 당선되고 통상장관으로 임명되어 국내 경제에 대한 모든 일을 맡아 처리하게 된다. 그리고 1908년 9월 서른네 살의 나이에 클레멘타인 호지어를 만나서 결혼하게 된다. 처칠의 최대 관심사는 항상 정치였다. 조국을 지키기 위해 싸워야 하는 사명감이 처칠 앞에 놓여 있었다.

1910년부터 처칠은 내무장관을 맡았다. 경찰을 지휘하고 치안을 유지하는 것이 처칠의 임무였다. 처칠은 맡은 임무로 독일을 방문하여 독일의 군대를 보게 되었다. 그런데 훈련이 잘 된 독일 군대를 보고 등골이 서늘했다. 처칠은 독일이 전쟁 준비를 하고 있다고 다른 각료들에게 경고했다. 1911년에 해군장관에 임명되어서 대영제국의 해군을 강화하였다. 더 빠른 군함을 만들고 병력을 증강하고 보급품을 늘리고 성능이 뛰어난 대포들을 갖추어 전력을 정비해 나갔다. 그리고 해군 내에 해군 항공부를 창설했다. 이것이 나중에 대영제국 공군으로 발전했다.

1914년 8월 독일은 프랑스에 전쟁을 선포했고 영국은 독일에 선전 포고를 함으로써 제1차 세계대전이 시작되었다. 처칠은 전쟁을 빨리 끝내기 위해 다양한 계획을 세운다. 그중에 무장수송차량을 개발하고, 육상 선박 위원회를 만들어 세계 최초의 탱크를 만들었다. 처칠은 총알이 빗발치는 전선을 누비며 작전을 지휘했다. 그는 작전 실패를 두려워

하지 않았다. 그러나 흑해와 지중해를 잇는 다르다넬스 해협에서 벌인 작전에서 실패하면서 해군장관에서 내려오게 된다. 처칠은 다시 육군으로 가기로 결심했다.

1915년 11월 처칠은 프랑스에 주둔한 육군 연대의 지휘를 맡게 된다. 그 연대는 최전방에 배치되어 있어서 하루 종일 위험한 참호에서 지내야 했다. 그는 짬이 나면 전쟁의 참혹한 피해 상황을 그림을 그려서 화폭에 담았다. 1916년 데이비드가 새 수상이 되면서 처칠은 다시 의회로 돌아가서 군수장관이 되었다. 그의 임무는 무기를 생산하고 수송과 보급을 감독하는 것이다. 1917년 4월 미국은 연합국을 돕기 위해 전쟁에 뛰어들었고, 1918년 11월 11일 제1차 세계대전은 연합국(미국, 영국, 프랑스)의 승리로 끝났다. 그리고 베르사유 조약을 맺어서 전쟁피해를 독일이 배상하게 했다. 그 액수는 무려 330억 달러였다. 또 독일은 군대를 10만 명으로 제한하고, 공군을 둘 수 없었고, 탱크도 가져서는 안 되었고, 전함은 여섯 척까지만 보유할 수 있었고, 잠수함은 한 척도 가질 수 없었다. 전쟁이 끝나고 전쟁의 참혹함을 본 영국 사람들은 평화를 위해 군대를 폐지하자고 주장했지만, 처칠은 계속 철저히 전쟁을 준비해야 된다고 주장했다. 처칠의 이러한 선견지명으로 인하여 영국은 망하는 일을 피할 수 있었다.

전쟁 후 처칠은 국회의원으로 10년간 지내면서 미국에 가게 되었다. 그곳에서 교통사고를 당했지만 죽지 않고 살아났다. 처칠은 자신이 죽을 고비를 여러 번 당하고도 살아나는 것을 보고, 자신이 고귀한 사명을 위해 태어났다는 신념을 더욱 굳게 하게 되었다. 그 후 독일을 방문해서 히틀러와 나치당에 대해서 여러 가지 불길한 이야기를 들었다. 그

이야기를 영국 의원들에게 전했지만 귀담아 들어 주는 사람은 거의 없었다. 집권 다수당의 의원들은 어떤 대가를 치르더라도 평화주의로 나가야 한다는 입장이었다.

1936년 3월 히틀러는 제1차 세계대전 때 프랑스에게 넘겨주었던 라인란트를 점령했다. 그리고 2년 후에는 총 한 방 쏘지 않고 오스트리아를 점령했다. 독일이 폴란드를 점령하고 영국과 프랑스는 독일에 선전포고를 하면서 제2차 세계대전은 시작되었다.

1940년 영국 공화당이 다수당이 되었고, 처칠은 65세 나이로 수상으로 취임하면서 제2차 세계대전을 이끌게 된다. 처칠은 자신의 열정과 노력, 눈물과 땀을 바칠 것을 국민에게 약속하면서, 국민도 승리를 위해 어떤 희생도 감수할 것을 요구했다. 처칠이 보여 준 확신과 희망에 찬 모습은 국민에게 큰 용기와 희망을 주었다.

독일의 히틀러와 나치는 침공을 계속하여 네덜란드, 벨기에, 룩셈부르크 그리고 프랑스까지 항복을 받았다. 영국도 프랑스와 연합하여 전쟁을 벌이면서 군함과 많은 무기를 잃게 되었다. 그러나 처칠의 선견지명으로 제1차 세계 대전 때 사용하던 무기를 버리지 않았기 때문에 좀 낡았지만 유용하게 쓸 수가 있었다. 처칠은 미국의 도움 없이는 독일을 이길 수가 없다고 판단하여 미국 프랭클린 루스벨트 대통령에게 도와달라고 요청을 한다. 그러나 루스벨트 대통령은 국민이 중립을 원하므로 이를 존중할 수밖에 없다고 거절한다.

영국이 항복할 줄 알았던 히틀러는 항복을 거부하자 영국 본토를 공격할 계획을 세운다. 드디어 1940년 7월 영국과 독일은 전쟁이 시작되었다. 영·독 전쟁의 처음은 공중전이었다. 독일 전투기의 숫자가 영국

의 전투기의 두 배에 달했지만, 영국의 주력 전투기인 스피트파이어는 세계 최강의 성능을 자랑했다. 독일 전투기들은 거의 매일 밤 런던을 비롯해 영국의 주요 도시들을 공격하여 쑥대밭을 만들었다. 히틀러는 계속 공격하다 보면 영국은 결국 항복할 것이라고 생각했다. 거듭되는 공습에도 처칠은 항복하지 않았다. 처칠은 미국 대통령 루스벨트에게 편지와 전화로 군사 원조를 요구했다. 그러나 미국은 군수 물자는 원조해 주었지만 파병은 약속하지 않았다. 그러던 중 독일의 동맹국인 일본이 1941년 12월 진주만을 공습하자 사태는 바뀌게 되었다. 미국과 영국은 일본에 선전 포고를 하게 된다. 그래서 결국 영국, 미국, 소련의 연합국과 독일, 일본이 한 편이 되어서 전쟁이 벌어졌다.

결국 연합국의 승리로 제2차 세계 대전은 끝나게 된다. 그러나 처칠은 독일의 히틀러보다 더 믿을 수 없는 사람은 소련의 스탈린이었다. 소련은 유럽을 공산화 시키려는 야망과 집념이 있다는 것을 알고 있었기 때문이다. 처칠은 1946년 3월 5일 미국의 웨스트민스터 대학에서 연설에서 그 유명한 '철의 장막'을 말했고 이것은 소련이 자유와 세계 평화를 위협하고 있다고 경고했다. 처칠은 전쟁의 교훈을 잊지 않기 위해서 무려 여섯 권에 달하는 「제2차 세계 대전사」를 저술하였다. 1953년에는 역사와 인류에 관한 여러 베스트셀러 대작을 집필한 공로로 노벨 문학상을 받았다. 처칠은 1965년 1월 24일, 아버지의 70번째 기일에 90세의 나이로 숨을 거둔다. 영국 전체가 처칠의 죽음을 애도했다. 처칠의 사망 소식을 듣고 엘리자베스 2세 여왕은 미망인 클레멘타인 부인에게 위로의 말은 전했다.

"이 다재다능한 천재의 죽음은 온 세계의 커다란 손실입니다. 처칠

경이 있었기에 조국과 우리의 영연방 국가들은 역사상 가장 위험한 일을 겪고도 살아남을 수 있었습니다. 이는 처칠 경의 지도력과 미래를 내다보는 해안, 그리고 불굴의 용기에 대한 영원한 기념비가 될 것입니다."라고 적었다.

윈스턴 처칠은 낙담과 두려움을 모르는 용기 있는 전쟁 지도자로 사람들의 기억에 남아 있다. 처칠은 히틀러와 같은 사악한 지배자가 세계에 어떤 위협이 되는지 일찍부터 알았다. 처칠을 중심으로 한 연합국이 제2차 세계 대전에서 승리하지 못했다면 일본의 식민지로 있던 우리나라는 더 오랫동안 일본의 압제에서 신음했을 것이다. 그런 점에서 영국뿐 아니라 세계 여러 국가 국민은 처칠에 빚을 지고 있는 것이다. 처칠의 위대한 업적은 여기서 그치지 않는다. 처칠은 용감한 군인이었고, 뛰어난 기자였으며 훌륭한 문필가이기도 했다. 특히 처칠이 제2차 세계 대전의 원인과 과정에 대해 쓴 「제2차 세계 대전사」는 아직까지도 가장 권위 있는 저술의 하나로 인정받고 있으며 처칠에게 노벨 문학상의 영예를 안겨 주었다.

용기(勇氣)란 무엇일까

용기는 무엇일까. 용기는 '씩씩하고 굳센 기운, 또는 사물을 겁내지 아니하는 기개'라고 사전에 나와 있다. 무언가를 겁내지 않고 씩씩하게 맞서는 용감한 기운이 바로 용기(勇氣)다. 공자가 하신 말씀에 "의(義)를 보고 행하지 않음은 용기가 없음이다."라고 하였다. 용기는 '義'를 바탕으로 하여 생긴다고 볼 수 있다. 그러면 '義'란 무엇일까. '義'의 뜻은 '사람으로서 지키고 행하여야 할 바른 도리, 군신(君臣) 사이의 바른 도리, 사람이 마땅히 지키고 행하여야 할 도덕적 의리'라고 한다. 한마디로 사람이라면 기본적으로 가져야 할 바른 행동이라고 본다. 사람에게 의가 없으면 사람이 아니고 동물이라는 뜻이겠다. 가끔 기사에서 의리가 있는 개(주인을 살린 개) 등 기사가 나오지만 이는 상당히 동물을 의인화한 기사라고 본다. 공자는 "군자가 천하에 생활함에 있어서 이렇게 해야만 한다든지 저렇게 해서는 안 된다든지 하는 고정된 행동 원리를 갖지 않고 오직 의를 따라 행동해야 한다."고 말함으로써 의를 인간의 실천 원리로 설명하고 있다.

불의를 보면 참지 못하는 사람이 있다. 이런 사람을 우리는 용기 있는 사람이라고 말한다. 예를 들면 칼을 가진 강도를 맨손으로 잡는다든지, 물에 빠진 사람을 위험을 무릅쓰고 구한다는 것 등은 분명, 용기

있는 사람이라고 본다. 이처럼 눈에 보이는 용기가 있는 반면에 눈에 보이지 않는 용기가 있다. 보이지 않는 용기가 있다는 것은 보이지 않는 적이 있다는 것이다. 눈에 보이지 않는 적은 무엇일까? 그것은 바로 자기 자신이다. 자기 몸안에는 본인의 생명을 지키고자 하는 본능이 있다. 이 본능과의 싸움에서 이겨야지 용기라는 행동이 나타나게 된다. 자기 본능과의 싸움에서 이기려면 의협심(義俠心: 남의 어려움을 돕거나 억울함을 풀어 주기 위해 자신을 희생하는 의로운 마음)이 있어야 한다. 신학자이자 철학자인 폴 틸리히는 "용기는 자신의 참된 본성, 내적인 목표 혹은 생명력을 긍정하는 것이다."라고 말했다. 이 말의 뜻은 진정한 용기는 공포나 두려움에 맞서는 힘이 아니라, 자기 내부에서 분출되는 참된 본성, 즉 의협심에 따라 씩씩하게 나아가는 것이라고 한다.

그렇다면 용기는 두 가지라고 본다. 불의를 보면 참지 못하는 영웅형(英雄形)과 자기 자신과의 싸우는 고군분투(孤軍奮鬪)형이 있다고 본다.

그럼 영웅형(英雄形)의 심리를 살펴보자.

첫 번째로 영웅형(英雄形)은 정의감(正義感)이 있어야 한다. 정의감(正義感)은 어떻게 생길까? 정의감을 갖기 위해서는 여러 가지가 있다고 본다. 선천적으로 정의감을 타고 날 수 있다. 그러나 후천적인 경우가 더 많다고 생각된다. 위인전 등 책을 보고 후천적으로 생기는 경우도 있고, 아버지의 정의감 있는 행동을 보고 자식도 정의감을 배울 수 있다. 가장 중요한 것은 본인의 정신력이라고 생각된다. 나는 지금까지 옳은 일만 했다고 생각하는 사람은 항상 정의감을 가지고 있다. 그 반대로 나쁜 행동도 많이 했다고 생각하는 사람은 정의감도 많이 결여되어 있다고 본다. 그리고 자기가 엘리트라고 자부하는 사람도 정의감이 있다

고 생각된다. 또 과거에 정의감이 없어서 후회스러운 일을 당했던 사람도 그것을 만회(挽回)하기 위해서 많은 정의감에 도취되어 있다. 현대 사람들은 대부분 어느 정도의 정의감이 있다고 생각된다.

두 번째로 행동할 수 있는 용기가 필요하다. 정의감이 아무리 높아도 불의를 보고 행동할 수 없으면 그 정의감은 필요 없는 정의감이다. 정의감을 행동으로 옮길 수 있는 가장 큰 요인은 자신감이다. 내가 싸워서 이길 수 있다는 자신감이 있어야 용기를 낼 수가 있시 싸워서 이길 자신감이 없으면 공격할 용기가 나지 않는다. 그럼 자신감은 어디서 나올까? 칼을 가진 강도와 싸우기 위해서는 정신력도 중요하지만, 육체적으로 강한 힘이 뒷받침되어야 행동할 수 있는 용기가 나온다. 물에 빠진 사람을 구하기 위해서는 내가 수영을 잘해야 한다. 그러나 아무리 육체적인 능력이 충분하더라도 마음이 강한 자만이 용기를 낼 수 있다. 세계 복싱 헤비급 챔피언 유명한 핵주먹인 마이크 타이슨(Mike Tyson)을 발굴한 커스 다마토(Cus D'Amato)는 "영웅과 소인배가 느끼는 두려움은 똑같다. 다만 영웅만이 그 두려움에 정면으로 맞설 뿐이다." 라고 말했다. 마음이 약한 자는 육체적 능력이 된다 해도 용기를 낼 수 없다. 영국의 월터 로올리는 "마음 약한 자는 죽음을 무서워하지만 용기 있는 자는 촛불이 탄 찌꺼기가 되어 살면서 얻는 것보다도 사라지는 편이 낫다."라고 말했다. 이 말은 내가 불의를 보고도 마음이 약해서 용기를 내지 못 한다면 살아생전 후회를 할 것이고 이는 죽음만 못하다고 말한 것이다.

다음은 고군분투(孤軍奮鬪) 형에 대해서 알아보기로 하자.

고군분투는 자신과 싸움에서 이길 수 있는 용기가 있어야 한다. 우

리가 살아가면서 많은 일을 겪는다. 학교에서 공부할 때, 직장에서 일할 때, 아니면 개업하여 개인 사업을 할 때, 그리고 직장에서 퇴직하여 노후생활을 할 때, 무슨 일이든 내 마음대로 되지 않을 때가 많다. 이렇게 살면서 많은 고난이 있고, 또 많은 도전을 한다. 도전에는 항상 목표가 있다. 목표를 달성하게 되면 성공하게 되고, 달성하지 못하면 실패하게 되는 것이다. 만약 도전도 안 하면 성공도 실패도 없는 것이다. 목표를 정하고 그 목표에 도전을 하고 성공하기 위해 고군분투하는 것이다. 여기에서 용기는 언제 필요한가.

가장 먼저 우리는 목표를 세울 때 많은 용기가 필요하다. 용기의 크기에 따라 목표치는 바뀔 것이다. 보통 사람을 보고 말할 때 스케일이 크다고 하는데 이는 목표를 크게 잡는다는 뜻이다. 그러나 목표를 크게 잡는다고 좋은 것이 아니다. 목표가 클수록 성공했을 때 기댓값은 크지만 실패할 확률도 높기 때문이다. 반면에 목표가 작을수록 성공할 확률은 높지만 성공했을 때 기댓값은 작게 된다. 그러므로 목표를 잡을 때는 나의 능력, 환경, 뒷받침할 수 있는 재력 등 여러 가지를 참고해야 성공할 확률이 높아진다. 의욕만 앞세운 목표는 실패할 가능성이 높다.

목표를 세웠으면 도전을 해야 한다. 실제로 목표를 세워놓고 2~3일 하다가 마는 용두사미식 도전을 많이 본다. 이것이 바로 용기가 없는 도전을 했기 때문이다. 도전에는 강한 인내와 용기가 없으면 성공에 도달할 수가 없다. 도전을 하면서 어려움이 닥칠 때마다 자신과 싸워서 이겨야 한다. 자신과 싸워서 이기면 성공하는 것이고 지면 실패하는 것이다. 그럼 자신과의 싸움이란 무엇인가?

사람은 누구나 마음속에 두 개의 주체(主體)가 존재한다. 하나는 목표를 주도하면서 성공을 견인하는 주체이고, 다른 하나는 성공을 못하도록 방해하는 주체가 있다. 예를 들어보자. 전자를 주체 A라 하고 후자를 주체 B라 하자. 무슨 일을 할 때 주체 A는 항상 성공을 위한 긍정적인 생각을 한다. 성공을 위한 계획을 주도하고, 좋은 방법을 고안해 내고, 어려움이 닥칠 때는 타개책을 생각해 내고, 참고 견딜 수 있는 인내심을 키우는 것 등 일을 성공시키기 위한 일을 한다. 반면에 주체 B는 일을 성공이 아닌 포기를 주도한다. 일하다 보면 힘들어 포기하고 싶은 생각이 들 때가 많이 있다. 일이 생각한 대로 잘 되지 않을 때, 너무 힘들어서 몸과 마음의 한계가 느껴질 때, 정도(正道)가 아닌 샛길로 빠지고 싶은 충동이 생길 때 등 이런 난관이 생길 때 주체 B는 일을 포기하도록 유인한다. 자기와의 싸움이란 주체 A와 주체 B와의 싸움이다. 이 싸움에서 주체 A가 주체 B를 이기면 일은 성공을 하는 것으로써 자신과의 싸움에서 이기는 것이고, 주체 B가 주체 A를 이기면 자신과의 싸움에서 지는 것으로써 일이 실패하는 것이다. 성공하는 사람은 주체 A가 상당히 강한 사람이라고 볼 수 있다.

그럼 다시 윈스턴 처칠의 용기에 대해서 살펴보자. 처칠은 머리가 안 좋아서 왕립 군사학교도 3수를 해서 들어갔다. 그러나 졸업할 때는 열심히 공부해서 우수한 성적으로 졸업했다. 그리고 처칠은 언어장애라는 신체적 약점을 안고 있었다. 그러나 그는 끊임없는 노력으로 선천적인 언어장애를 극복할 수 있었으며, 명 연설가로 이름을 날렸다. 그는 군대에서도 편히 근무하지 않고 일부러 위험한 전쟁터를 택했다. 훈련을 마치고 부대 배치를 기다리는 짧은 휴가 기간에도 죽을 수도 있는

전쟁터에 종군 기자로 나가서 취재를 했다. 그러는 동안 그는 죽을 고비도 많이 넘겨야 했다. 죽을 고비를 많이 넘기면서 죽지 않고 살아나는 것은 신으로부터 부여 받은 어떤 사명을 완수할 때까지는 죽지 않는다는 신념을 갖게 되었다. 그래서 그는 총탄이 빗발치는 전쟁터에서도 두려움이 없었다. 그는 책을 쓰는 데도 게을리하지 않았다. 처칠은 자서전 및 「제2차 세계 대전사」 등 많은 저서를 남겼고 노벨 문학상까지 받았다.

이러한 처칠의 용기와 노력으로 인하여 히틀러의 야망을 분쇄하고 제2차 세계 대전을 승리로 이끌 수가 있었으며, 세계를 평화의 터전으로 만들 수가 있었다고 본다.

2. 신념은 성공을 부른다

증자가 말했다. "어린 군주를 안심하고 맡길 수 있고, 한 나라의 명운을 맡길 수 있으며, 중차대한 갈림길에 섰을 때도 평소의 신념을 바꾸지 않는다면 군자다운 사람인가? 아무렴, 군자다운 사람이다." (논어 8-6)

병환 중인 증자가 나라의 존망이 걸린 큰일 앞에서 지조나 절개를 잃지 않고 굽히지 않고 평소에 가지고 있는 신념을 지키는 것이 군자의 할 일이라고 제자들에게 당부하는 유언이다.

영국의 사상가 존 스튜어트 밀은 신념에 대해 이렇게 말하고 있다. "신념을 가지고 있는 한 명의 힘은 관심만 가지고 있는 아흔아홉 명의 힘과 같다."

인간의 신념이 얼마나 강하고 위대한 것인지 잘 말해주고 있다.

갈릴레오 갈릴레이의 신념

갈릴레오 갈릴레이는 1564년 2월 15일, 피사(Pisa: 이탈리아 토스카나주에 있는 도시)의 몰락한 귀족 가문에서 태어났다. 그의 아버지 빈첸초 갈릴레이는 의류 교역업자이자 음악 이론가였는데, 호전적인 기질을 가진 사람으로 종종 지적 권위에 대한 불신을 강하게 표현했다. 이런 성격은 아들 갈릴레오에게 여러모로 영향을 끼쳤다. 갈릴레오는 귀족 집안에서 태어났지만, 그가 태어날 때는 가세가 기울고 생활이 극히 어려운 형편이었다. 갈릴레오는 10살 때 가족과 함께 피렌체로 이사했고, 베네딕토회 수도원에서 3년 동안 생활했다. 그는 수도자가 되기를 원했지만, 아버지는 갈릴레이가 의사가 되기를 바랐다. 그래서 갈릴레이는 의학을 공부하기 위해 1581년 열여덟 살의 나이로 피사 대학 의학부에 입학했다. 하지만 갈릴레이는 의학이 재미가 없었다. 갈릴레이는 의학보다는 수학과 철학이 더 좋았다.

갈릴레이는 아버지의 뜻을 어기고 수학과 철학에 점점 빠져들었다. 갈릴레이한테서 천재의 싹을 본 교수는 갈릴레이 아버지를 찾아가 갈릴레이가 수학을 공부할 수 있도록 허락해 달라고 설득했지만 거절당했다. 결국 갈릴레이는 1585년 스물두 살이 되던 해 학위를 받지 않고 피사대학 의학부를 떠났다. 갈릴레이는 틈틈이 그리스 철학자들의 책

과 이론을 읽으며 이에 관한 연구에 몰두했다. 4년 동안 개인 가정교사로 수학과 과학을 가르치며 생활을 꾸려 나갔다. 갈릴레이의 과학 논문이 인정을 받으면서 1588년 피렌체 아카데미에서 두 개의 과학과 수학 강의를 하게 되었다.

피사 대학에서의 교수 계약이 끝나자, 갈릴레오는 다시 심각한 재정난에 빠졌다. 1591년 그의 아버지가 세상을 떠나면서 장남인 그에게는 가족들을 부양할 경제적 책임이 주어졌다. 여동생들이 결혼하여 출가하자, 갈릴레오는 자신이 몇 년 동안 모아둔 월급을 털어서 혼수를 준비해줘야 했다.

1592년 갈릴레오는 파도바 대학의 수학 교수가 되었다. 그는 여기서 18년 동안 재직하며 기하학, 천문학, 군사기술 등을 가르치며 자신의 연구를 계속했다. 그러나 부양할 가족들이 갈수록 늘어났기 때문에 그의 경제적 궁핍은 해결되지 않았다. 그는 추가 수입을 얻기 위해 유럽 전역의 귀족 자제들을 가르쳤고 개인지도를 해주기도 했는데, 그중에는 피렌체의 지도자 페르디난트 대공의 아들인 코시모 데 메디치도 있었다.

1609년 갈릴레오는 당시 막 개발되었던 망원경을 접하게 되었다. 그는 곧바로 망원경의 개량에 착수했고, 자신이 개발한 망원경을 가지고 1609년 후반부터 1610년 초에 걸쳐 밤하늘을 관찰하면서 인류 최초로 목성의 위성들을 발견하였다. 이 발견은 모든 천체는 지구를 중심으로 회전한다는 기존 관념을 깨부수는 것이었다. 1600년대 초, 갈릴레오 갈릴레이가 살았던 시대의 로마 가톨릭 교회는 모든 별과 행성이 지구 주위를 돈다고 가르쳤다.

기원전 384년에 태어난 아리스토텔레스는 처음으로 우주를 연구한 고대 그리스인이었다. 아리스토텔레스는 하늘의 별들이 지구를 중심으로 원을 그리며 회전하고 지구는 움직이지 않는다고 생각했다. 또한 우주는 완벽하고 절대로 변화하지 않으며 그 영역이 정해져 있다고 믿었다. 그러나 코페르니쿠스와 갈릴레이는 지구가 태양 주위를 돈다고 믿었다. 그러나 그 시대 살았던 사람들은 이러한 기본적인 사실들을 몰랐다. 관찰을 통한 과학이 초기단계에 있었기 때문이다.

하지만 반대세력도 당연히 존재했다. 아리스토텔레스의 우주관을 지지하는 사람들은 갈릴레오에게 끊임없이 반대 의견을 냈다. 개중에 토마소 카치니라는 도미니코회의 수도자는 종교재판소에 갈릴레오를 이단 혐의로 고발하기까지 했다. 종교재판소는 조사에 착수했지만 카치니의 주장이 근거 없다고 판결하고 아무런 조치도 취하지 않았다. 단, 코페르니쿠스주의에 대한 공식적인 견해를 갈릴레오에게 요청할 필요가 있다는 주장을 제시했다.

로마 가톨릭 교회는 교회의 권위를 의심하는 사람들이 탐탁하지 않았다. 특히 교회의 권위를 의심하거나 성서를 교회 성직자들의 도움 없이 해석하는 사람들을 위험한 인물로 생각했다. 그래서 1546년 로마 가톨릭 교회는 다음과 같은 칙령을 통과시켰다.

성서의 진정한 의미를 판단할 수 있는 것은 로마 가톨릭 교회뿐이며, 로마 가톨릭 교회가 지지해 왔거나 지지하고 있는 것에 반대하고, 자신의 자의적인 판단에 따라 성서의 의미를 해석해서는 안 된다.

갈릴레오도 이런 분위기를 알았다. 「크리스티나 대공 부인에게 보내는 편지」에서 코페르니쿠스 가설의 정당성을 옹호하며, 아우구스티누

스의 발언을 인용하면서 성경을 올바로 해석해야 한다고 주장했다. 그리고 아리스토텔레스주의적 철학자들을 피상적이며 불성실한 종교적 열성을 가진 천박하고 저속한 자라고 공격했다.

갈릴레오는 많은 공격을 당하고, 다시 로마로 향했다. 자신을 방어하고, 코페르니쿠스에 대한 그들의 의견이 잘못되었음을 개인적으로 로마 당국에 설득하기 위해서였다. 문제는 이 당시 로마의 분위기가 갈릴레오의 방문에 호의적이지 않았다는 것이다. 종교개혁의 여파로 인해 교황청은 '새로운 것'에 민감한 상태였고, 갈릴레오의 주장이 물리학과 수학의 한계를 넘어 성경을 해석하는 신학자의 영역까지 침범하려 든다고 여겨 그를 만나기를 꺼렸다.

갈릴레오는 침묵하지 않고 이곳저곳에서 논쟁하며 분위기를 바꿔보려 했으나 소용없었다. 교황청은 모든 성서 해석에, 그리고 어떠한 방법으로도 교황청의 권위에 문제를 제기하는 행동에 매우 민감했다. 개인이 그들 고유의 방식으로 성서를 해석할 수 있다는 개신교 개혁론자들의 주장과 성서는 코페르니쿠스의 가설과 일치할 수 있도록 재해석해야 한다는 갈릴레오의 주장은 교황청이 보기에는 별 차이가 없어 보였다. 저명한 신학자이자 천문학자였던 벨라르민 추기경은 그에게 코페르니쿠스적 우주관을 설파하려는 시도를 멈추라고 권했고 갈릴레오는 그것을 받아들여 그만두었다.

갈릴레오는 수년 동안 코페르니쿠스의 가설을 공공연히 가르치고 옹호하는 것을 자제했다. 이윽고 1624년 봄, 새로운 교황인 우르바노 8세의 즉위 축하식에 참여하기 위해 갈릴레오는 다시 로마로 출발했다. 우르바노 8세는 예전부터 갈릴레오와 절친한 사이였다. 새 교황과 갈릴

레오 사이에 어떤 대화가 오갔는지 기록은 남아있지 않지만, 갈릴레오가 환대를 받은 것은 분명하다. 그는 메달 2개와 그림, 그리고 아들 빈센초를 위한 교회 장려금을 포함한 많은 선물을 교황에게 받고 로마를 떠났다.

로마 가톨릭 교회는 교리에 동의하지 않는 책을 금지하고 검열하기 시작했다. 갈릴레이의 이론은 사람들이 수백 년 동안 세계를 이해해온 방식에 도전하는 것이었지만 갈릴레이는 연구를 멈추지 않았고 이론을 계속해서 발표했다. 갈릴레이는 강의를 하면서 새롭고 파격적인 이론을 세우기 시작했다. 그러나 갈릴레이의 글을 읽은 많은 성직자와 로마 가톨릭 교회는 분노했다. 1614년 피렌체의 성직자인 토마스 카치니는 교회에서 설교하면서 갈릴레이를 공개적으로 비판했다. 태양이 우주의 중심이라고 믿는 모든 사람도 비난했다. 훗날 벌어질 큰 문제에 대한 첫 번째 경고를 받은 셈이었다. 그리고 가톨릭 신부는 갈릴레이를 로마에 있는 종교 재판소에 고소하는 고소장을 보냈다. 종교 재판소는 다름과 같은 내부 보고서를 작성했다.

태양이 우주의 중심이라는 생각은 완전히 바보 같고 터무니없으며 공식적으로 이단이다. 왜냐하면 많은 점에서 성서의 의미를 부정하고 있기 때문이다.

1632년 갈릴레이의 책들은 출판이 금지되었고 교황은 갈릴레이에게 이단 혐의가 있으니 로마로 와서 재판을 받으라고 명령했다. 결국 갈릴레이는 코페르니쿠스의 지동설이 맞지 않는다는 진술을 강제로 써야만 했다. 갈릴레이는 진술서에 이렇게 쓰고 서명했다.

피렌체의 빈센초 갈릴레이니 아들인 저, 일흔 살의 갈릴레이는 태양이 세계의 중심이며 움직이지 않고 또한 지구가 세계의 중심이 아니고 움직인다는 잘못된 견해를 완전히 버리겠습니다.

갈릴레이는 그리고 이렇게 중얼거렸다.

"그래도 지구는 돈다."

갈릴레이가 세상을 뜬 후, 많은 과학자가 갈릴레이의 천재성에 큰 빚을 졌다. 갈릴레이 제자들은 갈릴레이의 이론을 바탕으로 미적분학을 개발하고 뉴턴의 획기적인 이론 '중력의 법칙'의 토대가 되었다. 아인슈타인은 "갈릴레이가 만들어 낸 발견과 과학적 추론은 인류 역사상 가장 중요한 성취 중 하나이며 물리학의 진정한 시작을 알리는 것이다."라고 말했다.

갈릴레이는 아르체트리에서 1642년 1월 8일 일흔아홉 살에 세상을 떴다. 갈릴레오를 아끼던 사람들은 오랜 세월에 걸쳐 갈릴레이를 신화적인 인물로 만들었다. 그의 제자 빈센초 비비아니는 세상을 뜨면서, 자기의 재산으로 갈릴레이를 위한 기념비를 세워달라고 유언을 했다. 갈릴레이 기념비는 산타크로체 성당에 세워졌고 그 안에는 갈릴레이의 유품들이 보관되어 있다.

갈릴레이의 삶에서 가장 중요한 투쟁은 과학에서 종교를 분리하는 것이었다. 비록 로마 가톨릭 교회와 벌인 싸움에서 패하긴 했지만, 갈릴레이가 보여 준 신념과 열정과 노력은 근대 과학의 아버지라는 역사

적 평가를 받기에 충분하다.

1979년 교황 요한 바오로 2세는 교회와 갈릴레오의 불편한 관계를 언급하면서 갈릴레오 사건에 대해 여러 분야에 걸친 학문적 연구가 이루어졌기를 원했다. 그에 따라 요한 바오로 2세는 1981년 7월 3일, 갈릴레오 사건이 속한 16-17세기 천동설-태양중심설 논쟁의 연구를 위한 교황청 위원회를 설립하였고, 위원회는 1992년 갈릴레오에게 많은 고통을 주었던 재판관들의 잘못을 솔직하게 인정하였다.

신념은 기적을 낳기도 하고 아집(我執)이 되기도 한다

신념(信念)이란 어떤 사건이나 행위와 같은 환경적 자극에 대해서 개인이 가지는 태도로서, 개인의 신념체계 또는 사고방식이라 할 수 있다. 신념체계는 합리적 신념체계(rational belief system)와 비합리적 신념체계(irrational belief system)로 구성된다. 합리적 신념체계는 건강하고 생산적이고 적응적이고 사회적 현실에 부합하는 생각이며, 적절한 정서적, 행동적 결과를 야기한다. 하지만 비합리적 신념체계는 경직되고 독단적이고 건강하지 못하고 부적응적이며, 목표를 이루고자 하는 요구나 당위 및 강요의 형식을 띠면서 부적절한 정서적, 행동적 결과를 야기한다. 심리적 어려움을 겪고 있는 사람은 비합리적 신념체계를 가지고 있다. (네이버 지식백과)

갈릴레이는 지구가 태양을 돈다는 지동설을 자기의 신념으로 주장하였다. 그러나 로마 가톨릭 교회는 태양이 지구를 돈다는 천동설을 교리로 하는 신념을 가지고 있었다. 그 당시에는 어떤 것이 합리적인 신념인지 구분이 안 되어서, 강자의 주장인 로마 가톨릭 교회의 천동설이 합리적인 신념으로 결론이 났다. 하지만 그것은 잘못된 판단이었다. 후에 많은 학자의 연구에 의해서 갈릴레이의 지동설이 합리적인 신

념으로 밝혀지게 된다.

합리정서행동치료자의 창시자인 엘리스(Ellis)는 각자의 목표가 무엇이든 그 목표달성에 방해가 되는 생각은 비합리적 신념이며, 비합리적 신념의 핵심에는 당위적(當爲的: 마땅히 그렇게 하거나 되어야 하는 것) 사고가 자리 잡고 있다고 보았다. 당위적 사고를 지닌 사람들은 모든 일이 자신의 방식대로 진행되길 바란다. 원하는 대로 되면 당연하게 여기나, 조금이라도 어긋나면 신경질을 부리고 상대방을 들볶는다.

비합리적 신념의 특징은 현실적이지 못하고 자신의 발전을 더욱 방해하며, 있는 그대로의 자신을 순수하게 받아들이지 못한다. 또한 다른 사람과의 관계에서 만족을 주지 못하며 친밀한 관계를 유지하지 못한다. 또한 유익하고 생산적인 일에 즐거움을 주지 못하고 중요한 일에 집중하지 못하게 한다. 비합리적 생각은 자기독백, 자기언어화, 자기진술 등에 의해 더욱 내면화, 신념화 된다. 반면에 합리적인 신념은 「당위(當爲)」라는 특별한 조건이나 절대적인 요구를 포함하지 않고 논리적으로 모순이 없으며 현실과 일치하는 적절한 정서와 행동을 초래하는 신념을 말한다.

미국의 심리학자 로키치는 그 중요성 및 모든 신념체계의 결합 도를 기준으로 신념을 5종류로 분류하였다.

① 100%의 사회적 일치로 지지하는 근원적 신념.

② 개인적 경험에 깊이 뿌리박고 있는 신념.

③ 저마다의 권위에 대한 신념.

④ 동일시되는 권위에서 나오는 신념.

⑤ 다소간 개인적 취미에 바탕을 두어 다른 신념과의 관련이 희박한 개별적 신념.

로키치의 신념의 결합 도를 볼 때 사회적으로 증명이 된 ①은 신념의 결합도가 강하고 개별적인 사고에 근거를 둔 ⑤은 신념의 결합도가 약하다고 분류했다. 사람은 지금과 다른 어떤 변화를 싫어하고 두려워하여 더 발전할 수 있는 새로운 환경으로 나가지를 못한다. 그러나 인생은 한 자리에서 서 있는 것이 아니고 앞으로 나아가는 것이다. 만약, 어떤 사람이 그 일은 꼭 성공할 수 있다는 믿음을 준다면, 서슴지 않고 나갈 것이다. 남의 힘을 바라지 말고, 본인의 신념을 믿어라. 굳은 신념이 당신의 새로운 성공을 보장할 것이다.

신념은 쉽게 말하면 내가 생각하는 일을 누구의 간섭과 방해에도 흔들리지 않고 밀고 나가는 것을 말한다. 강한 신념은 우리를 강하게 만든다. 어려움을 잘 극복할 수 있게 하고, 상상할 수 없는 기적도 만들고, 절망에 빠져 있는 사람을 다시 일어나게 하고, 실패한 사람을 성공으로 이끌기도 한다.

마하트마 간디(Mahatma Gandhi)는 "신념을 형성할 때는 신중해야 하지만 신념이 형성된 후에는 어떤 어려움이 있어도 지켜야 한다."라고 말했다.

인생을 살다 보면 우리가 극복하기 힘들 정도의 어려움에 봉착할 때가 많이 있다. 이때 필요한 것은 외부에서 끌어줄 수 있는 힘과 내부에서 부활하는 힘이다. 상황에 따라 외부에 요청할 사람도 마땅치 않고 자존심 때문에 다른 사람에게 얘기도 못하는 경우가 많이 있다. 이런

경우에 내부의 힘인 신념이 없다면 인생의 낙오자가 될 것이다. 그러나 강한 신념을 가지고 있는 사람은 내부에서 다시 부활할 수 있는 엔진이 작동하게 된다. 이 엔진은 강한 신념으로 바뀌게 된다. 그것은 마치 어둠 속에서 밝은 길을 찾게 되는 기쁨을 느낄 것이다. 절망이 희망으로 바뀌고 '나는 할 수 있다'로 바뀔 것이다. 목표는 새롭게 바뀔 것이고 새로운 목표를 향해 줄기차게 나갈 것이다. 불가능을 가능으로 바꾸고 하고자 하는 바를 이룰 수 있는 힘을 갖추게 될 것이다. 이것은 바로 신념의 힘이다.

그러나 잘못하여 신념이 아집으로 바뀔 수 있다. 요즘 젊은이들 사이에 '꼰대'라는 말이 있다. 보통 꼰대의 의미는 나이가 든 사람으로 도대체 말이 안 통하는 고지식한 사람을 말한다. 너무 보수적이기 때문에 더 이상 사고의 유연성이 사라진 사람들을 말한다고 본다.

프리드리히 니체는 "열정으로부터 견해가 생기고, 정신적 태만이 이를 신념으로 굳어지게 한다."라고 했다.

강한 신념은 때론 스스로를 나쁜 꼰대로 만들기도 한다. 고집스러운 스크루지 영감으로 변모시킨다. 아무 근거 없이 오로지 자기의 생각만으로 행동하다 보면 자승자박(自繩自縛: 자신이 한 말과 행동에 자신이 구속되어 괴로움을 당함)하기 쉽다. 그중 하나가 지나친 고집이라고 볼 수 있다. 자신의 고집에 빠지게 되면 신념은 더 이상 긍정적인 기능을 하지 못한다. 융통성이 없는 신념은 아집만을 만들어 낸다. 내가 하는 말이 틀리다는 것을 절대로 인정하지 못한다. 잘못을 인정하지 않는 태도는 정신적인 발전을 가로막는다. 내가 해왔던 방식이 무조건 옳은 방식이고 미래의 성공을 보장해 줄 수 있다는 착각에 빠진다.

공자는 60세를 이순(耳順)이라고 하여 '귀가 순해져 모든 말을 객관적으로 듣고 이해할 수 있다.'고 했다. 경청하여 마음을 열고 자기의 신념을 유연하게 바꿀 수 있다는 의미에서 한 말이라고 생각한다.

열린 마음과 유연한 자세, 이것이 우리의 사고와 행동반경을 넓게 해주고 미래 지향적인 사람이 될 것이다. 열린 마음의 사람들은 신념과 비(非) 신념 사이에 유연성이 있으며 자신의 신념과는 다른 새로운 견해를 비교적 간단하게 받아들이고 신념을 변경 또는 버릴 수 있다. 따라서 자기가 처해있는 환경이나 기준이 달라져도 그것에 순응할 수 있다. 그것은 새로운 것에 대한 학습능력이 높고 그것에 대한 흡수력과 인식도 빠르다는 것을 나타낸다.

반대로 닫힌 마음은 자기의 생각과 다른 것을 수용하지 않고, 새로운 정보에 익숙하기 어렵고, 그것이 자기를 위협한다고 생각하고 있다. 따라서 자신의 신념과 충돌하는 개념을 철저하게 거부하지만, 상대가 우위라고 인정될 경우에는 어느 정도까지는 수용한다. 즉, 엄격하지만 외부의 권위에 의존하기 쉽다는 심리적 경향도 갖는다. 만일 절대적인 권위에 수용함으로써 일어나는 자신의 변화가 지나치게 큰 경우에는 권위에 대한 의존의 정도를 축소해 버리는 경우도 있다. 즉, 이러한 사람은 신념과 비(非) 신념의 각각의 체계가 확실하게 분리되어 있으며 서로 양립 되지 않는다. 따라서 기존의 틀에 지나치게 의존하고 있기 때문에 그러한 이유로 자신의 역할이 원활하지 못하다고 본다.

미국의 44대 대통령 버락 오바마는 "나의 신념은 어느 정도의 의심은 인정하는 신념이다."라고 했다.

자기의 신념에 대하여 고집부리지 않고, 한쪽으로 치우치지 않고, 자

신을 냉정해 지려고 노력한다는 생각이 든다. 다른 사람의 의견에 열려 있고 자신의 신념이 잘못된 점이 있다면 언제든 교정할 생각이 있는 열린 자세라는 것을 보여준다. 그는 인권변호사 출신으로 일리노이주 상원의원(3선)을 거쳐 연방 상원의원을 지냈으며, 2008년 민주당 대통령 후보로 출마하여 공화당의 존 매케인 후보에 승리하고 미국 대통령에 당선됨으로써 미국 최초의 흑인 대통령이 되었다. 취임 후 핵무기 감축, 중동평화회담 재개 등에 힘써 2009년 노벨 평화상을 수상하였다. 2살 때 부모님의 이혼으로 편모와 조부모 밑에서 자란 오바마는 어린 시절부터 흑인이라는 차별과 편견 때문에 수많은 고통을 당해야 했다. 하지만 그는 뒤로 숨지 않고 자신의 정체성에 대한 고민을 끊임없이 도전하며 생각했으며 자신을 둘러싼 편견이나 고민 고립에 당당하게 맞섰다. 그는 긍정적인 생각으로 자기 신념을 키우며, 그것들이 자신을 지켜주는 무기가 되었고, 본인의 강점이 되도록 만들었고, 결국 그를 미국 대통령으로 만들었다.

켈리 최는 전북의 시골, 어려운 가정형편 속에 6남매 중 셋째 딸로 태어났다. 중학교 졸업 후 서울의 와이셔츠 공장에서 일하면서 야간 고등학교에 다녔다. 3년 동안 공장에서 일하면서 패션에 관심을 가졌고, 고등학교 졸업 후 일본으로 가서 돈을 벌며 대학에 다녔다. 켈리 최는 한국 음식을 모르는 유럽에 한국 음식의 맛을 알린 개척자다. 켈리델리는 켈리 최가 창업한 한식요리 기업으로 프랑스 파리, 영국 런던 등 유럽 11개국에 100여 개의 매장을 갖고 있다. 켈리 최는 현재 남부럽지 않은 여성 사업가로 행복한 삶을 살아가고 있다.

그는 "성공하기 위해서는 먼저 할 수 있다는 신념을 가져야 한다."라

고 말한다.

켈리 최는 사업의 실패로 빚더미에 눌려 하루하루를 비참하게 보내야 했다. 어느 날 하염없이 파리 센 강변을 걷다가 극단적인 선택까지 생각했다. 그러나 켈리 최는 사업 실패 후 인생의 밑바닥에서 스스로 신화적 성공을 창조해 냈다. 켈리 최는 "나는 도전하고 성장해야 행복한 사람이다. 내 목표는 성공이 아니라 행복이다."라고 말한다. 그는 인생의 삶 중에 행복의 가치를 가장 중시한다. 그리고 이를 위해서는 '생각 파워'를 키워야 한다고 말한다. 그리고 성공에는 목표에 대한 의지와 열정도 중요하지만 목표를 달성하기 위한 방법과 전략, 그리고 실행에 필요한 신념이 더 중요하다고 말한다. 이것이 그가 사업에 성공한 실패와 성공을 결정하는 핵심요소라고도 본다. (네이버 성공인생스토리)

3. 정직하게 노력하는 자는 하늘도 돕는다

심령이 가난한 자는 복이 있나니 천국이 그들의 것임이요
애통하는 자는 복이 있나니 그들이 위로를 받을 것임이요
온유한 자는 복이 있나니 그들이 땅을 기업으로 받을 것임이요
의에 줄이고 목마른 자는 복이 있나니 그들이 배부를 것임이요
긍휼히 여기는 자는 복이 있나니 그들이 긍휼히 여김을 받을 것임이요
마음이 청결한 자는 복이 있나니 그들이 하나님을 볼 것임이요
화평하게 하는 자는 복이 있나니 그들이 하나님의 아들이라 일컬음을 받을 것임이요
의를 위하여 박해를 받는 자는 복이 있나니 천국이 그들의 것임이라 (마태복음 5장 3절~10절)

'하늘은 스스로 돕는 자를 돕는다.' 이 말의 뜻은 자기 스스로가 정한 목표를 위하여 간절히 원하고 성취를 위해 노력하면, 하늘이 감동하여 도와준다는 뜻이다. 우리가 살면서 일어나는 여러 가지 일에 대하여 또는 새로운 목표가 생겼을 때 열심히 끊임없이 노력하고 미친 듯이 앞만 보고 정진한다면 기적 같은 일이 일어나는 것을 종종 볼 수 있다. 이런 때 우리는 하늘이 도왔다고 생각한다.

여기서 미국 독립의 일등 공신인 벤저민 프랭클린 일생에 대하여 알아보겠다.

미국 독립의 일등 공신 벤저민 프랭클린

벤저민 프랭클린은 1706년 매사추세츠 주의 보스턴에서 열일곱 명의 형제자매 중 열다섯째로 태어났다. 프랭클린의 아버지 조시아 프랭클린은 영국 태생으로 1683년 대서양을 건너 보스턴으로 이주했다. 그는 비누와 양초를 만들어 가족의 생계를 유지했다. 프랭클린 가정은 부유하지는 않았지만 활기가 넘치는 가족이었다. 보스턴은 항구 도시이기 때문에 프랭클린은 큰 선박을 보면서 바다에 대한 꿈을 키웠고 수영, 낚시 등을 하며 어린 시절을 보냈다. 한 번은 친구들과 밤에 몰래 낚시터 옆에 집을 지을 때 쓰려고 쌓아놓은 돌무더기를 옮겨 낚시터를 만들어 낚시를 편하게 할 수 있도록 하였다. 다음 날 돌무더기 주인이 그 사실을 알고 아이들 부모를 찾아가 항의를 했다. 프랭클린 아버지는 좋지 못한 일이라 하며 프랭클린을 꾸짖었다. 하지만 프랭클린은 그것은 단순한 도둑질 아니라, 매우 유익한 일이라고 항변했다. 이에 프랭클린 아버지는 "정직을 바탕으로 하지 않고서는 유익할 수가 없는 것이란다."라고 타일렀다. 프랭클린은 아버지의 말씀이 옳다는 것을 깨달았고 평생 동안 교훈으로 '정직'을 잊지 않았다.

프랭클린 아버지는 프랭클린을 성직자로 만들기 위해 아홉 살이 되는 해에 중등 교육기관에 입학시켰다. 프랭클린은 학교에서 1등을 했

지만 대학까지 보낼 형편이 안 되기 때문에 아버지는 2년 만에 학교를 그만두게 하고 아버지가 운영하는 양초 공장에 견습공으로 일하게 하였다. 프랭클린은 공부를 더 하고 싶었지만 아버지의 말씀을 따라 열심히 기술을 익혔다. 그러나 프랭클린은 양초 만드는 일이 너무 싫었다. 일이 몹시 단순하여 지루하고 양초를 만드는 동안 엄청난 악취를 견뎌내기 힘들었다. 그러나 가끔씩 주는 용돈으로 프랭클린은 책을 사서 밤늦도록 그것을 읽었다. 프랭클린이 밤늦도록 잠도 안 자고 책을 읽으니까 부모님은 프랭클린의 건강을 몹시 걱정했다.

프랭클린 아버지는 프랭클린이 양초 만드는 일을 싫어 한다는 것을 알고 다른 기술을 습득하게 할 계획을 세웠다. 그것은 프랭클린의 의붓형이 운영하는 인쇄소에 맡길 계획이었다. 프랭클린도 늘 글을 접할 수 있어서 양초를 만드는 것보다 났다고 생각했다. 프랭클린은 인쇄 기술을 열심히 익혀 나가기 시작했다. 공부를 계속하고 싶었던 프랭클린은 새로 맡은 일 덕분에 다양한 책과 신문을 많이 읽었다. 훗날 프랭클린은 "나는 종종 내 방에 앉아 글을 읽으며 밤을 보냈다."라고 회고했다. 점점 인쇄 기술이 익숙해지면서 프랭클린은 신문에 직접 자기 글을 올리기 시작했다. 그러나 의붓형 밑에서 일하는 견습공 신분으로는 많은 제약이 있었다. 형제간에 말다툼도 많았고 프랭클린은 형한테 심하게 얻어맞기도 했다.

프랭클린은 더 이상 참을 수가 없어서 열여덟 살이 되던 해에 보스턴을 떠나 뉴욕으로 갔다. 그러나 그곳에서 일자리를 찾을 수 없어서 다시 펜실베이니아주 필라델피아로 갔다. 그리 크지 않은 배를 타고 가던 중 서른 시간 동안 폭풍을 만나 죽을 고비도 많이 넘겨야 했다. 드디어

필라델피아에 도착했지만 프랭클린의 모습은 완전히 거지 형색이었다. 프랭클린은 그때 자신의 모습을 이렇게 묘사했다. "오랜 여행 끝에 내 모습은 지저분했고, 내 주머니는 속옷과 스타킹으로 가득 차 있었다. 게다가 그곳에 내가 아는 사람이라고는 단 한 사람도 없었고 어디서 묶어야 할지도 몰라 막막했다." 그러나 프랭클린은 그곳에서 새로운 일자리인 인쇄소에서 일하게 되었고 새로운 생활을 시작했다. 사랑하는 여자도 만날 수 있었다. 그녀와 결혼 약속까지 하였다.

그 무렵 프랭클린에게 새로운 인쇄소를 개업해 주겠다는 사람이 나타났다. 그런데 인쇄소를 개업하기 위해 필요한 장비를 사기 위해서 사업주가 써준 신용장을 들고 영국을 가야만 했다. 여기서 일이 꼬이기 시작했다. 영국에서 가보니 그 신용장은 쓸모가 없는 것이었고 돈도 없어서 다시 필라델피아로 돌아올 수도 없었다. 곧바로 일자리를 찾은 프랭클린은 런던의 한 인쇄소에서 일을 하게 되었다. 런던 생활은 지겨웠고 지루했지만 돈을 벌어 필라델피아로 가기 위해서는 어쩔 수가 없었다.

프랭클린은 2년을 런던에서 보내고 드디어 필라델피아로 돌아왔다. 그러나 사랑하던 여자는 다른 남자와 결혼했고 결혼 생활도 파탄에 빠져 있었다. 프랭클린은 모든 것이 자기 때문이라고 많이 자책했다. 그리고 자기는 정직하고, 검소하고, 근면한 사람이 되겠다고 굳게 다짐했고, 자신이 속한 공동체를 위해 봉사하겠다고 맹세했다.

프랭클린에게 새로운 생활이 시작되었다. 보다 좋은 사회를 만들기 위한 토론장인 '준토'라는 모임을 만들어 매주 한 번씩 모여 역사, 과학, 여행, 정치와 도덕에 대한 이야기를 나누고, 문제를 제기하고, 필요하면 토론도 벌였다. 사업도 새로운 투자자가 나타나서 새로운 인쇄소

를 개업하고, 준토 모임 회원들이 도와주어서 많은 일감이 밀려 들어와 사업도 커지기 시작했다. 그리고 《펜실베이니아 가제트》 신문을 펴내기 시작했다. 그 신문은 내용도 충실했고 인쇄 기술도 크게 향상시켜 깨끗하고 선명하게 인쇄했다. 프랭클린의 인쇄소는 펜실베이니아, 델라웨어 및 뉴저지주의 공식 인쇄소가 되어 이들 주에서 만드는 서류와 법전은 물론이고 지폐까지 도맡아 인쇄했다. 《펜실베이니아 가제트》는 펜실베이니아주에서 가장 영향력 있는 신문으로 성장했고, 프랭클린은 그동안 북아메리카는 물론이고 자메이카와 앤티가에도 신문사를 설립했다.

프랭클린은 사업의 확장보다 더 신경 쓰는 것은 '어떻게 하면 사람들에게 값싸고도 알찬 읽을거리를 제공해줄 수 있을까'에 온통 관심을 쏟았다. 1732년 프랭클린은 『가난한 리처드의 연감』을 펴냈다. 이 연감은 격언, 유머, 유용한 지식과 새해 날씨와 앞으로 일어날 예견도 실어 놓았다. 연감은 사람들의 마음을 사로잡았고 해마다 독자들은 새 연감 나오기를 기다렸다.

프랭클린은 지역 공동체를 위한 회원제 도서관을 설립하였다. 회원들이 낸 회비로 더 많은 책을 구입하여 대형 도서관으로 발전했다. 프랭클린이 세운 필라델피아 도서관은 북아메리카 대륙 전체에서 처음 생긴 도서관이다. 프랭클린은 끊임없이 공부하여 어렸을 때 하지 못한 공부를 열심히 보충했다. 1751년에 프랭클린은 필라델피아에 학교를 설립했다. 훗날 이 학교는 펜실베이니아 대학이 되었다. 이 학교를 졸업한 학생들은 공무원이 되어 지역 발전에 이바지했다. 그밖에도 우체국, 소방서, 민병대 등 설립을 지원하여 지역의 안전에 많은 기여를 했다.

프랭클린은 돈을 많이 벌었지만 돈을 그리 중요하게 생각하지 않았다. 항상 돈을 버는 일보다 더 보람 있는 일들이 무엇인지 생각하고 있었다. 프랭클린은 어머니에게 보낸 편지에 이렇게 썼다. "저는 사람들로부터 돈을 많이 벌었다는 말을 듣기보다는 가치 있는 삶을 살았다는 말을 듣고 싶습니다."라고 썼다.

프랭클린은 모든 사업을 접고 과학에 매진하기로 했다. 만약 프랭클린이 돈을 벌려고 사업을 계속했다면, 그 당시 영국의 식민지인 북아메리카에서 가장 부자가 되었을 것이다. 그가 발명한 과학의 성과는 매우 많다. 땔감을 절약할 수 있는 벽난로, 개량형 인쇄기, 사다리로 변하는 의자, 신형 양초 등 많은 것을 발명했다. 그 밖에 유리잔 하모니카, 요즘도 사용하는 다중 렌즈 등 많이 있다.

친구들이 발명품을 특허를 출원하여 돈을 벌라고 했지만 프랭클린은 자신의 발명품으로 세상이 편리해지는 것을 바랄 뿐이지 돈 벌 생각은 없다고 말했다. 그러나 어떤 사람은 프랭클린의 발명품을 모방하여 특허를 내서 큰돈을 벌었다. 프랭클린은 전기에 대해 관심을 갖고 연구를 하여 피뢰침을 발명했다. 번개로 인해 건물을 보호해 주는 피뢰침은 지금도 거의 모든 건물에 설치되어 있다. 태양의 흑점, 자석 개미들의 의사소통, 산성화된 토양개량, 멕시코 만류 등 프랭클린의 발명품은 수도 없이 많다. 이로 인하여 프랭클린은 2년밖에 학교 교육을 받지 않았지만 수많은 명예학위를 받았고 프랭클린 박사라고 불렀다.

과학자로 명성을 쌓아 갈 무렵 프랭클린은 정치에도 발을 들여놓았다. 1748년 필라델피아 평의회 위원과 1753년 영국의 식민지 북아메리카 지역의 우체국 부국장에 임명되었다. 1754년 북아메리카 원주민으

로부터 펜실베이니아가 공격을 받을 때 펜실베이니아 민병대 대령으로 추대되어 펜실베이니아를 지켰다. 1757년 펜실베이니아 주 의회가 프랭클린을 영국 대사로 임명했다. 이후 프랭클린은 20년 가까이 긴 세월을 영국에서 보내게 되었다.

프랭클린이 영국에 머무는 동안 영국과 프랑스가 전쟁을 벌였고 영국이 승리하면서 북아메리카의 넓은 땅이 영국의 식민지로 되었다. 영국은 전쟁으로 인해 국가 재정이 많이 나빠져서 적자를 메우기 위해 북아메리카에 새로운 세금을 부과하기 시작했다. 이러한 세금에 식민지 주민들의 저항을 일으켰고 뉴욕시와 보스턴에서 폭동이 일어났다. 1766년 프랭클린은 영국 의회에서 식민지에 대한 인지세는 부당하다는 연설을 했고, 그로 인해 영국에서 식민지에 대한 인지세는 철회되었다. 식민지에서 프랭클린의 명성은 하늘을 찌를 듯했다. 그러나 그 후 영국에서 식민지에 대한 자동차세를 추가 부과함에 따라 보스턴 시민들의 저항은 심했고 영국에서 배에 실려 온 모든 차를 물에 빠뜨리는 유명한 「보스턴 차 사건」은 영국 정부를 긴장시켰다.

1775년 4월 19일 미국 독립을 놓고 영국과 북아메리카 식민지 사이에 전쟁이 시작되었다. 프랭클린은 고향 필라델피아로 돌아온 다음 날 펜실베이니아 방위를 총괄하는 안전위원회 위원장을 맡게 되었다. 미국 초대 대통령인 조지 워싱턴이 군대를 조직할 때 이를 적극적으로 도왔다. 독립전쟁에 가담한 프랭클린은 영국의 옛 친구들은 물론이고, 영국 편에 선 아들과도 인연을 끊어야 했다. 다음은 프랭클린이 영국의 옛 친구에게 보낸 편지를 소개한다.

"스트라한 씨, 귀하는 의원이시자 나의 조국을 파멸로 몰아간 많은 사람 중 하나이십니다. … 당신의 손을 한번 보십시오! 당신이 저지른 행위로 귀하의 두 손은 피로 얼룩져 있습니다! 우리는 오랫동안 벗이었습니다. 그러나 이제 당신은 나의 적이며, 나는 당신의 적입니다."

수년간 프랭클린은 영국과 북아메리카 식민지 사이의 평화를 지키기 위해 노력했지만 일단 전쟁이 시작되자 영국에 대한 충성심을 거두었다. 1778년 6월 미국은 독립선언서를 작성했고 프랭클린은 독립선언서를 초안을 작성한 5인 중 한 명으로 이름을 올렸다.

식민지인 북아메리카는 영국과 싸워 독립하기 위해 모든 준비를 하였다. 그러나 세계 최강의 영국과 싸워 이긴다는것은 거의 불가능에 가까웠다. 프랭클린은 영국과 적대관계에 있는 프랑스 군대의 도움을 청하기로 하고 협상 임무를 맡았다. 프랭클린은 협상을 위해 위험이 많은 프랑스로 떠났고 결국 프랑스 지원을 끌어들이는 데 성공한다. 프랭클린은 프랑스 국민에게 가장 잘 알려진 미국인이었다. 프랑스 군대와 조지 워싱턴의 독립군이 힘을 합쳐 영국을 물리침으로써 드디어 1781년 10월 16일 미국은 독립을 쟁취하게 된다.

프랭클린은 75세의 고령에도 굴하지 않고 프랑스협상을 끌어내어 미국을 독립시킨 일등공신이 되었다. 프랭클린은 나이도 많고 몸도 노쇠하져서 공직에서 물러나겠다는 뜻을 보였다. 그러나 대영 제국과 평화조약을 협상할 미국 측 대표로 임명되었다. 이 협상으로 1783년 미국은 자유와 주권을 가진 독립국임을 공식적으로 인정했고 새로 태어난 나라로 국경도 정해졌다.

프랑스에서 돌아온 프랭클린은 필라델피아에 있는 딸 집에서 딸 가족과 함께 시간을 보냈다. 신생국가로 태어난 미국은 부채, 주 경계선 등으로 매우 불안한 상태였고 이를 바로잡기 위해서 국민회의가 생겼고 프랭클린은 펜실베이니아 주 대표로 회의에 참석했다. 프랭클린은 83살의 노쇠한 몸으로 1㎞ 되는 회의장에 한 번도 빠지지 않고 참석했다. 그때의 국민회의가 지금은 상원이 되었다. 드디어 1787년 9월 17일 첫 탄생한 미국 헌법을 승인했다. 이것이 프랭클린의 공직생활의 마지막 성과였다. 프랭클린은 1790년 4월 17일 여든다섯의 나이로 영면하게 된다.

벤저민 프랭클린은 넉넉하지 못한 집안에서 태어나서 학교 공부는 2년밖에 하지 못했다. 온순하고 강직하고 정직한 성품으로 공부를 더 하고 싶었지만 아버지의 의견에 따라 기술을 배웠다. 나쁜 환경에서 인쇄기술을 익히면서 최고의 인쇄기술을 터득하게 되었고 힘든 일과 중에도 밤늦게까지 공부를 하면서 홀로 학문을 터득하게 되었다. 그렇게 함으로써 사업가로 돈도 많이 벌고 또 훌륭한 과학자이자 발명가였다. 그리고 북아메리카에 최초의 도서관을 설립하고 경찰서와 소방서를 창설하고 노련한 외교관에 많은 책을 저술했다

그의 업적 중에 가장 빛나는 것은 미국을 독립하는 데 일등공신 역할이라고 말할 수 있다. 영국에 대항하여 독립전쟁을 할 때 프랑스의 도움을 받을 수 있도록 외교력을 발휘했고 이것으로 인하여 미국이 승리하게 되어 미국을 탄생시켰다. 무엇보다도 미국 독립초기에 작성된 네 가지의 중요 문서인 「독립선언서」, 프랑스와의 「동맹조약」, 독립전쟁 승리조약인 「강화조약」 그리고 미국의 최초 헌법 작성에 이름을 올렸

다. 그리고 지금 미국 100달러짜리 지폐에는 프랭클린의 얼굴이 인쇄되어 있다.

최후의 승자는 진정한 노력자이다

앞에서 벤저민 프랭클린의 성공 신화를 보면서 우리가 무엇을 배워야 할지 생각해 보자. 공부도 제대로 하지 못한 프랭클린은 무슨 힘으로 그 많은 업적을 남기고, 미국을 식민지에서 독립시켜 세계 최고의 국가가 되는 주춧돌이 되었을까, 그 힘이 무엇인지 분석해 보자.

1. 어려운 환경에서 끊임없이 주경야독(晝耕夜讀)했다

프랭클린은 공부에 대한 열망이 매우 강했다고 본다. 학교 다닐 때 1등을 하던 학생이 2년 만에 공부를 못 하게 되었으니 얼마나 공부에 대한 미련이 컸을까 상상이 안 간다. 프랭클린은 많은 책을 읽었다. 그가 읽고 모은 책으로 아메리카 최초의 도서관이 설립되었다. 도서관을 설립하려면 적게는 수천 권, 많게는 수십만 권이 있어야 가능할 것이다. 프랭클린이 얼마나 책을 좋아했는지 알 수가 있다. 프랭클린은 남다른 공부에 대한 집중력이 있었다. 아놀드 파머는 "집중력은 자신감과 갈망이 결합하여 생긴다."라고 했다. 자신감은 본인의 능력과 의지력이 있어야 가능하다고 본다. 프랭클린의 능력은 학교 공부할 때 일등

을 했다고 하니 지능이 우수하다고 볼 수 있다. 공부를 향한 끊임없는 의지력은 어디에서 나왔을까.

보통 '공부를 열심히 해야지.' 하고 다짐한 강한 의지도 시간이 지남에 따라 점점 약해진다. 이유는 환경적 제약이라고 볼 수 있다. 심적 갈등, 건강 문제, 자원 부족, 시간 부족, 생계 문제 등 여러 가지 요인들이 의지력을 약하게 만든다. 이런 환경을 극복하려면 새로운 자극과 동기 부여를 해 줌으로써, 또 본인의 좌우명과 초기 목표 등을 상기시키면서 의지력을 계속 상승시켜야 한다.

영국의 역사학자 아놀드 토인비는 "무기력을 극복할 수 있는 유일한 길은 열정이다."라고 했다. 프랭클린의 열정은 무엇보다 독서라도 볼 수 있다. 독서는 시간과 공간을 초월한 삶의 열정과 꿈을 갖게 이끌어 준다. 독서가 열어준 길에는 또 다른 책을 필요로 하고, 그 책은 또 다른 책을 읽게 만들어 준다. 프랭클린은 낮에 인쇄소에서 힘들게 일하고 밤에는 늦게까지 책을 읽었다. 부모님이 프랭클린의 건강을 걱정할 정도로 독서를 열정적으로 했다.

책은 사람에게 무엇을 줄까?

철학자 토마스 바트린은 "책이 없다면 신도 침묵을 지키고, 정의는 잠자며, 자연과학은 정지되고, 철학도, 문학도 말이 없을 것이다."라고 말했다. 프랭클린은 책에서 모든 것을 얻으려고 노력했을 것이다. 학교를 가지 못하는 공허감, 더 배우고 싶은 욕망, 형 아래서 일하는 데 대한 불만, 아직 어린 나이에 하고 싶은 꿈을 펼치지 못하는 욕구 불만 등 가슴에 품고 있는 욕망이 헤아릴 수 없이 많았을 것이다. 그가 처한 환경에서 이러한 꿈들을 채워줄 수 있는 것은 책밖에 없다는 것을 알

고 책 속에서 보물 같은 진리를 찾았을 것이다.

프랭클린은 책 속에서 신도 만날 수 있었고, 정의도 찾을 수 있었고, 철학과 진리도 발견할 수 있었다. 그리고 앞으로 나갈 방향도 찾을 수가 있었고, 나라를 위해 큰일을 할 수 있는 기초지식도 다질 수가 있었다. 프랭클린이 생각하는 책은 보통명사의 '책'이 아니고 하늘에서 보내주는 보물로 생각했을 것이다. 그러한 생각이 있었기 때문에 미국 최초의 도서관을 설립할 수 있었다고 생각된다.

2. 힘든 일이 닥쳐도 희망을 잃지 않았다

프랭클린은 학교를 2년간 다니고 아버지의 뜻에 따라 아버지 사업을 도왔다. 그 일은 너무 단순하고 지독한 동물 기름 냄새로 많은 고통을 겪어야 했다. 그다음은 형이 경영하는 인쇄소에서 5년간 일했다. 여기서도 형과 의견충돌이 많았고 형의 일방적인 지시에 눌려 일해야만 했다. 심지어는 형한테 얻어맞기도 했다. 그러나 5년 동안 본인의 끊임없는 노력으로 상당한 인쇄 기술을 익혀서 홀로서기가 가능했다. 프랭클린은 형을 피해서 뉴욕으로 갔다가 자리를 못 잡고 다시 펜실베이니아주 필라델피아에서 정착을 한다. 가진 돈이 얼마 없는 프랭클린은 정말 갖은 고생을 다 했다. 죽을 고비도 많이 넘겨야 했다. 결국 프랭클린은 인쇄사업으로 돈을 많이 벌 수 있었다.

나폴레옹 힐은 "인내와 끈기와 피나는 노력은 성공을 안겨주는 무적불패의 조합이다."라고 했다. 프랭클린은 인쇄기술을 익히면서 인내와

끈기 속에서 피나는 노력을 했다는 것을 알 수 있다. 이러한 힘들이 어디에서 나왔을까? 프랭클린은 고된 일을 하면서도 꾸준히 공부를 했다. 자기 목표는 다른 데 있었다. 그 목표를 달성하기 위해서는 먼저 생계수단이 있어야 한다고 생각했다. 1차적으로 의식주가 해결되어야 다음 꿈을 펼칠 수 있는 여유 공간이 있다는 것을 누구보다도 잘 알고 있었다. 그 꿈은 프랭클린에게 생명수와 같았고 모든 어려움을 이길 수 있는 원동력이 되었다.

오손 웰스는 "자신이 해야 할 일을 결정하는 사람은 세상에서 단 한 사람, 오직 나 자신뿐이다."라고 말했다. 프랭클린은 이 모든 것을 혼자 결정해야 했다. 형제가 많이 있었지만 그들은 프랭클린과는 삶의 그릇 크기가 다르기 때문에 도움이 안 되었을 것으로 생각된다. 그가 지향하는 길은 누구도 막을 수도 바꿀 수도 없는 길이다. 그러한 프랭클린이 당시 주위 사람들한테 우습게 보였을지 모르지만 훗날 미국의 큰 인물이 될 것이라는 것을 안 사람은 없었을 것이다.

3. 돈보다 사회봉사에 더 중요하게 생각했다

프랭클린은 인쇄소를 운영해서 돈을 많이 벌었지만 그의 목표는 돈 버는 것이 목적이 아니었다. 프랭클린이 인쇄소를 그만두고 생활에 필요한 과학 연구를 할 때, 그는 많은 발명품을 만들어 냈다. 땔감을 적게 사용하는 벽난로, 개량형 인쇄기 등 많은 과학제품을 발명해 냈다. 특히 번개의 원인을 알기 위해 위험한 실험까지 했으며 이로 통해 피뢰

침을 발명했고, 이것은 지금까지 전 세계에서 사용하고 있다. 프랭클린 친구들이 주위에서 특허를 출원하라고 권유했지만, 그는 이 발명품은 사람들을 편리하게 사용할 수 있게 만든 것이지 돈을 벌려고 발명한 것이 아니라고 거절했다. 실제 그의 발명품을 모방해서 특허를 받아서 돈을 번 사람들이 꽤 있었다고 한다. 만약에 그가 발명한 제품들을 모두 특허를 내서 돈을 벌었다면, 그 당시 북아메리카에서 제일 부자가 되었을 것이라고 한다.

밥 딜런은 "돈이 다 무슨 소용인가? 사람이 아침에 일어나고 밤에 잠자리에 들며 그사이에 하고 싶은 일을 한다면 그 사람은 성공한 것이다."라고 말했다. 만약에 프랭클린이 봉사 정신보다 돈 욕심이 많았다면 그 많은 업적을 남겼을까 하는 생각이 든다. 이러한 착하고 선한 마음씨가 그 당시 주위 사람들을 깨우치게 하고, 사회를 정의롭게 하고, 서로 돕는 봉사정신을 가질 수 있게 하는 정의 실현자였을 것이다.

4. 애국자로 이름을 남겼다

프랭클린의 애국자로서 한 일을 헤아릴 수 없이 많다. 프랭클린은 인쇄소를 하며 많은 돈을 벌고부터 사회 봉사를 시작한다. 18년 동안 영국에서 생활한 프랭클린은 영국의 식민지인 북아메리카 필라델피아로 돌아와서 사회 개화운동을 많이 한다. 「준토」라는 모임을 만들어 역사, 과학, 문화, 정치 등에 대하여 많은 의견 교환을 한다. 질 좋은 신문을 만들어서 새로운 소식을 전하는 데 힘썼다. 프랭클린은 「가난한 리처

드의 연감」을 펴내서 많은 유용한 지식과 앞으로 일어날 일에 대한 예견도 실어 놓았다. 지식사회를 만들기 위해 북아메리카 최초의 도서관을 설립하여 많은 사람이 책을 가까이하는 사회를 만들었다. 1751년에 학교를 설립하여 학생들이 공부할 수 있게 하여 본인이 공부하지 못한 한을 풀었다. 이 학교는 유명한 펜실베이니아 대학이다. 소방대를 만들어 화재에 대비했으며, 앞에서 언급했듯이 과학제품을 많이 만들어서 사회에 많은 공헌을 했다. 그의 업적 중에 가장 중요한 것은 정치가로서의 프랭클린이다. 영국의 식민지였던 북아메리카는 세금부과 등으로 영국과 많은 마찰이 있었다. 이때 프랭클린은 중간에서 중계 역할을 많이 하여 좋은 관계가 유지 될 수 있도록 노력했다. 미국 독립을 놓고 영국과 북아메리카 식민지 사이에 정쟁이 일어났을 때, 프랭클린은 프랑스군의 원조를 이끌어서 승리하게 되어 미국 독립의 일등 공신이 된다. 미국 독립 후에도 프랭클린은 「독립선언서」, 프랑스와의 「동맹조약」, 독립전쟁 승리조약인 「강화조약」 그리고 미국의 최초 헌법 작성에 이름을 올렸다.

프랑스 의회는 벤저민 프랭클린을 '미국을 해방시킨 천재'라고 표현했다.

4. 책은 노예도 해방시켰다

변화는 필연성의 바퀴로 굴러가는 것이 아니고, 지속적인 투쟁을 통해서 나타납니다. 그래서 우리는 우리의 자유를 위해서 우리의 등을 곧게 펴고 투쟁해야 합니다. 당신의 등이 구부러지지 않는 한 어느 누구도 당신을 올라탈 수 없습니다. (마틴 루터 킹 주니어)

20세기 미국 인권 운동을 이끈 가장 유명한 인물인 마틴 루터 킹 주니어는 흑인들의 인권을 위해 투쟁했으며 흑인이 백인과 동등한 시민권을 얻기 위한 운동을 펼쳐왔다. 그의 연설 「나에게는 꿈이 있습니다」에서 인종 차별 의 철폐와 각 인종 간의 공존을 호소했다. 다음은 마틴 루터 킹 주니어의 연설문 중 일부 내용이다.

"나에게는 꿈이 있습니다. 조지아주의 붉은 언덕에서 노예의 후손들과 노예 주인의 후손들이 형제처럼 손을 맞잡고 나란히 앉게 되는 꿈입니다. 나에게는 꿈이 있습니다. 이글거리는 불의와 억압이 존재하는 미시시피주가 자유와 정의의 오아시스가 되는 꿈입니다. 나에게는 꿈이 있습니다. 내 아이들이 피부색을 기준으로 사람을 평가하지 않고 인격을 기준으로 사람을 평가하는 나라에서 살게 되는 꿈입니다. 지금 나에게는 그 꿈이 있습니다! 나에게는 꿈이 있습니다. 지금은 지독한 인종 차별주의자들과 주지사가 간섭이니 무효니 하는 말을 떠벌리고 있는 앨라배마주에서, 흑인 어린이들이 백인 어린이들과 형제자매처럼 손을 마주 잡을 수 있는 날이 올 것이라는 꿈입니다."

미국 노예 해방의 중심에 선 '톰 아저씨의 오두막'(Uncle Tom's Cabin)

엉클 톰스 캐빈(Uncle Tom's Cabin) 「톰 아저씨의 오두막」의 작가 해리엇 비처 스토는 1811년 6월 14일 코네티컷 주 리치필드에서 목사인 아버지 라이먼 비처와 어머니 록사나의 일곱 번째 딸로 태어났다. 해리엇 비처 스토는 부모님을 무척 사랑하고 집안일을 잘 돕는 착한 아이였다. 해리엇 가족은 음악을 좋아했으며 가끔 가족 음악회를 열었고, 예술적인 분위기로 많이 화목했다. 해리엇 비처 스토는 일곱 살 때부터 아버지의 서재에 있는 역사책을 읽는 것을 좋아했고 또 글쓰기에 재능이 있었다. 어릴 때부터 글쓰기에 남다른 재능이 있었던 해리엇은 앞으로 평생 동안 글을 쓰게 된다.

해리엇 비처 스토는 22세가 되던 해에 해리엇의 두 언니가 세운 여학교에서 학생들을 가르쳤고 직접 교과서도 제작했다. 또 잡지사가 후원하는 백일장에 단편 소설을 응모하여 장원을 하여 상금을 받기도 했다. 해리엇은 '세미콜론 클럽'에 가입하여 토론도 하였다. '세미콜론 클럽'은 독서를 하고 토론을 하거나 가벼운 이야기를 주고받는 모임이었다. 거기에서 체이스를 만났다. 그는 노예제도 반대에 열심이었다. 그리고 남부 노예 제도가 어떻게 유지되고 있는지를 놓고 자주 토론을 벌였다.

1836년 25세가 되는 해에 해리엇은 캘빈 스토와 결혼을 했다. 캘빈 스토는 해리엇의 아버지가 설립한 신학대학에서 교수로 학생들을 가르쳤다. 결혼 후 스토 부부에게 일곱 자녀가 있었기 때문에 캘빈의 적은 봉급으로는 생활하기가 몹시 힘들었다. 해리엇은 글을 써서 그 수입으로 생활에 보탰다. 해리엇의 글은 유명 잡지에 실려서 정기 구독자가 수천 명에 이르렀다.

1800년대 초반 미국 남부에서는 목화 산업이 빠르게 성장했다. 목화를 재배하면서 넓은 농장을 경영하기 위해서 많은 인력이 필요하면서 노예제도가 점점 널리 퍼져 나갔다. 해리엇 가족들은 항상 노예제도에 반대하고 이 제도의 반대 운동 방법을 생각했다. 해리엇의 오빠와 언니 동생들은 해리엇의 글재주를 이용하여 노예제도 폐지 운동에 도움을 줄 만한 이야기를 써야 한다고 말했다.

해리엇은 신시내티에서 생활하면서 엘리지 버크라는 사람을 알게 된다. 엘리지는 남부에서 노예 생활을 하다가 탈출하여 북부로 도망쳐온 사람이었다. 해리엇은 엘리지에게 노예제도에 대해 많은 이야기를 듣게 된다. 에리지에게 들은 노예들의 비극적인 생활을 알았을 때 해리엇은 더 이상 노예제도에 대하여 글 쓰는 것을 망설이지 않았다.

수많은 기억과 사연들이 종이 위에 흘러넘쳤다. 해리엇은 쓰고 또 썼다. 그렇게 쓰기를 몇 달 만에 드디어 「톰 아저씨의 오두막」이 완성되었다. 「톰 아저씨의 오두막」은 월간지 <국민의 시대>에 연재되었다. 해리엇은 「톰 아저씨의 오두막」을 완성한 후 국민의 시대 편집자에게 이렇게 썼다.

"오늘 「톰 아저씨의 오두막」 마지막 장을 쓰고 펜을 놓았습니다. 어떤 부분은 마치 내 심장의 피로 쓴 것 같은 느낌이 듭니다. 아마 선생님도 제 마음을 이해하시겠지요."

해리엇은 노예 제도 반대에 적극적으로 뛰어들지 않았지만 1850년에 「도망 노예 송환법」이 제정되자 해리엇은 머리끝까지 분노가 치밀었다. 모든 사람이 도망간 노예를 체포하는 데 협조해야 하며 그렇지 않으면 벌금이나 감옥형을 내린다는 것이다. 헤리엇은 노예제도의 잔인함을 세상에 알려야겠다는 사명감을 느끼고 노예제도 폐지 운동에 나섰다.

「톰 아저씨의 오두막」은 한 권의 책으로 출판되었고 그 책은 해리엇의 예상과 달리 어마어마하게 팔리게 되었다. 「톰 아저씨의 오두막」에는 주인공인 톰은 정직하고 의리 있고 기독교를 믿는 노예로서 그는 신분이 노예지만 고귀한 인품과 따뜻한 마음씨는 가진 아저씨이다. 해리엇은 이 책에서 노예들의 현실을 있는 그대로 보여 주고 싶었다. 그리고 독자들이 주인공에게 동정심을 느끼고, 흑인 노예들도 인간이라는 사실을 깨닫게 하고 싶었다.

「톰 아저씨의 오두막」은 미국 역사상 가장 열띤 논쟁을 불러온 책이 되었으며, 해리엇은 내전을 염두에 두고 글을 쓴 것은 아니지만 이 책은 북미의 노예 제도 폐지 운동에 활력소가 되었다. 반면 남미 사람들은 해리엇을 몹시 미워했으며 남부의 생활 방식을 파괴하려 한다고 여겼다. 심지어 버지니아에 사는 아이들은 이런 노래를 불렀다.

"늙은 해리엇 비처 스토는 가라, 가라, 가라! 우리 버지니아에서는

당신이 필요 없다. 가라, 가라, 가라!"

「톰 아저씨의 오두막」은 영국에서도 폭발적인 인기가 있었다. 출판 첫해에 150만 부가 팔릴 정도로 인기가 있었다. 그래서 영국의 노예 폐지론자들이 해리엇을 강연회에 초대했다. 영국 사람들은 해리엇을 보겠다고 역에 수많은 군중이 모일 정도로 인기가 있었다. 영국뿐이 아니고 프랑스, 스위스, 독일, 벨기에 등에서 초대를 해서 강연을 하고 유명 작가들도 많이 만났다.

1860년에 링컨이 미국의 16대 대통령으로 당선되었고 그는 노예제도에 대해 이렇게 말했다.

"노예제도가 잘못이 아니라면, 이 세상에 무얼 보고 잘못이라고 하겠는가."

이러한 링컨 대통령의 의지를 안 남부 연방들은 링컨이 대통령에 당선된 후 11개 주가 미국 연방에서 탈퇴하게 된다. 그리고 그들은 남부 연합이라는 새로운 국가를 설립하고 대통령과 부통령을 선출한다. 링컨 대통령은 이를 보고 많이 불편했으며, 드디어 1861년 4월 12일 남북 전쟁이 발발한다. 북부는 노예 해방이라는 의로운 뜻을 위해 싸웠고 남부는 노예제도 유지를 위해 싸웠다. 해리엇 아들이 북부에 지원하여 입대할 정도로 해리엇 가족은 노예 해방에 적극적이었다. 해리엇은 노예 해방을 독촉하기 위해 링컨 대통령을 만났다. 링컨은 해리엇을 보자 웃으면서 이렇게 말했다.

"이 자그마한 여성이 이 큰 전쟁을 시작하게 한 책을 쓰신 분이지요."

1863년 1월 1일, 링컨은 드디어 노예 해방령을 선포했다. 그리고 남북 전쟁은 1865년 4월 9일 북미의 승리로 끝났다. 노예 해방은 되었지만 링컨 대통령은 전쟁이 끝나고 엿새 뒤 암살자의 총탄에 맞아 애석하게 세상을 뜨게 된다. 링컨의 뒤를 이은 앤드류 존슨은 남부의 전쟁 폐허를 재건하고 남과 북이 조속히 화합할 수 있도록 많은 정책을 시행했다.

노예는 해방되었지만 해리엇에게는 할 일이 많이 남아 있었다. 해방된 노예들의 앞날이 험난하다는 것을 알고 그들을 위해 돕기로 했다. 해리엇은 오래된 목화 농장을 사들여 100명이 넘은 노예들에게 일자리를 마련해 주었다. 그리고 해방된 노예들이 다닐 수 있는 학교도 열었다. 노예를 진심으로 돕는 해리엇을 본 남부 사람들도 차츰 해리엇을 받아들이기 시작했다.

해리엇 비처 스토는 1896년 7월 1일 여든여섯의 나이로 조용히 세상을 떴다.

해리엇 비처 스토가 쓴 「톰 아저씨의 오두막」은 남북 전쟁의 실마리가 되었고 결국 북부의 승리로 전쟁이 끝남으로써 노예들은 해방되게 되었다. 피부색만 달랐지 똑같은 인간을 피부색이 검다는 이유 하나로 짐승같이 일을 시키고, 상품 같이 매매했다는 것은 정말 비극이었다고 생각한다. 이러한 비극을 해결해준 해리엇의 「톰 아저씨의 오두막」은 천대받던 노예의 인격을 사람의 인격으로 전환 시켜 주고 자유를 찾아주는 결정적인 역할을 해준 지구상에서 더 없는 보물이라고 생각한다.

책은 세상을 바꾼다

안중근 의사의 독서 의지

안중근 의사는 '하루라도 책을 읽지 않으면 입에 가시가 돋는다.'고 했다. 1909년 10월 26일 만주 하얼빈 역에서 이토 히로부미를 저격한 안중근 의사의 독서 생활을 소개해 본다.

그는 매일매일 독서에 열중하였다. 그는 독서를 통해 만물의 이치를 깨달았고, 사람이 정의롭게 사는 법을 배웠고, 또 내가 나라를 위해서 무엇을 해야 되는지도 알았다. 이 때문에 나라 잃은 슬픔을 달래기 위하여 내 한 목숨 바쳐 거사를 하겠다는 큰 뜻을 품게 된 것이고. 그러한 그의 의지와 행동은 한국 역사에 큰 발자취를 남기게 되었다.

안중근 의사는 옥중에서도 매일 글을 읽고, 쓰며, 자신의 마음을 수양했다. 그는 생의 마지막 날까지 「동양평화론」이라는 글을 집필하고 있었다고 한다. 책을 다 쓰기 전에 형장으로 끌려 나갔기 때문에 끝내 책을 완성하지는 못했지만, 현재 남아 있는 글만 보아도, 안중근 의사의 의중을 짐작할 수 있다.

사형 집행인이 안중근 의사에게 "마지막 소원이 무엇입니까?"라고 묻자, 안 의사는 "5분만 시간을 주십시오. 책을 다 읽지 못했습니다."라고

말한 후 읽고 있던 책을 다 읽고 어머니가 지어주신 수의를 입고 사형장에 나갔다. 그는 1910년 3월 26일 사형 집행되어 서른한 살 젊은 나이에 세상을 떠나셨다.

사형 집행 전까지 책을 놓지 않은 안중근 의사를 볼 때 책을 얼마나 사랑했는지 알 수가 있다. 그리고 죽음을 앞둔 몇 분 동안도 책을 읽을 수 있었다는 그의 대담함은 우리가 상상을 초월하는 위인이라는 것을 알 수 있다. 이 모든 것이 책을 통해서 얻을 수 있었고 행동할 수 있었을 거라고 생각해 본다.

서양 사람들도 "펜은 칼보다 강하다"라고 말했다. 독서를 통해 큰 뜻을 세우고, 매일 자신의 언행을 되돌아보는 사람은 동서고금을 막론하고 어느 곳에나 있었다. 그들이 바로 인류의 희망이었다.

책을 읽으면 세상이 보인다

우리가 흔히 쓰는 말 중에 '아는 것이 힘이다.' 또 '아는 만큼 보인다.'라는 말을 많이 한다. 우리가 살아가면서 성공하는 자와 실패하는 자가 있다. 성공하는 자는 공통점이 있다. 사리판단이 정확하고, 내가 가는 길이 옳은 길인지를 판단할 능력이 있고, 대인관계가 좋고, 성격도 좋다. 우리는 이런 것들을 책을 읽으면서 많이 터득하게 된다.

그러면 책을 읽지 않으면 어떻게 될까!

첫 번째, 넓은 세상을 보지 못할 것이다.

이탈리아의 철학자 키케로는 "책이 없는 집은 문이 없는 가옥과 같

고, 책이 없는 방은 혼이 없는 육체와도 같다."라고 했다. 이는 방에 문이 없으면 세상을 볼 수가 없으니까, 내가 생각하는 것이 모두 옳고, 내가 행동하는 것이 모두 옳다고 생각할 것이다. 내가 가지고 있는 목표가 좋은 것인지 아니면 잘못된 것인지 판단 능력이 부족할 것이다. 우리가 책을 읽으면서 성공한 사람들의 성공 수기를 많이 접할 수 있다. 또 인류를 위해 많은 공헌을 한 위인전도 많이 볼 수 있다. 그들의 성장 과정은 어떠했는지 정신 자세는 어떠했는지 성공하기 위해서 얼마나 노력을 했는지 등 많은 것을 보고 느낄 수 있다. 이러한 지식들은 우리가 살아가는 데 꼭 필요한 마음의 양식이 된다. 몸은 음식을 먹고 성장하지만 정신은 지식을 먹고 성장한다고 한다.

두 번째, 생계에 지장을 준다.

우리는 생계를 위해서 직업을 가져야 한다. 직업은 천차만별이지만 모든 직업은 전문지식이 필요하다. 그리고 자본주의 사회에서는 험난한 경쟁을 하여야 한다. 경쟁에서 이기려면 지식이 있어야 한다. 중국 주나라의 명서 고문진보는 "가난한 자는 책으로 말미암아 부자가 되고, 부자는 책으로 말미암아 존귀해진다."라고 말하고 있다. 전문직에서 일하는 사람은 전문지식은 있어야 한다는 것은 두말할 필요가 없지만, 육체노동을 하는 사람도 많은 지식이 필요하다. 육체노동은 힘만 있으면 된다고 생각할 수 있다. 그들에게는 힘이 가장 중요한 재산이다. 힘을 잘 유지하기 위해서는 건강을 잘 지켜야 한다. 건강은 거저 지켜지는 것이 아니다. 몸을 무리하게 사용함에 따라 질병이 올 수도 있고, 열악한 환경에서 일할 때 더욱 더 질병에 취약할 수 있다. 그리고 에너지를 계속해서 발산하기 위해서는 몸에 필요한 영양분 공급도 잘

이루어져야 한다. 이러한 것들을 방지하기 위해서는 건강에 대한 지식을 가지고 있어야 가능하다고 본다.

세 번째, 사회생활 하는 데 문제가 있다.

아리스토텔레스는 "사람은 사회적 동물이다."라고 말했다. 이는 인간이 개인으로서 존재하고 있어도 그 개인이 유일적(唯一的)으로 존재하고 있는 것이 아니라, 매일매일 타인과의 관계하에 존재하여야 한다는 생각에서 나온 말이라고 본다. 사람이 살아가면서 꼭 필요한 것은 주위에 사람이 있어야 한다. 집에는 가족이 있고. 직장에는 동료가 있고, 놀러갈 때는 친구가 필요하다. 특히 직장의 대인관계 형성은 아주 중요하다. 우리가 생계를 위해서 직업이 있어야 하고, 그리고 직장에서 많은 시간을 보내야 한다. 직장에서 대인관계는 성공적인 직장생활과 사회활동의 중요한 요인이 되며 신체 및 정신 건강에 지대한 영향을 미친다. 직장에서 성공한 사람들의 대부분은 대인관계에서 성공한 사람들이다. 성공을 떠나서라도 많은 시간을 주위 사람과 트러블이 생긴다면 정말 힘들 것이다.

이렇게 중요한 대인관계를 성공적으로 유지하기 위해서는 대인관계에 대한 일정 수준의 지식이 필요하다. 일에 대한 전문지식도 있어야 하고, 협동심과 상대에 대한 배려하는 마음과 솔선수범 정신도 있어야 한다. 그러나 가장 중요한 것은 상대방과의 대화 기법이라고 본다. 한 번 한 말은 지울 수가 없으므로 자기가 한 말은 언제 어디서나 무한 책임을 질 수 있는지를 생각하며 말을 하여야 한다.

네 번째, 학문의 연속성이 없다.

영국의 역사학자 토머스 칼라일은 "책 속에 모든 과거의 영혼이 잠잔

다. 오늘의 참다운 대학은 도서관이다."라고 말했다. 책이 있기 때문에 기원전 선인들의 생활 방식, 즉 그들의 문화, 생계, 영토 분쟁, 지도자 등 많은 것을 우리에게 가르쳐 준다. 그리고 학문의 연속성이 가능하게 함으로써 과학의 계속적인 발전을 할 수 있도록 한다.

영국의 처칠 경은 "책은 가끔 문명을 승리로 전진시키는 수단이 된다."라고 말했듯이 책은 역사의 흐름 속에서 문명의 발전을 이끌어 왔다. 그리고 책 속에서 지구를 빛낸 영웅들의 영혼도 만날 수 있다. 그들의 정의감, 책임감, 고통 등을 바탕으로 사회의 부조리와 싸우면서 많은 피와 땀을 흘렸기 때문에 지금 우리는 정의롭고 살기 좋은 사회에서 살고 있다는 것을 알 수가 있다. 선조들과의 영혼의 교류를 통해서 그 시대의 생활을 조금이라도 체험할 수 있고 나아가 우리의 영혼을 더 성숙하게 할 것이다.

책을 어떻게 읽을 것인가

미국의 H. 잭슨은 "기회를 기다리는 것은 바보짓이다. 독서의 시간이라는 것은 지금 이 시간이지 결코 이제부터가 아니다. 오늘 읽을 수 있는 책을 내일로 넘기지 말라."라고 말했다. 우리는 독서를 마치 밥을 먹는 것처럼, 숨을 쉬는 것처럼 자연스럽게 해야 한다. 밥을 안 먹고 숨을 안 쉬면 죽게 된다. 마찬가지로 독서를 안 하면 우리의 정신은 서서히 낙후되어 간다. 정신의 음식은 책이기 때문이다.

누구에게나 시간이 부족한 시대에 살고 있다. 앞으로도 이런 현상은

더욱 심해질 것이다. 그래서 짧은 시간 동안 자신에게 꼭 필요한 정보를 얻고 그것을 활용할 수 있는 능력을 갖춘다는 것은 우리가 살아가면서 경쟁력을 키우는 데 꼭 필요하다. 자신의 발전을 위해 책 읽기를 제대로 활용하는 사람은 흔치 않은 것 같다. 무슨 일을 할 때 누구든지 어떠한 목적을 가지고 일을 시작한다. 독서도 마찬가지로 책을 읽는 목적을 분명히 하고 읽는 것이 좋다. 책을 읽은 후에 내가 목적한 바가 달성되었을 때 독서의 효과는 배가 될 것이다.

그러면 어떻게 읽는 것이 책을 제대로 읽는 것일까? 책에는 크게 두 가지 종류의 책이 있다. 첫째, 소설과 같이 전체의 흐름을 이해해야 하는 책이 있다. 이런 책은 처음부터 꼼꼼히 읽어야 이야기의 전체 흐름을 알 수 있다. 둘째, 전문 서적과 같이 지식을 전해주는 책들이 있다. 이러한 책들은 전체 흐름을 알 필요가 없으니까 내가 알고자 하는 부분만 찾아서 읽으면 된다. 그러나 전체를 읽을 만큼 가치가 있다고 판단되면 그때 처음부터 읽으면 된다.

우리가 오랫동안 자신도 모르게 '책은 처음부터 끝까지 착실하게 읽는다.'는 생각을 가지고 있다. 이러한 선입견을 버리고 내가 필요한 부분만 발췌한다는 생각으로 책을 읽으면 독서에 대한 심적 부담감을 많이 덜 수가 있다. 책의 내용을 발췌해서 읽을 때, 맨 처음 목차 부분에서 당장 중요하게 생각되거나, 호기심을 충족시키는 데 도움을 줄 수 있는 몇몇 부분만을 뽑아서 그 부분부터 먼저 읽는 것이 좋다. 특히 책의 부피가 커서 읽기에 거부감이 있는 책일수록 이 같은 방법은 도움이 된다. 책을 읽기 전에 이 책은 대충 어떤 내용을 담고 있다는 것을 머릿속에 그린 다음에 책 읽기를 시작하는 것이 좋다. 그러기 위해서

는 책의 제목, 서문 그리고 목차 등을 비교적 주의 깊게 읽어서 전체의 내용을 파악한 다음 읽는 것이 좋다.

책 읽기를 하면서 줄을 긋거나 메모를 남기는 경우도 많다. 빨간색 펜으로 줄도 긋고, 여러 가지 표식도 남긴다. 이것은 두 가지 용도 때문인데, 하나는 읽어 가는 과정에서 중요한 내용을 두뇌 속에 각인해 나가는 과정이기도 하고, 다른 하나는 훗날 관련 정보를 찾아내기 위해 다시 책을 활용하는 데 편리함이 있기 때문이다. 그러나 이러한 독서 방법은 나만의 완전 소유 책이라면 몰라도 다른 사람이 볼 수 있거나, 공동으로 이용하는 책이라면 절대 해서는 안 되는 행동이라고 생각된다.

한국 사람의 독서량

우리는 한 달에 책을 몇 권이나 읽을 수 있나? 한 해 동안 총 몇 권의 책을 읽을 수 있나? 연초에 '올해는 한 달에 한 권 이상 꼭 읽겠다.'라고 다짐한 사람이 많을 것이다. 바쁜 일상 속에서 책 한 권 읽기가 참 쉽지 않은 것 같다. 예전부터 한국 사람들의 독서량이 다른 나라에 비해 낮은 편이라는 이야기를 많이 들어온 것 같다.

문화체육관광부가 공개한 '2020년 국민독서 실태조사' 보고서에 따르면, 종이책과 전자책을 합친 한국 성인들의 연간 평균 독서량은 7.5권으로 조사됐다. 1년간 일반도서(교과서, 학습참고서, 수험서, 잡지, 만화를 제외한 종이책)를 1권 이상 읽은 사람의 비율은 성인 59.9%, 학생 91.7%인 것으로 나타났다. 지난 2015년에 비해 성인은 5.4% 포인트, 학생은 3.2%

포인트가 감소했다. 책을 1권 이상 읽은 사람 중 '매일' 또는 '일주일에 한 번 이상' 읽는 독자는 성인은 24.5%, 학생은 49.6%인 것으로 나타났다. 이는 미국, 중국, 일본보다 현저히 낮은 독서량인데, 최근 스마트폰, 인터넷 사용량이 늘면서 책을 읽는 시간이 더욱 줄어들고 있다고 응답한 우리나라 사람들이 무려 48% 정도 된다는 설문 결과도 있다고 한다. 물론 세계적인 현상이긴 하지만, 우리나라의 경우 좀 더 심한 편이라고 한다.

우리나라 부모님들은 자녀에 대한 향학열이 다른 나라에 비해 꽤 높다고 한다. 자식들에게 무조건 공부를 강요하기보다 책을 많이 읽게 함으로써 스스로 목표의식을 갖고, 목표를 달성할 수 있는 지혜를 가질 수 있도록 하는 것도 좋을 것이라 생각된다. "물고기 한 마리를 주면 하루를 먹일 수 있지만, 낚시하는 법을 가르치면 평생을 먹일 수 있다." 라는 유명한 격언이 있다. 우리 자식들이 책을 보면서 스스로 낚시하는 법을 터득하여 지혜로운 삶을 살게 하는 것도 좋을 것이다.

5. 젊었을 때 고생은 성공의 주춧돌

멈춰서 두려움에 떨게 만드는 모든 경험을 통해 강인함, 용기, 자신감을 얻는다. '이런 공포를 이겨냈으니 다음에 오는 것도 문제없어'라고 스스로 되새길 수 있게 된다. 따라서 할 수 없다고 생각되는 일을 하라. (엘리노어 루즈벨트)

미국 프랭클린 루즈벨트 대통령의 부인인 안나 엘리노어 루스벨트 여사는 미국 최고의 영부인이라는 평가를 받고 있다. 1921년에는 프랭클린이 소아마비에 걸려 정치계를 떠날 계획을 한다. 이때 부인인 엘리노어는 정계 복귀를 이루게 하기 위해 많은 노력을 했고, 프랭클린은 대통령으로 1933년에 취임한다. 엘리노어 루스벨트 여사는 절망에 빠져있는 남편에게 용기와 자신감을 갖게 하고 장애를 극복하고 이겨낼 수 있는 강인함과 인내를 갖도록 함으로써 미국 32대 대통령이 되었다.

가정 형편이 어려워서 11세의 나이로 산업전선에 뛰어든 앤드류 카네기가 미국 최고의 부자가 되기까지의 일대기를 살펴보겠다.

자수성가(自手成家)한 앤드류 카네기

앤드류 카네기는 1835년 11월 25일, 영국 스코틀랜드의 던펌린에서 태어났다. 직조공 기술자이었던 그의 부친 윌리엄 카네기는 수동식 직조기를 이용하는 작은 가내 공장을 운영하면서 생계에 그리 어렵지 않은 생활을 했다. 그러나 1847년에 증기식 직조기가 도입되면서 사람들은 값싸고 빨리 생산되는 천을 사기 시작했다. 카네기 가족은 점점 생계가 어려워지고 말았다. 급격히 가세가 기울면서 앤드류는 일찌감치 세상 물정에 눈뜨게 되었고, 어린 나이에도 불구하고 빨리 돈을 벌어 가난을 벗어나야겠다고 결심했다. 어머니 마거릿은 구둣방에서 일하면서 생계를 유지했고 카네기는 거기 가서 경리 일을 도왔다. 카네기는 나중에 이렇게 썼다.

'나는 열한 살이었지만, 부모님을 도와 드릴 수 있었다.'

이듬해 1848년에 카네기 일가는 결국 고향을 떠나 미국 이민선에 몸을 실었고, 약 50일 동안 가는 배 안에서도 카네기는 선원들과 친해져서 그들의 만찬에 초대되기까지 했다. 카네기는 어렸을 때부터 사교성이 탁월했다고 본다. 미국에 도착해서는 친척이 사는 펜실베이니아주

피츠버그에 도착했다. 당시 13세였던 앤드류는 주급 1달러 20센트를 받고 면직물 공장에 들어가 일했다. 나중에 카네기는 "훗날 몇 백만 달러씩 벌었지만, 처음으로 주급을 받았을 때보다 더 행복한 적은 없었다."라고 말했다.

카네기는 10대지만 새벽부터 밤늦게까지 고된 노동을 해야 했다. 다른 애들처럼 학교도 가고 싶었지만 생계를 위해서 그럴 수가 없었다. 카네기는 그 당시 상황을 이렇게 썼다.

"새장 안에 갇힌 어떤 새도 나만큼 자유를 갈망하지는 않았을 것이다."

1850년, 앤드루 카네기는 새로운 삶이 시작되었다. 그는 직장을 옮겨 전보 배달원으로 취직하게 되었다. 봉급도 50센트 올랐지만 더 좋은 것은 많은 것을 배울 수가 있었고, 또 컴컴한 지하에서 하루 종일 일하다가 밖으로 나와서 일을 하게 되었다는 것도 무척 기뻤다. 전신은 그 당시 소식을 빨리 주고받을 수 있어서 매우 중요한 통신수단이었다. 우리나라도 전화기가 많이 보급되기 전에 많이 사용하던 통신수단이었다.

카네기는 남다른 근면과 성실성으로 상사의 호감을 샀으며, 간혹 찾아오는 행운의 기회를 놓치지 않고 최대한 이용했다. 그는 가끔 사무실에서 있으면서 전신기에서 딸각거리는 소리를 들을 수 있었다. 그것은 전신 기호를 찍는 소리로써 그 기호를 전신 교환원이 번역하여 문자화시키면 전보 내용이 되는 것이다. 카네기는 얼마 지나지 않아 수신되는 소리만 듣고도 전보의 내용을 옮겨 적을 수 있게 되었다. 그 무렵 미국에서 기호를 보지 않고 소리만 듣고 전보의 내용을 받아 적을 수 있는

전신 교환원은 단 세 명뿐이었는데, 카네기가 그중 하나였고, 그 당시 카네기는 교환원도 아닌 배달원 신분이었다. 그런 것을 볼 때 카네기는 노력과 일에 대한 집중력이 매우 강했다는 것을 알 수 있다. 겨우 열여덟 살이었던 카네기는 전보 배달원에서 전신 교환원으로 1년 6개월 만에 승진해 한 달에 25달러나 벌게 된다.

카네기는 책을 살 만한 여유가 없었고, 책을 빌려볼 도서관도 없었다. 그때 은퇴한 사업가 제임스 앤더슨 대령은 400여 권의 책을 가지고 있었다. 그는 책을 사 볼 수 없는 청소년들에게 그 책들을 빌려 줄 수 있는 도서관을 열었다. 카네기는 토요일 저녁에 되면 책을 빌리고 다음 주에 돌려주면서 많은 책을 읽었다. 그 당시를 카네기는 이렇게 말했다.

"내 지하 감옥의 창문이 열리고, 그 틈으로 지식의 빛이 흘러들었다. 짬이 날 때 책을 읽노라면 하루의 피로가 싹 가시는 것 같았고, 장시간 야간 근무를 하면서도 힘이 훨씬 덜 들었다."

앤더슨 대령의 아량 덕분에 카네기는 도서관 가는 것을 더욱 좋아하게 되었고, 이때의 경험은 훗날 카네기가 미국뿐 아니라 전 세계에 많은 무료 도서관을 지어주는 일을 할 수 있는 밑거름이 된다.

1853년에 카네기는 전신국의 단골손님인 펜실베이니아 철도회사의 피츠버그 지부장 토머스 스콧에게 스카우트된다. 스콧은 카네기를 좋아했다. 카네기가 일을 빨리 배우고, 얼마나 영리한지 알고 있었다. 월급도 더 올랐고 근무 시간도 더 짧아졌다. 스콧은 철도 업무뿐만 아니라 투자에 관해서도 조언하는 등, 카네기에게 큰 물줄기를 열어준 일생

일대의 은인이었다. 1855년에 부친이 사망하자 앤드류 카네기는 20세에 집안의 가장이 되었다.

카네기는 철도회사에서 스콧을 돕는 조수 역할을 했다. 겨울이 되면 무쇠 레일이 금이 가서 사고가 나는 것을 보고 역과 역 사이에 전신을 이용하여 사고를 방지하는 시스템을 만들었다. 스콧이 없을 때 일어나는 크고 작은 사고도 스스로 처리하는 대담함도 보여줬다. 철도회사에 다니면서 경영 상태가 좋은 회사에 투자해서 이익 배당금도 많이 받았고, 사업에 눈을 뜨기 시작했다. 효자인 카네기는 어머니가 극구 반대했지만 어머니 일손을 덜어줄 하인을 고용하여 어머니를 편하게 지내게 하였다. 카네기는 스물다섯 살의 젊은 나이에 철도 산업에서 중요한 역할을 맡게 되었지만 아직 정상을 정복한 것은 아니었다. 그는 늘 성장할 수 있는 길을 찾았다. 카네기는 이렇게 말했다.

"나는 하루하루가 즐거웠다. 새로운 일을 배우고 있다고 느꼈으니까."

1861년에 남북전쟁이 발발하자 카네기는 전쟁부에서 일하던 스콧을 따라 워싱턴으로 향했고, 자기 분야에서의 경험을 살려 전시에 중요한 철도와 전신의 업무를 담당한다. 카네기는 거의 매일 링컨 대통령을 만나면서 지시를 받았다. 카네기는 링컨 대통령을 매우 존경했다. 카네기는 나중에 이렇게 썼다.

"나는 링컨 대통령처럼 철저하게 자신을 다른 사람과 동등하게 생각하는 위인을 만나 본 적이 없다."

카네기는 전신 기사들을 훌륭하게 훈련시켰으니 이제 그들에게 중요한 전신업무를 맡기고 떠나도 되겠다는 확신이 들었다. 카네기는 늘 전망이 밝은 사업을 찾았고, 미국과 함께 성장하고자 했다. 남북 전쟁 동안에 놓았던 철도는 전쟁이 끝난 뒤 사람들이 자유로이 이동하는 데 아주 중요한 구실을 했기 때문이다. 철도는 이렇게 미국을 하나로 묶는 데 도움이 되었다.

1863년에 카네기는 키스톤 브리지 회사를 공동 설립함으로써 철강 분야에 처음으로 뛰어든다. 지금까지 나무를 재료로 만들던 다리를 철을 재료로 만들었으니까 더 단단한 다리를 만들 수가 있었다. 30세 때인 1865년에는 자기 사업에 전념하기 위해 12년간 몸담았던 펜실베이니아 철도 회사에서 퇴직했다. 1872년에 영국의 헨리 베세머 제강소를 방문한 카네기는 그곳에서 독특한 방법으로 생산되는 강철의 놀라운 잠재력을 깨닫게 되었다. 당시에 주로 사용되던 선철은 제조가 쉬운 대신에 강철보다 수명이 짧았다. 카네기는 키스톤 브리지 회사 이외에 석유 산업에도 투자하여 많은 돈을 벌었다.

카네기가 훗날 강철왕이라는 별명을 얻게 된 까닭은 미국에서 강철의 대량 제조 및 유통을 실현시켰기 때문이다. 카네기는 1875년에 미국 최초의 강철 공장인 에드거 톰슨 강철 회사를 설립했고, 1881년의 프릭 코크스 회사 합병, 1886년의 홈스테드 제강소를 매입하였다. 강철은 사용이 점점 늘어나서 엘리베이터, 지하철 선로, 땅속에 파묻는 송수관과 가스관 등 많은 곳에 사용되었다. 이로 인하여 카네기 제강소는 미국의 주요 철강 생산 회사가 되었으며 미국은 전 세계의 철강 산업을 지배하게 되었다.

1886년에 카네기는 세상에서 가장 가까웠던 두 사람을 잃는다. 남동생과 어머니가 불과 한 달 사이에 장티푸스로 세상을 떠났다. 30년 넘게 홀어머니를 모시고 독신으로 살면서 효자 노릇에만 전념했던 앤드류 카네기는 1887년에야 52세에 29세의 루이즈 휘필드와 결혼하고, 62세 때인 1897년에야 외동딸 마거릿을 낳는다. 결혼 이후부터 카네기는 일선에서 한 발 물러나 한 해의 절반가량은 고향 스코틀랜드에 머물곤 했다.

카네기의 오명(汚名) 사건인 '홈스테드 학살 사건'도 이즈음에 벌어졌다. 1892년 6월에 카네기의 소유인 홈스테드 제강소에서 임금 협상 문제로 노사 갈등이 일어났다. 카네기의 동업자이며 회사의 2인자이었던 헨리 클레이 프릭은 카네기의 동의 없이 공장 폐쇄라는 조치를 감행했고, 이에 반발한 노동자들이 공장을 점거하며 사태가 악화되었다. 프릭은 공장을 탈환하기 위해 경비 용역업체인 핑커턴 회사 소속의 사설 경비원을 수백 명 투입했다. 그 와중에 경비원과 노동자 간에 충돌이 빚어져 대여섯 명의 사망자와 수백 명의 부상자가 발생했으며, 결국 주방위군이 투입되어서야 사태가 진정되었다.

카네기는 자기가 홈스테드 제강소에 있었더라면 상황이 그 지경까지 가지는 않았을 거라고 생각했다. 프릭은 언제나 노동자들을 가혹하게 대하는 반면, 카네기는 노동자들의 기술을 높이 평가하고 존중했다. 그 당시 카네기는 한 잡지에 「부자의 복음」이라는 제목의 글을 기고했다. 이 글에서 카네기는 '모든 사람이 똑같이 잘살 수는 없다는 것, 사회가 소수의 부자와 다수의 빈자로 나뉘는 것은 역사의 필연적인 법칙이자 동시에 역사 발전의 운동력이다.'라는 주장을 폈다.

카네기는 철강회사를 팔고 은퇴하려고 했지만 값이 비싸고 규모가 너무 커서 살 만한 사람을 찾기 어려웠다. 결국 금융계의 대부 모건에게 4억 8천만 달러에 회사를 매각했고, 이후 모건은 다른 철강 회사까지 포함하여 자본금 14억 달러로 세계 최대 철강회사 유나이티드 스테이츠를 설립한다.

철강 회사를 팔아 미국에서 가장 부자가 된 카네기는 사업을 정리하고 67세에 물러났다. 카네기는 재산 분배와 부자들의 사회적인 책임에 관한 책을 많이 펴냈다. 그중에서 부자의 사회적 책임을 역설한 「부의 복음」(1889)이 당대에 크게 주목을 받았고, 「자서전」(1914)에는 흥미진진한 일화가 많지만 상당 부분은 자화자찬이라는 비판도 받는다. 그는 자신의 능력과 현명한 선택을 바탕으로 돈을 벌었지만, 그 돈을 모두 자기가 소유해야 한다는 생각은 하지 않았다. 돈을 많이 번 부자들은 그 돈을 이웃에게 돌려줄 사회적인 책임이 있다고 생각했다.

카네기의 수많은 자선사업 중에서도 가장 돋보이는 것은 도서관 건립 사업이었다. 자기가 어렸을 때 소년 노동자들을 위해 개인 도서관을 개방했던 앤더슨 대령을 떠올리며 도서관에 관심을 기울였다. 자기 고향인 스코틀랜드와 어린 시절을 보낸 펜실베이니아주와 뉴욕 그리고 멀리 뉴질랜드와 피지섬까지 포함해 전 세계에 모두 2,811개의 도서관을 세웠다.

카네기는 어렸을 때 잠깐 학교에 다녔지만 교육에도 많이 투자했다. 1902년에는 카네기 공과 대학(현재는 카네기 멜론 대학)이 설립되었고, 천문학을 연구할 수 있는 캘리포니아 주에 윌슨산 천문대를 세웠다. 1905년에 교육 진흥을 위한 카네기재단을 설립하여 은퇴한 교수들, 노

동자 자녀들의 학비 지원, 자금난에 허덕이는 흑인 대학에 돈을 기부해서 모든 미국인에게 교육의 문을 활짝 열어 주었다. 1911년에는 뉴욕 카네기 재단을 세워서 도움이 필요한 가난한 사람들에게 돈을 나누어 주었다. 1891년에는 지금까지도 세계적인 공연장으로 유명한 카네기 홀이 개관되었다. 헌정 연설에서 카네기는 자신의 돈으로 할 수 있는 일을 보고 무척 놀랐으며, 자신이 마치 알라딘이 된 것 같다고 말했다.

카네기는 평화주의자이다. 남북 전쟁 때 죽고 부상당하는 것을 많이 본 카네기는 전쟁 반대론자로서 평화로운 세상을 만들기 위해서라면 무엇이든 하고 싶었다. 1910년에 카네기 국제 평화기금을 만들어 영국, 미국, 러시아, 프랑스 등을 하나로 모아 전쟁하지 않겠다는 약속을 받아 내기도 했다. 이는 국제사법재판소가 만들어지는 계기가 되었다. 그러나 카네기의 그러한 노력에도 불구하고 1914년에 제1차 세계 대전이 일어나자 그는 큰 슬픔과 충격에 빠졌다.

카네기는 1919년 4월 딸 마거릿이 결혼하는 모습을 보고 매우 행복해했다. 그러나 그해 8월 11일 85세의 나이로 잠이 든 채로 평화로운 죽음을 맞이한다.

카네기는 세계에서 가장 부유한 사람이 되었다. 가정 형편상 공부도 제대로 못 하고 11살의 나이에 산업전선으로 뛰어들어가야만 했다. 열다섯 살에 1달러 20센트를 받던 소년이 어떻게 하여서 세계 최고의 부자가 되었을까! 많은 의구심이 생긴다.

카네기는 자신에 맡겨진 일을 늘 탁월하게 해냈고 다른 동료들보다 월등했으므로 주위 사람들에게 사랑을 받았고 또 성공의 길을 인도해 줄 수 있는 좋은 사람을 만날 수 있었다. 카네기는 힘든 노동이야말로

성공에 이르는 열쇠로 여기고 불평불만 없이 긍정적으로 열심히 일하면서 성공의 길을 모색했다. 그는 학교를 못 다녔지만 공부에 대한 생각은 누구보다 강했던 것 같았다. 힘들게 일하고도 밤늦도록 책을 보면서 지식을 탐구하고 책을 보는 즐거움을 느꼈고 책을 봄으로써 피로가 풀리는 한마디로 독서광이었다. 그는 봉급자로 일하면서도 항상 투자에 대해서 관심을 가지고 있었으며, 좋은 사업에 조금씩 투자를 하면서 재산을 늘려갔다. 그렇게 한 결과 세계적인 사업가가 되어 많은 재산을 모을 수가 있었다. 그는 평화주의자로서 전쟁이 없는 사회로 만들려고 많이 노력했으며, 많은 돈을 벌었지만 그 돈들을 거의 다 지역사회로 돌려주는 훌륭한 인품을 가지고 있었다.

카네기는 신장이 150센티미터밖에 안 되었지만 그가 살아온 인생은 미국과 세계의 큰 별이 되었다.

지나간 고생의 향기

우리가 흔히 쓰는 말로 '고생 끝에 낙이 온다.'라고 말한다. 이 말은 우리에게 희망을 주는 말로 정말 좋은 말이라고 생각한다. 사람이 한 평생을 살다 보면 정말 많은 일을 겪는다. 고생(苦生)이란 '어렵고 고된 일을 겪음'이라는 뜻이다. 그러나 더 중요한 뜻은 '어떤 어려움이나 고통을 당했을 때 참고 이겨내려는 힘'이라는 잠재적인 큰 의미를 가지고 있다. 이러한 참고 이겨내려는 힘이 없다면, 또는 힘을 가지려고 노력도 하지 않는다면, 고생은 없을 것이다. 바로 그 노력의 결과가 '낙'이 되는 것이다.

여기서 IT(information technology) 업계에 새 전기를 마련한 스티브 잡스(Steve Jobs)를 예를 들어 보겠다.

미혼모에게서 태어나 양부모에게 입양된 스티브 잡스. 17세 이후부터 그는 매일 아침 거울을 보며 스스로에게 물었다.

"만일 오늘이 내 인생의 마지막 날이라면 지금 하려는 일을 할 것인가?"

대학교에 들어간 스티브 잡스는 공부에 흥미를 느끼지 못하고 한 학

기 만에 학교를 그만두고 만다. 그 후 스티브 잡스는 자기가 좋아하는 과목을 찾아서 공부하고, 히말라야를 여행하는 등 본인이 하고 싶은 일을 찾아 무엇이든 시도했다. 그러던 어느 날 친구가 취미로 만든 인쇄회로기판을 본 스티브 잡스는 눈이 번쩍 띄었다.

"이거 굉장하다! 이것으로 나랑 사업해 보지 않을래?" 그렇게 하여 스티브 잡스는 부모님 집의 차고에 '애플'이라는 작은 회사를 차리고 사업을 시작했다.

그는 실패를 반복하였고 많은 고난을 경험했다. 그러면서 그는 깨달음을 얻어 더욱 강한 사람이 되었다. 스티브 잡스는 값이 비싼 매킨토시 생산을 그만두자는 애플의 CEO 존 스컬리와 의견 충돌을 일으키다 스스로 만든 애플에서 쫓겨났다.(《뉴욕타임즈》, 1987. 11. 8.) 그러나 결국 세계 최초의 컴퓨터 애니메이션 장편 영화인 토이 스토리를 성공시켰고, 나중에는 애플에 돌아와서 회사의 부활을 일으키게 된다. 이때 스티브 잡스는 인생에서 매우 소중한 가르침을 얻었다고 한다. 만약 자신이 애플에서 해고되지 않았다면 애플을 부활시킬 수도 없었다는 것이다. 실패가 자신에게 약이 되었음을 깨달은 그는 실패를 삶의 양식으로 생각하는 긍정적인 사람이 되었다.

다음은 스티브 잡스의 명언들이다. 그는 얼마나 실패를 경험했는지 알 수가 있다.

- *저는 흠집 난 스테인리스를 좋아합니다. 그것은 마치 우리들과 비슷한 모습이거든요. 저도 내년이면 이제 50세가 되는데 제 인생도 흠집 난 아이팟의 스테인리스하고 많이 닮았습니다.*

- 우리는 수많은 실수를 합니다. 그것이 바로 인생이죠. 하지만 최소한 그것들은 새로워지고 창조적이게 됩니다.
- 무한히 셀 수 없는 돈을 잃었습니다. 만약에 '애플III'가 성공했다면 'IBM'은 개인용 컴퓨터 시장에 들어오는 데 큰 어려움을 겪었을 겁니다. 하지만 그것이 인생이지요. 우리는 그 실패의 경험으로부터 더 강해졌다고 생각합니다.

스티브 잡스의 명언을 보면 그는 많은 고난과 실패를 반복했으며, 그 실패가 본인을 무척 강해지게 하고 실패로부터 많은 지혜를 얻은 것을 알 수 있다.

미국 최고의 기업가가 된 스티브 잡스는 스탠포드 대학교 졸업식 축사에서 "항상 갈망하라. 그리고 항상 무모하라.(Stay hungry, stay foolish)"라고 단상 위에서 서서 말했듯이 그는 항상 마음이 가난하고 겸손하게 살았다고 보인다. 잡스는 2004년 8월에 췌장암 시한부 선고라는 진단서를 받게 된다. 온갖 역경을 넘어 아직 할 일이 많은 스티브 잡스에게는 큰 절망이었을 것이다. 결국 2011년 10월 5일, 56세를 일기로 생을 마감하였다.

스티브 잡스가 우리에게 준 가장 큰 교훈은 '실패에 대한 두려움은 없다.'이다. 오히려 실패하는 것에 기뻐하였는데 그 이유는 실패작을 만들어 냈다는 것은 새로운 것을 만들 수 있다는 것을 의미하기 때문이다. 애플은 당장의 실패가 시간과 비용을 낭비하지만 결국에는 실패를 반복하면서 쌓은 경험과 노하우가 결국 성공으로 발전한다는 생각을 가지고 있는 듯하다. 실패작을 연발해도 좌절하기보다는 오히려 새로

운 것을 찾은 것이라며 좋아하는 것이야 말로 스티브 잡스의 성공 비결 이라고 볼 수 있다.

고생을 해야만 성공할 수 있나

우리나라 최고의 대기업인 삼성, 현대도 처음엔 구멍가게부터 시작했다. 가난 속에서 많은 실패와 좌절을 딛고 일어서서, 지금의 대기업으로 성장한 것이다. 아마 고생하고 싶어 하는 사람은 아무도 없을 것이다. 그러나 성공하기 위해서는 고생이라는 산을 무수히 넘어야 성공을 할 수 있다고 본다. 부모님을 잘 만나서, 또는 남이 닦아놓은 자리에 수월하게 차고 들어가서 자리를 잡았다고 한다면, 그 자리가 수월하게 풀릴 거라고 믿는다면 착각이다. 누군가에게 아무리 노하우를 받아도 그건 내 것이 아니다. 그 노하우를 내 것으로 만들기 위해서는 많은 고난과 노력을 겪어야 내 것이 되는 것이다. 실수 없이 쉽게 가는 길이란 없다.

성공은 줄과 돈으로 되는 것이 아니다. 줄과 돈으로 성공의 문턱까지는 무리 없이 갈 수 있지만, 거기부터는 무수한 시행착오를 온몸으로 겪으면서 한 계단씩 오르는 과정이 있어야만 성공할 수 있다. 무슨 일이든 처음부터 잘 하는 사람 없고 꾸준히 노력하고 배워가면서 성장하는 것이다.

우리가 보통 하는 말 중에 '실패는 성공의 어머니'라는 말이 있다. 모든 사람이 실패한다고 성공하는 것은 아니다. 실패로 생긴 경험과 많

은 고통을 살려서 더 노력을 해야만 성공할 수 있는 것이다. 누구나 실패를 하게 되면, 왜 이렇게 나만 힘드냐고 원망하게 된다. 남들은 잘 나가는 것 같고 '나는 아무리 노력해도 잘 안 되는 걸까?'라고 푸념을 한다. 잘 나가는 사람은 그 분야에 노하우를 터득했기 때문이라고 보면 된다. 잘 안 되는 사람은 자기 노력 방법을 점검해 볼 필요가 있다. 그리고 '남 떡이 커 보인다.'라는 속담이 있듯이 심리적으로 착시 현상이 일어날 수도 있다.

성공한 사람들에게 물어보면 거의 모든 사람이 아직도 힘들다고 한다. 이런 것을 보면 인간의 욕구는 끝이 없고, 만족이라는 것은 순간적으로는 있을지 모르지만 시간이 좀 지나면 또 다른 욕구가 생겨서 불만족 상태로 돌아가는 것 같다. 스스로 자신이 이루고자 하는 선을 만들어놓고 거기까지만 하겠다는 자신과의 약속을 지킬 수 있다면, 아무리 힘들어도 해낼 수 있을 것이다. 스티브 잡스와 같이 실패를 두려워하지 않고 즐거워하면서 실패를 먹으면서 경험을 축적한다면 성공은 자연적으로 따라올 것이다.

6. 지도자의 덕

공자께서 말씀하셨다. "덕으로 정치를 하는 것은 북극성이 자기 자리에 가만히 있는데 뭇 별들이 그를 에워싸고 도는 것과도 같다." (논어 2-1)

공자께서 말씀하셨다. "군자는 죽고 나서 좋은 평판을 얻지 못할 것을 걱정한다." (논어 15-19)

덕이 있는 사람의 주변에는 자연스럽게 사람이 많이 모여든다. 그래서 강요하지 않아도 사람이 따른다. 어진 정치가는 주위에 추종하는 사람이 모여들고 함께하기 마련이다. 사람들과의 관계를 덕으로 행하면 자연히 그는 가장 중요한 인물로서 지도력을 가지게 될 것이다. 진정한 지도자는 눈앞의 이익이나 명성을 바라지 않는다. 그러나 평생 단 한 번도 다른 사람들에게 도움이 되지 못하고 아무런 업적도 남기지 못하는 것을 부끄럽게 여긴다. 자신의 뜻이 제대로 펼쳐지지 못하고 삶이 끝나버리면 아무리 풍족한 생활을 누렸을지라도 그 삶은 후회하게 된다.

다음은 제2차 세계대전을 일으켜서 군인과 민간인 약 4천만 명의 사망자를 내고 유대인 6백만 명 이상을 학살한 아돌프 히틀러의 생애를 살펴보자.

히틀러는 우리에게 무엇을 남겼나

아돌프 히틀러는 1889년 4월 20일 오스트리아와 독일의 국경선 근처에 있는 브라우나우암인에서 태어났다. 히틀러의 아버지 알로이스 히틀러는 미혼모인 마리아 안나로부터 태어났고, 그는 독일과 오스트리아의 국경에서 태어났기 때문에 전통적인 독일의 게르만족이 아닌 혼혈일 가능성이 많다고 한다. 간혹 히틀러는 유대인이라는 설도 있지만 신빈성은 매우 낮다. 그러나 히틀러는 후에 자기는 전통적인 독일의 게르만족이라고 주장한다. 히틀러는 아버지 알로이스가 자기보다 스무 살이나 어린 셋째 부인 클라라 푈즐과 결혼하여 넷째 아들로 태어났다. 그러나 위에 형들이 얼마 살지 못하고 죽었기 때문에 아돌프 히틀러는 귀여움을 많이 받고 자랐으며 그 때문에 히틀러는 아주 버릇없는 아이로 자랐다. 히틀러의 아버지는 오스트리아의 세관에서 일했기 때문에 가정 형편은 비교적 넉넉했다고 본다.

히틀러는 여섯 살에 학교에 들어갔고 아주 똑똑한 아이였고, 책 읽기도 좋아했다. 히틀러 아버지는 그가 아버지와 같이 정부 관리로 일하기를 원했다. 그러나 히틀러는 "내가 관청에 들어가면 병이 나고 자유를 박탈당하고 빈 공간에 강제로 밀어 넣는 것이다."라고 후에 말했다. 히틀러는 화가(畫家)가 되고 싶었다. 그러나 아버지 알로이스가 극

구 반대를 하자 반항하기 시작했다. 열세 살에 아버지가 죽고 나서 히틀러는 학교 공부를 소홀히 하면서 좋아하는 그림을 그리고 책을 읽는 것을 더 열심히 했다. 히틀러는 결국 학교를 그만두고 화가가 되기로 결심한다.

1907년 열여덟 살이 된 히틀러는 미술학교에 입학하기 위해서 비엔나로 갔다. 그러나 히틀러의 예상과 달리 입학시험에 두 번이나 떨어졌다. 화가 난 히틀러는 교장 선생님한테 찾아가서 내가 왜 떨어졌는지 항의를 한다. 이것을 보면 자기 생각이 무조건 옳다고 생각하는 고집이 센 사람이라는 것을 알 수 있다. 그해 12월에 어머니가 세상을 떠나자 히틀러는 망연자실(茫然自失)하고 길거리를 헤매며 구걸하기도 했다.

1910년부터 히틀러가 생활이 좀 좋아졌다. 친구의 도움으로 유명한 건물을 그림엽서로 그려서 팔기 시작했다. 돈이 좀 벌리자 더 큰 작품을 팔기 시작했다. 그 당시 히틀러는 북 아리안(게르만족)이 다른 어떤 사람보다 우수하다고 찬양하는 신문과 팸플릿을 읽으면서 반유대주의 사상을 발전시켰다. 그리고 순수 독일 인종만으로 구성된 국가를 건설할 꿈을 꾸었고 유대인과 다른 사람들을 세상에서 제거해야 한다고 생각하기 시작했다. 이때부터 훗날 유대인 대학살의 원흉(元兇)이 싹텄다고 볼 수 있다. 스물한 살이 된 히틀러는 오스트리아 군대의 병역을 기피하고 물려받은 유산을 처분하고 독일 뮌헨으로 떠난다.

뮌헨에 온 히틀러는 전처럼 그림을 팔아서 생활한다. 1914년 히틀러는 오스트리아 군 당국에서 군 기피자로 체포되어 소환되었다. 그러나 히틀러는 너무 허약해서 병역의무를 이행할 수 없다고 판단되어 오스트리아 군 당국은 히틀러를 풀어주었다. 그러나 제1차 세계대전이 일어

나자 히틀러는 독일 군대에 자원입대한다. 히틀러는 강건한 군인이 아니라서 지하 벙커에서 장교가 내리는 명령을 참호 안의 병사들에게 전달하는 병사였다. 그 당시 히틀러는 '내가 세상에 태어나서 가장 위대하고 가장 잊을 수 없는 시기'라고 했다. 히틀러는 죽을 고비도 많이 넘겼지만 전쟁을 즐기면서 신나게 자기 임무를 충실히 수행했다. 수천 명의 사상자를 보면서 '삶이란 잔인한 투쟁의 연속이며 종족 보존 이외의 다른 목적이 없고, 집단이 살 수 있다면 개인은 죽을 수도 있다.'고 생각했다. 이러한 사상이 훗날 세계를 전쟁으로 몰아넣는 전쟁광이 된다.

전쟁으로 살기 힘들어진 독일 사람들은 독일 전역에서 폭동을 일으켰고 결국 독일은 전쟁에서 패하게 된다. 그 후 독일과 연합국(프랑스, 영국, 미국) 사이에 베르사유 조약이 체결되는데 이 조약은 독일을 다시는 전쟁을 일으키지 못하도록 제약 조건을 체결하고, 연합국이 전쟁 피해에 대한 보상을 받기 위한 조약이었다. 그러나 국제 연맹은 유럽 평화를 위한 목적을 이루지 못했고, 히틀러의 권력을 장악할 구실만 안겨주고 말았다.

독일이 전쟁에서 패한 뒤 사회주의자인 바이에른 공화국이 들어섰다. 그러나 독일을 혁명시키지는 못했다. 아직 군인 신분인 히틀러는 연설에 천부적인 재능이 있었다. 그는 독일 노동 당원으로 가입하였고 집회에도 참석했다. 그리고 정치적인 야망을 품고 군을 제대하고 노동자당에서 대중 연설에 전념했다. 그 당시 독일 정부는 국민의 삶을 개선시킬 수 있는 능력 부족으로 국민들이 실망하고 있었다. 수많은 사람이 히틀러의 연설을 듣기 위해 몰려들었다. 히틀러는 노동자당, 즉 나치 내에서 자신이 중요한 위치에 있다는 것을 깨닫고 자기를 총서기

로 임명하고 결정권을 달라고 했고, 그렇지 않으면 탈당하겠다고 위협했다. 당은 히틀러의 제안을 수용하고 나치의 지도자로 인정했다. 히틀러는 독일이 못 사는 이유는 정부와 유대인 그리고 공산주의자 때문이라고 설파했다. 수많은 독일 사람들은 히틀러의 말을 곧이곧대로 받아들였다

히틀러는 독일을 발전시키기 위해서는 독재 정치를 해야 한다고 믿었다. 그는 남이 좋아하건 싫어하건 상관없이 자신이 하고 싶은 대로 행동했다. 히틀러는 자신의 계획을 행동으로 옮겨 나치 돌격대(SA)라는 조직을 만들었다. 그는 '비어 홀 폭동'을 일으켰다. 그것은 3,000명의 군중이 바이에른 지도자의 연설을 듣고 있는 뮌헨의 한 맥줏집을 총으로 무장한 나치 돌격대가 탈취한 사건이다. 그 폭동은 실패로 돌아가고 히틀러는 징역 5년을 선고받고 교도소에 수감된다. 옥중에서 히틀러의 유명한 책 「나의 투쟁」을 집필했다. 책의 내용은 유대인에 대한 증오를 말했고, 게르만족이 다른 어떤 민족보다 우월하다고 주장했다. 민주주의 국가를 무너뜨리고, 유럽에서 유대인을 없앨 계획도 밝혔다. 미국과 영국에서도 「나의 투쟁」에 대해서 알고 있었지만 히틀러가 그것을 행동으로 옮길 것으로 믿는 사람은 별로 없었다.

히틀러는 5년의 형량 중 9개월만 복역하고 출소하였다. 나치 추종자들은 히틀러를 환영하기 위해 뮌헨으로 몰려들었고 선물과 꽃과 음식을 주며 환영했다. 히틀러는 전략을 바꾸어서 정부를 비판하는 폭동 대신 전국에 피라미드식 지역 조직을 만들어 독일을 장악하기로 했다. 독일 상황이 점점 나빠지면서 사람들은 나치 조직에 관심을 더 많이 갖게 되었다. 1933년 나치의 전폭적인 지지 속에서 히틀러는 독일 총리

가 된다. 수많은 사람은 앞으로 공포 정치 상황이 벌어지리라는 것은 깨닫지 못하고 마냥 즐거워했다.

총리로 임명된 히틀러는 독재자의 길을 걷게 된다. 헌법을 고치고 언론을 장악한다. 나치만 빼고 모든 정당의 활동을 금지시켰고, 모든 정치 조직을 불법으로 만들었다. 반 나치 신문들은 폐간했다. 히틀러의 지배하에 조금이라도 의심되면 투옥하거나 총살했다. 독일 감옥이 다 수용할 수 없을 정도였다. 그 당시 독일은 생활이 참담했기 때문에 히틀러가 구원해 주기를 기대했다. 나이가 많은 힌덴부르크 대통령도 히틀러의 요구에 설득 당했다. 그는 게르만족의 독일인에게 많은 혜택을 주고 유대인들에게는 박해 강도를 높여 갔다. 독일에 사는 유대인의 시민권을 박탈하는 약 400개의 법률도 반포했다. 1933년 독일은 국제 연맹에서 탈퇴하고 베르사유 조약에서 자유로워졌다. 그리고 군대를 강화시켜 영국과 프랑스에 대적할 만큼의 강한 군대를 만들었다.

1939년 8월에 세상에서 가장 유명한 두 명의 독재자, 독일의 히틀러와 소련의 스탈린이 동맹을 맺는다. 히틀러는 소련과 동맹을 맺자 그해 9월에 폴란드를 침공한다. 바로 그것이 제2차 세계대전의 시작이다. 독일은 엄청난 화력으로 한 달도 안 되어 폴란드를 점령한다. 그리고 노르웨이, 덴마크, 벨기에, 룩셈부르크, 네덜란드를 침공하여 승리를 거둔다. 1940년 6월 프랑스마저 독일에 패한다. 점령국에서도 유대인 박해는 계속되었다. 그러나 영국과 불가침 조약을 맺은 러시아를 공격했으나 두 나라에게 패하고 말았다. 독일은 일본과 이탈리아 세 나라가 삼국 동맹을 맺는다. 그리고 일본은 1941년 12월에 하와이 진주만을 공습한다. 전쟁 중에도 유대인 학대는 계속되었다. 참다못한 유대인들

은 드디어 나치에 저항했다. 700명의 유대인은 맨손으로 또는 빼앗은 총으로 독일 병사들과 전투를 벌였다. 독일 병사가 수십 명 죽고 1,000여 명이 부상을 당했다. 이로 인하여, 히틀러는 유대인 대량 학살 계획에 들어간다. 이때 죽은 유대인은 약 6백만 명에 달한다고 한다. 몇몇 관료들은 히틀러의 계획에 반대하였고 히틀러를 암살할 계획을 세웠지만 실패로 돌아갔다.

히틀러는 베를린의 지하 벙커에 숨어서 전쟁의 결과를 듣고 있었다. 병으로 쇠약해진 히틀러는 전쟁의 상황을 제대로 파악하지 못했고, 그러는 사이에 미영 연합군은 노르망디 상륙 작전을 시작으로 프랑스와 벨기에를 거쳐 베를린까지 진격했다. 독일의 패배를 알게 된 히틀러는 1945년 4월 30일 지하 벙커에서 자살한다.

나치 독일의 독재자는 죽었지만, 암흑 같고 황폐한 히틀러 정권에 대한 기억은 생생하게 머릿속에 남아 있고, 수많은 사람은 히틀러가 준 상처를 치유하려고 노력하고 있다. 다시는 이러한 끔찍한 일이 지구상에서 일어나지 않도록 끊임없이 노력해야 할 것이다.

덕(德)이 있는 지도자

아돌프 히틀러는 연설에 천부적인 재능이 있었다. 연설로 사람들의 마음을 사로잡고 자기 사람으로 만들었다. 나치로부터 적극적인 지지를 얻어 독일 총리까지 올라갔지만 지도자로서 덕이 부족했기 때문에 전쟁을 일으키고 수천만 명을 죽게 만들고, 유대인들을 대량 학살하는 반인륜적인 행동을 했다.

덕이란 무엇일까?

이탈리아 정치인 키케로는 "최고의 인격과 가장 숭고한 재주를 갖춘 사람에게서 찾을 수 있는 덕성은 명예, 지식, 힘, 영예에 대한 채워지지 않는 열망이다."라고 했다. 이는 아무리 인격과 재능을 가진 자라도 자기가 제일 잘난 사람이라고 생각한다면 그는 덕이 있는 사람이라고 볼 수 없다는 것이다. 벼가 익으면 고개를 숙이듯이 인격과 재주를 갖추고 지식이 많은 사람은 본인이 항상 부족하다고 생각한다. 그렇게 생각함으로서 남들에게 더 겸손하고 상대를 존중하고 항상 배우려는 자세를 가지고 있다. 덕이 있다는 것은 본인이 판단하는 것이 아니고 남이 판단해 주는 것이다. 본인 아무리 잘났다고 생각해도 남이 인정해 주지 않으면 그것은 혼자 잘난 것이다.

1. 덕이 있는 사람은 남을 불편하게 만들지 않는다.

성 토마스 아퀴나스는 "덕성의 완성은 정열을 앗아가지 않고 단지 조절할 뿐이다."라고 말했다. 이는 덕성이 있는 사람은 남의 생각과 의도를 파악하고 그 뜻을 받들 줄 알아야 한다는 것이다. 남을 불편하거나 의지를 꺾는 것은 여러 가지가 있다. 말로, 행동으로, 물질로, 그리고 지위로 등 많이 있다고 본다. 이런 것들로 인하여 내가 상대에게 어떻게 했을 때 상대가 불편하게 되는지를 알아야 할 것이다. 그러기 위해서는 예절에 대한 많은 지식을 갖추어야 한다고 본다.

2. 덕이 있는 사람은 배려심(配慮心)이 있다.

배려심은 나보다 상대의 이익을 먼저 생각하는 것이다. 많은 사람은 배려심보다 이기심(利己心)이 많다고 본다. 이기심은 배려심과 반대로 남보다 내 이익을 먼저 생각하는 것이다. 마크 트레인은 "사람이 사람을 헤아릴 수 있는 것은 눈도 아니고, 지성도 아니거니와 오직 마음뿐이다." 라고 말했다. 배려심이 많은 사람은 남에게 친절하고 마음이 넓다. 사소한 것은 넘어가고 자기가 받는 감사는 꼭 베풀 줄 아는 사람이라고 생각한다. 그런 사람은 인기가 많고 인간성이 좋기 때문에 항상 사람들이 주변에 많다. 배려심이 많다는 것은 인간성이 좋다는 것이다. 욕심도 없고, 나보다 남을 먼저 생각하는 인성을 가진 사람이라고 본다.

3. 덕이 있는 사람은 도량(度量)이 넓고 인내심이 크다.

도량이란 사물을 너그럽게 용납하여 처리할 수 있는 넓은 마음과 깊은 생각을 말한다. 내가 좀 편하자고 남을 불편하게 만드는 것이라든가, 내가 조금이라고도 불편하면 참지 못하는 사람은 도량이 넓다고 볼 수 없다. 그러한 마음을 갖기 위해서는 화를 누를 수 있는 인내심이 필요하다. 그러기 위해서는 많은 인격 수양이 필요하다. 맹자가 인간의 본성은 선하다고 주장한 것은 인간의 잠재적인 도덕성을 말하는 것이다. 그래서 이 선천적 도덕성을 반드시 후천적으로 발전시켜야 한다고 하였다. 인간의 사회생활에서 도덕의 실천을 무엇보다 중요하게 생각하고, 인간과 짐승의 근본적인 차이점은 인간에게는 선천적으로 도덕성을 부여받았다는 것이다. 이러한 선천적인 도덕성을 잃게 되면 사람은 짐승이 되는 것이다.

4. 모든 사고를 내 중심이 아닌 상대방을 중심으로 소통하고 이해할 수 있어야 한다.

장 파울은 "벗이 너에게 화를 내거든 너에게 친절을 베풀 기회를 만들어 주어라. 그러면 그들의 마음은 풀리지 않을 수 없을 것이며, 다시 너를 사랑하게 될 것이다."라고 했다. 덕이 없는 사람은 모든 사고나 일을 내 중심으로 생각하고 처리한다. 상대를 무시하니까 당연히 상대는 불쾌해지고, 같이 있기를 꺼려 한다. 그런 사람은 우리가 흔히 말하는

독불장군이라고 하며 왕따를 당할 수 있다. 덕이 있는 사람이 되기 위해서는 내 주위에 있는 사람들을 항상 즐겁게 편안하게 할 수 있어야 한다.

공자께서 말씀하셨다. "덕 있는 사람은 외롭지 않다."(논어 4-25)라고 했다. 좋은 인품을 갖추고 배려심이 많고 이기심이 없는 사람은 주위에 사람이 많이 있다. 주위에 사람이 많으니까 외롭지 않고 즐거운 생활을 할 수 있다.

히틀러도 주위에 사람이 많이 있었다. 그러나 그 사람들이 주위에 있었던 것은 덕이 아닌 힘에 의한 사람이었다. 힘으로 모은 사람들은 본인을 더 외롭고 힘들게 만든다. 힘으로 모인 사람들은 그 사람이 힘이 없어지면 다 가 버린다. 그러므로 힘을 계속 키우고 보존해야 만이 그 사람들을 붙들어 놓을 수 있다.

인권(人權)이란

지구에 사는 생물은 셀 수 없을 만큼 많고, 종류도 무척 다양하다. 생물은 바다, 숲, 사막, 그리고 어두컴컴한 동굴 속에서도 살고 있다. 그런데 어떤 것을 생물이라고 하는 걸까? 생물은 먹이를 먹고, 숨을 쉬며, 자라면서 모습이 변하고, 어느 정도 자라면 자기를 닮은 자식을 낳아 대를 이어간다.

사람도 살아있는 생물이지만 사람에게는 인권이라는 소중한 가치가 있다. 사람은 태어나면서 인권을 가지고 태어난다. 인권은 모든 사람이 가지고 있는 것으로 함부로 빼앗을 수도 없는 기본권이다. 우리 사회에는 피부색, 성별, 신체적 특징 등에 따라 부당하게 대우받거나 차별받는 경우가 있다. 피부색에 따른 인종 차별, 여성에 대한 차별, 장애인 차별, 탈북자에 대한 차별 등으로 인해 인권 문제가 대두되고 있다. 이러한 사람들의 인권 또한 마땅히 보장받아야 하기 때문에 사회적 약자들의 인권을 보호하기 위한 제도와 법이 마련되고 있다.

세계적으로 인권을 존중하자고 주장한 움직임도 있다. 두 번의 세계대전을 겪으면서 수많은 사람이 희생되자 인권을 보호해야 한다는 생각이 전 세계적으로 확산되어 있다. 전쟁이 끝난 후인 1948년, 국제 연합(UN)은 「세계 인권 선언」을 선포하면서 인권을 인류가 추구해야 할

보편적인 권리로 채택하였다. 세계가 자유와 평등을 추구하고 정의를 유지하기 위해서는 인간의 존엄성이 인간 삶의 바탕이 되어야 한다고 강조한다.

우리와 한민족인 북한의 인권은 어떠한가. 북한은 세계에서 가장 인권이 없는 국가이다. 북한 독재 정부는 표현의 자유, 집회 결사의 자유, 종교의 자유 등 북한 주민의 모든 시민적, 정치적, 경제적 자유를 제한하고 있다. 또한 모든 형태의 현 정권 반대 정치 조직이나 독립 언론, 시민 사회, 노동운동을 금지한다. 북한 정부는 공포 정치를 독재 정치 유지 수단으로 하며, 체포 및 처벌, 구금 중 고문 시행, 강제 노역, 사형 등의 방법을 지속적으로 사용하고 있다. 북한 주민의 국내 이동뿐만 아니라 국경을 통한 중국으로 무단 이동에 제약을 강화하고 있고, 외부 세계와 접촉하는 북한 주민들을 처벌하고 있다고 한다. 유엔 안보리는 북한의 끔찍한 인권 유린 상황이 국제 평화와 안보에 대한 위협이라는 판단에 따라, 이를 정식 안건으로 채택하고 있다. 유엔 인권이사회는 반인도적 범죄의 책임이 있는 북한 지도자 및 정부 관리들을 궁극적으로는 재판에 회부할 수 있도록 보다 강화된 결의안을 채택하였다고 한다.

인류는 부당한 권력의 압력에 대항하면서 지금과 같은 자유롭고 인권이 보장된 역사를 이루어 냈다. 이런 점에서 인류의 역사는 인권쟁취를 위한 투쟁의 역사라고 할 수 있다. 옛날부터 독재 권력은 권력을 사유화하여 국민의 인권을 유린(蹂躪)했다. 인간이라면 반드시 누려야 하는 자유와 인권을 박탈하여 인간으로서의 존엄성을 누리지 못하고, 권력의 속박 속에서 신음해야 했다. 그러나 우리 인류는 권력에 굴복하

지 않고 끈질기게 투쟁하였다. 인권투쟁사는 정의의 용기와 투쟁의 산물이다. 폭력은 잠시 승리할 수 있지만 최종적으로 승리하는 것은 인권의 자유다. 이런 점에서 역사는 자유의 편이고 인권은 역사의 숨결이자 힘이 되었다.

히틀러 시대의 인권은 정말 참담했다. 전쟁터가 아닌 일상생활 현장에서도 살인이 자행되었다. 그는 가장 잔인한 방법으로, 즉, 독가스실에 사람을 집어넣어 죽였다. 죽인 이유는 특별한 이유가 없다. 유대인이기 때문에, 집시고 장애인이기 때문에 동성애자이기 때문에, 정치 입장이 다르기 때문에 죽였다. 그는 독일 게르만족이 지구상에서 가장 우수하고 유대인은 기생충에 불과하다고 생각했다. 독일 사람이 가장 우수하다는 근거는 어디에도 없다.

우리는 히틀러가 한 일을 보면서 자유와 민주주의와 양심에 대해 생각해 봐야 한다. 자유를 지키고 민주주의를 실현하기 위해, 그리고 양심을 지키기 위해 필요한 게 무엇인지, 또 그것을 지키기 위해 어떻게 하여야 하는지 깊이 생각해 보아야 한다.

7. 사람의 마음을 움직이는 지혜

멸망한 나라를 다시 부흥시켜 주고, 대가 끊어진 집의 대를 이어주며, 숨은 현자를 찾아 등용했기 때문에 천하의 민심이 다 그에게로 돌아갔다. 그가 중시한 것은 백성과 식량과 상사와 제사였다. 요컨대, 그는 너그러우면 사람이 많이 따르고 신의가 있으면 백성이 믿고, 부지런하면 성과를 거두게 되며, 공평하면 백성이 좋아한다는 것을 알고 있었다. (논어 20-01-4)

요임금이 신하인 순에게 임금 자리를 물려주면서 한 당부의 말이다. 임금이 나라를 다스리기 위해서는 모든 백성의 마음을 얻어야 함을 강조한 말이다. 온 백성의 가정을 편안하게 하고, 숨은 인재를 찾아 중요한 요직에 공평하게 등용시켜야 하며, 백성들이 의식주가 불편하지 않게 하여야 한다고 강조했다. 그렇게 하면 백성은 임금을 믿고 따르며 좋은 정치를 할 수 있다고 했다.

엘리자베스 1세의 지혜

엘리자베스는 1533년 영국 왕 헨리 8세의 공주로 태어났다. 엘리자베스의 어머니는 아들을 낳지 못한 이유로 이런저런 죄를 뒤집어쓰고 헨리 8세에게 사형을 당한다. 엘리자베스의 인생은 그날 이후로 완전히 바뀌게 된다. 엘리자베스는 자기를 가르치는 선생님에게 물었다. "무슨 일이 일어난 거예요, 선생님? 어제까지는 저를 공주님이라 부르더니, 오늘은 왜 레이디 엘리자베스라고 부르는 거예요?"라고 말할 정도로 환경 변화가 크게 바뀌었다. 맛있는 음식도 먹을 수가 없었고 좋은 옷도 입을 수가 없었다.

마음씨 착한 엘리자베스는 새로 바뀐 유모를 많이 따랐고 유모도 엘리자베스를 많이 사랑해 주었다. 엘리자베스는 교육을 잘 받은 새 유모에게서 많은 것을 배웠다. 역사, 수학, 지리, 천문학을 가르쳤다. 그리고 바느질과 춤, 승마 등을 가르쳐주었다. 엘리자베스가 새 유모와 잘 지낼 수 있었던 것은 어린 나이에도 불구하고 새 유모의 마음을 사로잡을 수 있는 지혜가 있었다고 본다. 엘리자베스의 지혜가 없었다면 아무리 착한 유모라 할지라도 신분이 추락한 엘리자베스에게 정성을 다해서 열정적으로 가르쳐주기는 힘들지 않았을까 생각한다.

얼마 후 아버지인 헨리 8세가 세상을 떠나고 이복 언니인 메리가 왕

위에 올랐다. 엘리자베스는 언니가 왕위에 오른 것을 축하해 주고 충성할 것을 맹세했다. 그리고 대관식(왕의 취임식)에도 참석했다. 처음엔 둘 사이가 좋았지만 시간이 지나면서 종교 문제로 사이가 나빠지기 시작했다. 언니는 동생 엘리자베스가 자기 왕관을 빼앗을까 항상 두려워했다. 그러던 중 메리 1세에 대항하는 반란이 일어났다. 반란에 엘리자베스가 가담했다는 헛소문이 돌았다. 메리 1세는 당장 엘리자베스를 호출했다. 거리에는 시체가 널려있었다. 21세인 엘리자베스는 공포에 떨어야 했다. 엘리자베스는 런던탑에 가두어졌으며, 그곳은 어머니와 새어머니가 참수형을 당한 곳이다. 엘리자베스는 자기 심정을 이렇게 말했다.

"오, 하느님! 제가 죄수로 이곳에 올 줄은 정말 꿈에도 몰랐습니다. 하느님, 당신께 기도드립니다. 제가 반역죄를 저지르지 않았고 그 누구보다 여왕 폐하에게 충실한 신하라는 것을 당신이 증명해주십시오."

이는 엘리자베스가 얼마나 진실하고, 선하고, 욕심 없이 살아왔다는 것을 증명해 주는 것이다. 엘리자베스의 진실을 하늘에서도 알고 있었던지 엘리자베스는 런던탑에서 무사히 나올 수가 있었다.

메리 1세는 종교의 자유를 부르짖는 수백 명의 개신교 신자를 처형했다. 이로 인해서 민심은 급격히 돌아서기 시작했다. 잉글랜드 국민들은 '피의 메리'를 싫어하기 시작했다. 온 국민은 가난과 굶주림에 시달리고 메리 1세는 궁지에 몰리기 시작했다.

그 후 마흔두 살의 여왕 메리가 암으로 세상을 떠났다. 런던 거리 여

기저기에서는 축하 파티가 벌어졌다. 추밀원(Privy Council: 국왕의 정치 자문기관) 위원들은 엘리자베스를 잉글랜드의 여왕으로 추대했다. 착하고 신앙심이 강하고 욕심이 없는 엘리자베스에게 하나님의 은혜가 내려진 것이다. 엘리자베스는 말했다.

"이것은 하느님이 하신 일이로다. 우리 눈에는 경이로울 뿐이다."

스물다섯 살의 엘리자베스는 잉글랜드의 여왕으로, 엘리자베스 1세가 되었다. 그 당시 잉글랜드에는 종교적인 불안뿐만 아니라 가뭄으로 인한 굶주림, 높은 물가, 가난, 지나치게 많은 런던의 인구, 외교 문제 악화 등 풀어야 할 문제가 산더미처럼 쌓여 있었다.

엘리자베스는 잉글랜드를 강하게 만들기 위해 일을 시작했다. 정부를 강하게 만들고 유능한 인재들을 적재적소에 등용했다. 그리고 좌우명을 '셈퍼 이뎀'으로 정했다. 이 말은 '언제나 한결같이'라는 라틴어이다. 국민들은 노래하고 기뻐했다. 아이들은 축사를 읽었다.

"엘리자베스 여왕님은 모든 움직임에서 잘 배운 티가 난다. 여왕님의 눈은 한 곳을 보지만, 귀는 다른 쪽에 있는 것도 듣는다. 여왕님의 영혼은 어느 곳에나 있는 것 같다."라고 소리쳤다.

여왕의 몸이 조금이라고 불편하면 국민들은 거리로 나와 이렇게 기도했다.

"신이시여, 여왕을 보호해 주소서!"

스물다섯 살의 여왕은 온 국민의 마음을 사로잡았고 존경받고 사랑받는 왕으로 자리 잡게 되었다.

엘리자베스가 가장 먼저 해결한 일은 종교 갈등이었다. 국민은 자기가 믿고 싶은 종교를 자유롭게 믿을 수 있어야 한다고 생각했다. 엘리자베스는 의회에서 수장령을 통과시켰다. 수장령은 왕이 영국 국교회의 최고 우두머리도 겸한다는 법이다. 이 법이 통과되어 여왕은 정치에서뿐만 아니라 종교에서도 최고 통치자가 되었다. 이로 인하여 지금까지 이원화되어 있던 정치와 종교가 일원화되었고 영국 국교회가 잉글랜드의 공식 종교가 되었다. 이로써 참혹했던 가톨릭교와 개신교의 갈등은 해결되었다.

나라가 안정되면서 영국 의회에서는 여왕의 결혼 문제가 논의되었다. 엘리자베스는 유럽에서 조건이 가장 좋은 신붓감이었기에 청혼자들이 줄을 이었다. 의회가 엘리자베스 여왕에게 되도록 빨리 결혼하라고 청하자, 엘리자베스는 이렇게 말했다.

"나는 벌써 남편이 있어요. 바로 잉글랜드가 내 남편이에요."

그리고는 대관식 때 받은 반지를 보여 주었다. 아이에 대해서도 "당신들과 영국 국민들 모두가 내 자식이고 친척이에요."라고 말했다.

그 당시 궁전에는 엘리자베스와 친하게 지낸 로버트 더들리 경이라는 사람이 있었다. 모든 대신은 여왕과 더들리가 사랑을 하고 결혼까지 할 것으로 짐작하고 있었다. 그러나 엘리자베스 여왕은 엄숙히 맹세했다. "내가 비록 로버트 더들리 경을 언제나 진심으로 사랑했지만,

우리 둘 사이에 부끄러운 일이 없다는 것을 하느님이 증명할 수 있다."라고 자신 있게 말했다. 이는 엘리자베스는 독신으로 있으면서 많은 유혹에도 자신의 사생활을 잘 유지했다는 뜻이겠다. 이러한 사생활 관리가 백성들에게 신임을 주고 존경을 받을 수 있는 밑거름이 되었다고 생각한다.

그는 어렸을 때부터 아버지 헨리 8세의 결혼 생활을 유심히 봤다. 헨리 8세는 여섯 부인을 두면서, 자기 어머니도 아들을 못 낳았다는 이유로 참수형을 했고 새어머니도 참수형을 당하는 것을 보면서 나는 결혼을 하지 않겠다는 말을 해왔다. 그래서 마음속으로 항상 결혼에 대한 혐오감을 가지고 있었던 것 같다. 엘리자베스는 유럽의 모든 나라의 왕자들로부터 청혼이 들어왔지만 모두 거절하고 결혼을 하지 않은 처녀 여왕으로 죽게 된다.

여름이 되면 엘리자베스 여왕은 시골로 여행을 떠나 국민들을 만났다. 시골에 지위가 높고 부자인 집을 찾아가 묵으면서 주위 국민들의 민생을 보살폈다. 백성들의 걱정거리를 듣고 그것을 자주 해결해 주기도 했다. 때로는 즉석에서 초대를 받아들여 근처에서 쉬기도 했다. 어떤 백성은 엘리자베스 여왕이 마을에서 환영받는 모습을 다음과 같이 기록했다.

'이 지방의 관습대로 사람들은 여왕에게 굉장한 기쁨과 환호를 보냈다. 여왕은 사람들이 가장 많이 모인 곳에 이르러 가마를 멈추게 하고 일어서서 사람들에게 고맙다는 인사를 했다.'

여왕을 초대한 사람들은 엘리자베스 1세를 위해 화려한 오락거리를 준비한다. 가장행렬, 연회, 연극, 춤, 불꽃놀이, 노래, 사냥 등이 화려하게 펼쳐진다. 이는 지방의 큰 행사였고 지방 백성들에게 볼거리와 즐거움을 주었다. 그리고 백성들은 엘리자베스 여왕에게 많은 사랑과 존경을 보냈다.

유럽의 최강 에스파냐의 무적함대 해군이 130척의 배를 이끌고 영국을 공격해 왔다. 잉글랜드의 해군은 이들과 싸워 대승을 거두었고, 에스파냐 해군은 67척만이 살아서 에스파냐로 돌아갔다. 에스파냐보다 작은 규모의 배로 대승을 거두었다는 것은 군의 사기가 얼마나 좋았는지 짐작할 수 있다. 엘리자베스는 용감하고 배짱이 두둑한 해군 제독 드레이크를 항상 나라에 충성할 수 있는 장군으로 키웠기 때문이다. 에스파냐의 무적함대를 격파한 덕분에 엘리자베스 여왕은 나라 안팎에서 칭송이 끊이지 않았다.

1603년 일흔 살의 엘리자베스 여왕은 마침내 숨을 거두었다. 죽기 전에 엘리자베스 여왕은 이렇게 연설했다.

"나는 그대들에게 나보다 국민들을 더 사랑한 왕은 없었다고 확실하게 말할 수 있습니다. … 내가 재임한 기간 동안 일어났던 영광스러운 일은 모두 다 그대들의 사랑 덕분입니다. 왕이 되고 왕관을 쓴다는 것이 당사자에게는 곁에서 보기보다 훨씬 고통스러운 일입니다. 나는 왕이나 여왕의 권위와 영광스러운 이름을 이용해 유혹에빠진 적은 없었습니다. 고맙게도 하느님이 믿음과 영광을 이루고 이 나라를 지키기 위한 도구로 나를 만드셨기 때문이지요. … 지금보다 더 나라를

걱정하고 사랑하는 왕은 이전에도 없었고, 앞으로도 없을 것입니다."

이 연설은 훗날 '황금의 연설'이라고 알려졌다. 여왕은 자신의 재위 기간을 정리하고 자기가 국민과 나라를 얼마나 사랑했는지를 다시 한 번 기억하게 했다.

17세기의 역사학자 윌리엄 캠던은 이렇게 예언했다.

"어떠한 망각도 영광스러운 엘리자베스 1세의 이름을 잊게 할 수 없을 것이다. 엘리자베스 1세에 대한 행복하고 새로운 기억이 여전히 살아있으며, 모든 사람과 그 자손들 마음속에 영원히 살아있을 것이다."

사람의 마음을 움직이는 리더(leader)가 되어야 한다

엘리자베스 여왕이 잉글랜드 백성의 마음을 사로잡았던 것은 무엇일까? 자기의 마음을 숨김없이 보여 준 것이라고 볼 수 있다. 그녀가 백성에게 보여 주었던 것은 하느님에 대한 확실한 믿음, 권력에 대한 무(無)욕심, 착한 심성, 국민을 진심으로 사랑하는 마음, 사생활의 투명성 등을 들 수 있겠다.

사람은 누구나 사회생활을 하면서 한 번 이상 리더 역할을 한다. 직장의 상사로서, 사회 모임의 리더로서, 가장으로 등 많은 일에 주요 역할을 한다.

1. 리더(Leader)는 공부를 해야 한다.

리더는 자기 분야에 대한 지식이 있어야 한다. 그러기 위해서는 공부를 많이 해야 한다. 영국의 철학자 프랜시스 베이컨은 '아는 것이 힘이다.'라고 말하고 인간의 능력은 지식과 정확히 일치한다고 했다. 지식을 얻을 수 있는 방법은 두 가지가 있다.

첫 번째 방법은 경험을 통하여 습득하는 지식이라고 볼 수 있다.

그러나 우리가 모든 것을 직접 경험을 통해서 얻는다는 것은 불가능하다. 그 많은 일을 다 경험해본 사람은 이 세상에서 한 사람도 없을 것이다. 그러나 직접경험을 할 수 없어도 간접경험은 할 수 있다. 전문가나 유경험자(有經驗者)가 써놓은 책을 보면 된다. 우리는 지금 정보화 시대에 살고 있다. 전 세계적으로 퍼져있는 컴퓨터 네트워크는 간단한 검색을 통하여 많은 정보를 찾아볼 수 있게 해준다.

두 번째 방법은 책을 통한 습득 방법이다.

영국 속담에 '책이 없는 궁전에 사는 것보다, 책이 있는 마구간에 사는 것이 낫다.'라는 말이 있다. 또 '만 권의 책을 읽으면 신의 경지에까지 통한다.'라는 말도 있다. 책 속에는 모든 것이 다 들어 있다. 몸의 양식은 식품에서 얻을 수 있지만 마음의 양식은 책에서 얻을 수 있다. 전문지식, 일반상식, 생활지식 등 우리가 살아가면서 필요한 모든 지식을 얻을 수 있다.

아무리 작은 조직이라도 리더가 기본 지식을 가지고 있지 않다면 관리하기는 힘들다. 리더가 조직에 필요한 지식을 가지고 있어야 조직원들은 믿고 따르게 된다.

2. 리더는 솔선수범하여야 한다.

속담으로 '윗물이 맑아야 아랫물도 맑다'라는 말이 있다. 윗사람의 품행이 바르면 아랫사람도 이를 보고 배워서 바르게 행동한다는 뜻이라고 본다. 다시 말하면 부패하고 바르지 못한 위정자에게는 올바른 백

성의 삶도, 안정된 사회질서도, 있을 수 없다는 이치를 담은 교훈에서 유래됐다고 볼 수 있다.

다음은 규모가 좀 되는 중소기업 사장의 불만의 소리이다.

"요즘 너무 힘이 듭니다. 사업도 그렇게 잘되지 않고, 직원들이 하나같이 시키는 일만 겨우 할 줄 알지 알아서 하는 법이 없고, 그렇다고 알아서 하게 놔두면 되는 것이 없습니다. 하는 일이 미숙해서 가르쳐 놓으면 바로 다른 회사로 이직을 합니다. 옆에 있는 다른 회사 매장의 직원들은 늘 웃으면서 잘해요. 그런데 우리 매장 직원들은 항상 불만스러운 인상이에요. 다른 데보다 월급이 적은 것도 아니고, 늘 좋다는 교육도 철저히 시키고, 이런저런 복지혜택도 충분히 주는데 영 제대로 하질 못하는 겁니다. 혼내기도 해봅니다만 그때뿐이에요. 오히려 더 겉돌죠. 다른 회사 직원들과 비교해 보면 한숨만 나옵니다. 이래서야 어떻게 앞날을 기대할 수 있겠습니까."

사장은 문득 '너부터 변화해라.'라는 말이 생각났다. 그날부터 사장인 나부터 바꿔보기로 했다. 이제까지 말로만 하던 것을 행동으로 보여주기로 했다. 직접 문서처리도 해보고, 생산 라인에서 조립도 해보고, 상품 포장도 해보고, 매장에서 물건도 팔아보고 심지어는 빗자루 들고 청소까지 했다. 보여주기식이 아닌 진짜 구슬땀을 흘리면서 직원들과 같이 손발을 맞춰가며 일을 했다. 사장은 여러 가지 체험을 하면서 직원들의 어려움을 알 수가 있었고 또 이해하기 시작했다. 직원들도 사장의 진심을 알기 시작하면서 변하기 시작했다. 직원들은 애사심을

가지고 열심히 일하고 생산성도 향상되고 정상적으로 회사가 운영되었다.

「논어(論語)」 안연편에서 정치를 어떻게 해야 하는지 묻는 노(魯)나라의 위정자 계강자에게 공자는 "정치는 바름이란 뜻이니, 그대가 바름으로 솔선한다면 누가 감히 바르지 않겠습니까?"라고 답한다.

경영의 핵심은 경영자 스스로가 먼저 변하는 것이다. 적당함이 없는 제대로 된 변화와 일시적이 아닌 꾸준한 변화를 실천하는 것이다. 가장 효과적인 설득은 다름 아닌 솔선수범이다.

3. 지도자는 말을 조심해야 한다.

말에 대한 속담은 정말 많이 있다.

'발 없는 말이 천 리를 간다.'
'한번 한 말은 어디든지 날아간다.'
'화살은 쏘고 주워도 말은 하고 못 줍는다.'
'낮말은 새가 듣고 밤 말은 쥐가 듣는다.'
'웃으라고 한 말에 초상난다.'
'입은 삐뚤어져도 말은 바로 해라.'
'말 한마디에 천 냥 빚도 갚는다.'

대강 몇 개를 적어봤지만 말에 대한 교훈은 수도 없이 많다. 우리가

살아가면서 한시라도 말이 없으면 살아갈 수가 없다. 그러나 말은 잘 쓰면 보약이요, 잘못 쓰면 독약이 되는 것이다. 칼로 입은 상처는 약으로 고치면 되지만, 말로 받은 상처는 약이 없다고 한다. 치료가 안 되니까 그 상처는 평생 갈 수밖에 없다.

회사 상사들은 부하직원들에게 정제되지 않은 말을 많이 할 수가 있다. 종종 그 말들은 보이지 않는 화살이 되어 상대편의 가슴에 꽂힐 수 있다. 그런 말을 들은 부하직원은 상사를 존경할 수 없다. 말에는 메아리 효과가 있다. 자신이 한 말은 부메랑이 되어 다시 자신에게 돌아온다.

성경에서도 다음과 같이 우리에게 많은 것을 가르치고 있다.

[잠10: 19] 말이 많으면 허물을 면키 어려우나 그 입술을 제어하는 자는 지혜가 있느니라.

[잠15: 1] 유순한 대답은 분노를 쉬게 하여도 과격한 말은 노를 격동하느니라.

[잠18: 4] 명철한 사람의 입의 말은 깊은 물과 같고 지혜의 샘은 솟구쳐 흐르는 내와 같으니라.

[마태 12: 36] 내가 너희에게 이르노니 사람이 무슨 무익한 말을 하든지 심판 날에 이에 대하여 심문을 받으리니.

맹자는 다음과 같이 말했다.

"네가 한 언행은 너에게로 돌아간다. 즉 선에는 선이 돌아가고 악에는 악이 돌아간다. 말이 쉬운 것은 결국은 그 말에 대한 책임을 생각

하지 않기 때문이다."

말은 항상 자기가 한 말에 책임을 져야 한다. 말을 하고 나서 상대의 반응 보고 내가 말을 잘못했구나 하고 인식될 때가 있다. 그런 때는 즉시 말을 정정하고 정중히 사과해야 한다. 그렇게 함으로써 상대의 마음을 얻을 수가 있다. 한 번 떠난 마음은 다시 얻기는 힘들기 때문이다.

아리스토텔레스는 "남을 따르는 법을 알지 못하는 사람은 좋은 지도자가 될 수 없다."라고 말했다. 훌륭한 지도자가 되기 위해서는 훌륭한 지도자 밑에서 지도를 받으며 경험해 본 사람이 훌륭한 지도자로서 자질을 갖추게 된다. 유능한 지도자가 되기 위해서는 아랫사람의 심정을 알아야 한다. 그 심정을 알기 위해서는 직접 그 사람의 위치에 있어보는 것이 좋다. 부하 직원의 심정을 모르면 좋은 지도자가 될 수 없다. 차근차근 한 자리씩 올라가는 사람이 큰 지도자가 될 수 있다. 부하의 입장과 처지 그리고 조직의 상황을 누구보다도 잘 알 수 있기 때문이다. 창업해 사장이 되려면 그 분야의 밑바닥부터 배우고 익히기 위해 말단으로 들어가라는 말이 있다. 더구나 재벌 2세들의 경우에도 경영주는 막바로 상무, 전무 자리를 주지 않는다. 대개 시작할 때 업무와 관리 능력을 배울 수 있도록 대리나 과장 자리를 준다. 실무자로서 충분히 경험을 쌓고 회사 사정을 충분히 파악했다고 판단되면 경영자로 승진시킬 것이다. 남을 따르는 법을 배워야 진정 훌륭한 지도자가 된다.

모든 지도자는 아랫사람으로부터 존경받고 싶어 한다. 그렇다면, 어떻게 존경받게 될 수 있을까? 이것이 바로 지도자가 바라는 것이고 그 조직을 위한 숙제 중 하나이다. 프랭키 바이른은 이것에 대해 다음과

같은 명언을 남겼다. "존경심은 수수한 옷을 입은 사랑이다." 어떤 대상이 누군가로부터 존경을 받는 것에는 분명한 이유가 있다. 이유 없이 존경하는 경우도 없고, 이유 없이 존경을 철회하는 경우도 없다. 또한 사랑과 존경은 분리될 수 없는 관계에 있다. 진정한 사랑은 처음부터 존경을 필요로 한다. 열정이나 매력이 시간이 지남에 따라 퇴색되는 것이 일반적이다. 따라서 존경 없는 사랑은 지속되지 못한다. 장기적인 관계에 있어서 존경과 사랑과 열정은 반드시 필요한 요소라고 본다.

8. 사랑이 없는 지도자는 인류를 슬프게 했다

사랑을 할 줄 아는 사람은 자신의 정열을 지배할 줄 아는 사람이다. 반대로 사랑을 할 줄 모르는 사람은 자신의 정열에 지배를 받는 사람이다. (호라티우스)

기원전 65년에 고대 로마에서 해방노예(解放奴隸)의 아들로 태어난 시인 겸 철학자인 호라티우스는 그리스의 아테네에서 철학과 문학을 공부한 유명한 로마 시인이다. 호라티우스는 사랑과 정열을 연관시켜 설명을 했다. 사랑은 받아 본 사람이 할 줄도 안다고 한다. 사랑을 받아보지 못한 사람은 사랑이 무엇인지 이해가 힘들 것이고 사랑으로 감싸야 할 일을 정열적인 감정으로 처리한다고 봤다. 사랑은 주위 사람을 행복하게 만들지만 정열은 주위를 불안하게 만든다. 다시 말해서 사랑이 없는 정열은 공포와 삭막함만 있을 뿐이라고 했다.

스탈린의 독재와 공포 정치

스탈린은 1878년 12월 6일에 그루지야의 고리라는 작은 도시에서 태어났으며, 방 두 칸짜리 오두막집에서 어린 시절을 보냈다. 고리라는 곳은 무척 가난한 소도시로 병과 가난이 사람들을 따라 다녔다. 신앙심이 매우 깊었던 스탈린 어머니 예카테리나는 요시프(스탈린의 어릴 때 이름)가 사제가 되기를 원했다. 두 아들을 잃은 예카테리나는 요시프를 금이야 옥이야 애지중지했다. 그러나 엄한 어머니로서 요시프가 못된 행동을 하면 몹시 때렸다. 그러나 요시프의 아버지에 비하면 어머니의 매는 아무것도 아니었다. 아버지 비사리온은 구두 제조공으로서 가족을 먹여 살릴 만큼 충분히 돈을 벌지 못했다. 게다가 술주정뱅이고 성질이 불같아서 성질이 나면 아들 요시프를 잔혹하게 두들겨 팼다. 요시프는 어릴 때 아버지에게 맞아서 어깨를 크게 다쳐서 왼쪽 팔이 온전하지 않다고 한다. 그리고 요시프는 일곱 살 때 마마에 걸려 얼굴이 곰보 자국이 있다. 그는 아들만 때린 것이 아니라 자기 부인인 예카테리나도 많이 때렸다. 한 번은 아버지에게 맞는 어머니를 보고, 어린 요시프는 어머니를 지켜야 한다는 생각으로 아버지에게 칼을 던졌다. 그 칼을 빗나갔지만 요시프는 그 후 얼마간 집에 가면 아버지에게 맞아 죽을 것 같아서 집에 못 들어가고 이웃집에서 지냈다. 이런 일련의 상황

을 볼 때 스탈린은 어린 시절은 부모님의 사랑을 받지 못하고 공포 속에서 살았고, 이런 것들은 장래의 국가 지도자가 되었을 때 폭정의 근원이 되었다고 본다.

남편의 난폭한 행동에 참지 못한 예카테리나는 사제들의 도움을 받아서 남편 비사리온을 내쫓았다. 그리고 아들 요시프와 살기 위해서 삯빨래를 하면서 생계를 유지했다. 요시프는 1888년에 고리 교회 학교에 다니기 시작했다. 학교에서 뛰어난 학생으로 공부도 잘하고 모범생이었다. 특히 그는 시를 짓는 데 탁월한 능력이 있었다. 그의 시는 처음에는 낭만적이었지만, 시간이 지나면서 점점 어둡고 난폭해졌다. 요시프는 1894년 티플리스 신학교에 진학하여 장학금을 받으면서 공부했지만 종교에 관심이 없었다. 당시 신학교의 엄한 규칙에 불만을 품고 일부 학생이 반항하기도 했다. 요시프도 그 학생 중의 한 사람이었다. 그들은 신학교에서 금서로 정한 책들을 구하여 읽었다. 요시프도 종교와 정치에 대해 나름대로 신념을 품기 시작했다. 그것은 사제가 되는 것과는 아무 상관 없었다.

스탈린은 금서로 정한 책들을 읽으면서 공산주의에 관심을 보이기 시작했다. 그는 마르크스의 공산주의 이론을 좋아했고 그 사상을 조국에 실현하기로 마음먹었다. 1898년 마르크스의 사회주의를 추구하는 러시아 사회민주노동당이 만들어졌고 스탈린은 이 단체에 가입했다. 스탈린은 학생 신분이었지만 차르 정부를 뒤엎기 위해 비밀활동을 하는 직업 혁명가가 되었다. 결국 스탈린은 1899년에 졸업을 하지 않고 티플리스 신학교를 떠났다. 스탈린의 어머니는 그가 사제가 되기를 원했지만 스탈린이 학교를 포기함으로써 많은 실망을 했다.

1901년 3월 노동절 2,000명이 넘는 노동자들이 정부를 상대로 시위했고, 차르 정부는 시위를 주도한 지도자들을 붙잡았다. 스탈린은 미리 도주했기 때문에 붙잡히지 않았다. 스탈린은 경찰을 피해 다니면서 새로운 노동자들을 사회주의 운동에 끌어들이려고 계속 노력했다. 1902년 바투미에서 스탈린은 드디어 경찰에 붙잡혀서 감옥소에 갇혔다. 그리고 이듬해에 시베리아로 유배형을 가게 되었다. 그러나 다음해에 탈출을 한다. 그는 도망자 신세기 되었지만 계속 지하 혁명가로 활동을 했다. 스탈린은 1년 사이에 일곱 차례나 붙잡혀 시베리아로 유배되었지만 한 번을 제외하고 여섯 번을 탈출했다.

스탈린은 1904년 26세에 볼셰비키(구소련 공산당의 별칭) 당원이고, 그의 신학교 급우이자 볼셰비키 당원인 사람의 여동생 스바나와 결혼 했다. 그러나 결혼 3년 만에 아들 하나를 낳고 스바나는 죽었다.

스탈린은 볼셰비키에서 점점 유명해졌다. 레닌은 스탈린을 볼셰비키의 중앙위원으로 임명했다. 1900년대 초 러시아 국민들은 오랫동안 빈부의 격차가 커서 불만이 점점 커졌다. 반면 서유럽의 여러 나라는 산업이 많이 발전하고 빈부의 격차도 많이 해소되었다. 그리고 차르 정부는 1905년 러일 전쟁에서 패했다. 1914년 제1차 세계대전 때 러시아는 독일과 오스트리아에 패하면서 식량과 보급물자가 부족했다. 드디어 1917년 러시아 국민은 혁명을 일으켰고 임시정부가 들어섰다. 전쟁에 휩싸이면서 임시정부도 무너지고 10월 혁명으로 볼셰비키가 정권을 잡게 된다.

이제 스탈린은 러시아에서 가장 큰 권력을 가진 사람 가운데 하나가 되었다. 권력의 중심에는 레닌이 있었다. 스탈린은 민족문제인민위원회

의장이 되었다. 그의 임무는 비러시아계 민족을 볼셰비키 편으로 만드는 것이다. 1919년에는 비서인 나데즈다 알릴루예바와 다시 결혼을 했다. 1922년에는 러시아 공산당 총간사에 임명된다. 그 자리는 스탈린이 앞으로 큰 권력을 얻는 데 큰 주춧돌이 된다.

1920년 내전이 끝나고 1922년에 소비에트 사회주의 공화국 연방(소련)이 탄생한다. 스탈린을 공산당 총간사로 크레믈 집무실에서 묵묵히 일했다. 스탈린은 모든 사람의 기록을 마음대로 볼 수 있었으며, 당 관리 수천 명을 감시할 수 있는 간첩망을 만들었고, 전화 도청과 개인 주택도 염탐할 수 있었다. 이것은 스탈린이 권력을 잡는 데 큰 도움이 되었다. 1924년에 레닌이 뇌출혈로 사망하자 몇 사람과 권력 다툼 끝에 스탈린은 레닌을 뒤를 이어 권력을 잡게 된다. 레닌은 스탈린의 성격이 지도자로서 부적합하다는 것을 알고 반대를 했지만 스탈린의 치밀한 계획으로 소련의 지도자가 된다.

이제 스탈린은 소련과 공산당을 마음대로 통치할 수가 있었다. 주요 당원들은 스탈린이 지독한 독재자라는 것을 깨달았지만 때는 너무 늦었다. 스탈린은 산업화가 늦은 소련을 산업화시키기 위해 자작농이던 농민의 농지를 절반 이상을 강제로 압수하여 집단 농장으로 만들었다. 자기 농지를 순순히 내놓지 않으면 죽이거나 강제 노동 수용소로 보냈다. 농민들은 강제 노동 수용소에서 죽도록 일했다. 농민들이 거둔 곡물 500만 톤이 수출되는 동안 농민들 수백만 명이 굶어 죽었다. 1931년 12월에 '농민들은 개, 말, 썩은 감자, 나무껍질 등 손에 잡히는 것은 무엇이든지 먹었다'고 기록되어 있다. 스탈린은 소련이 미국과 영국과 같이 발전하려면 농업을 포함하여 모든 분야에서 발전해야 된다고 말

하며, 농업 집단화를 정당화했다. 소련의 경제는 좋아졌지만 수백만 명의 농민이 목숨을 잃었다. 경제가 좀 좋아지니까 스탈린은 정치 선전을 통하여 자기를 우상화하기 시작했다. 거리, 건물명 등에 자기 이름을 넣고 역사책에는 모든 주요 사건들이 자기와 연관되어 있다고 적었다. 종교의 자유도 없었다. 이를 문제 삼는 사람은 처형되거나 추방되었다.

스탈린은 언제 암살당할지 모른다며 항상 무서워했다. 스탈린은 권력을 유지하기 위하여 자기에게 반대하는 자는 모두 없앴다. 친한 친구도 자기와 경쟁자이면 죽였다. 심지어 당 대회에서 스탈린에게 박수를 보낼 때 먼저 박수를 멈추는 사람이 안 되기 위해서, 모든 사람이 계속 손뼉을 치니까 박수를 그쳐야 하는 때를 알려주는 종까지 등장했다. 스탈린은 연출 재판이라는 것을 만들었다. 연출 재판이란 재판을 받는 사람이 죄가 없어도 연극 대사처럼 죄가 있다고 말해야 한다. 그리고 사형을 시킨다. 만약 죄가 없다고 말하면 그 가족까지 사형을 시키니까 어쩔 수 없이 그렇게 연극 대사처럼 말해야 한다. 그때 재판을 받는 사람은 스탈린에게 음모를 꾸밀지 모른다고 생각되는 사람으로, 장군의 90퍼센트, 대령의 80퍼센트가 목숨을 잃었다고 한다.

1939년 9월 독일이 폴란드를 침공함으로써 제2차 세계대전이 시작되었다. 그리고 독일의 히틀러는 소련과 맺은 불가침 조약을 깨고 1941년 6월에 소련을 침공한다. 갑작스런 독일의 침공으로 소련은 후퇴를 계속해야 했다. 소련은 후퇴하면서 모든 식량과 장비를 소멸시켰다. 그러나 그해 일찍 찾아온 겨울 혹한을 이용하여 소련군은 독일군을 역습하여 추위와 배고픔에 굶주린 독일군을 무너뜨리게 된다. 미국은 소련에 무

기와 식량을 공급해 주면서 소련을 전쟁에서 승리할 수 있게 도와준다. 소련군은 레닌그라드와 스탈린그라드에서 잇단 승리를 하고 베를린까지 점령을 하면서 제2차 세계대전을 승리하게 된다.

제2차 세계대전이 끝나기 전 영국의 처칠, 미국의 루스벨트, 소련의 스탈린이 우크라이나 크림반도 남단의 얄타에서 만나서 평화를 위한 조직을 만드는 데 합의한다. 이 조직은 나중에 국제연합이 된다. 소련의 전쟁 피해는 매우 컸다. 목숨을 잃은 사람이 약 2,700만 명에, 소련 전역의 집, 공장, 물자 중 4분의 1가량이 파괴되었다. 소련 국민의 생활은 피폐했지만 스탈린은 국민이 잘 먹고 살고 있다고 믿었다. 정부 홍보용 영화만 보고 있었기 때문이다. 스탈린은 공산 국가의 아성을 쌓기 위해서 제2차 세계대전 때 맺었던 유럽국가 및 미국과 관계를 끊었다. 그리고 미국의 트루먼 대통령은 마셜 계획을 발표했다. 마셜 계획은 공산 국가와 싸우는 나라를 돕겠다는 내용이다. 제2차 세계 대전으로 피폐해진 비공산주의 국가에 수십억 달러를 주어 재건을 도왔다. 이처럼 미국과 소련이 관계가 나빠지면서 두 나라 사이에는 냉전이 시작되었다.

제2차 세계대전이 끝나고 스탈린은 가족에게 많은 문제가 생겼다. 장남은 전쟁 중에 죽고, 둘째 아들은 알코올 중독자가 되었고, 딸은 유대인과 결혼하여 인연을 끊었다. 그리고 많은 친구는 스탈린 손에 목숨을 잃었다. 스탈린은 70세가 가까워지면서 자기가 죽음이 가까이 온다는 것을 알고, 자기가 한 일을 미화시키려고 많은 노력을 했다. 열여섯 권짜리 「스탈린 전집」도 펴내고, 그리고 역사책에는 자기가 평화주의자였다는 것을 쓰도록 했다. 실제로 스탈린이 평화를 사랑한 적은 없었

다. 결국 스탈린은 1953년 3월 5일 75세의 나이로 죽었다. 스탈린이 죽고 난 뒤 여러 해에 걸쳐 스탈린의 초상화를 건물에서 떼어 내고 스탈린의 동상을 모두 부쉈다. 스탈린그라드는 볼고그라드로 이름이 바뀌고, 스탈린의 이름을 딴 도시와 거리들은 모두 이름이 바뀌었다.

스탈린은 독일의 히틀러와 함께 악명 높은 국가 지도자로 알려져 있다. 그의 독재는 산업화를 이루기 위한 시대적 사명감이었다는 이야기도 있지만, 그의 잔인함과 독선적인 성격은 사람을 사랑할 수 없는 근성이 잘못된 것으로 생각된다. 어린 시절 아버지로부터 많은 매를 맞고 자랐고, 어머니가 아버지의 폭력을 견디면서 불행하게 사는 것을 보면서 가장 믿어야 할 사람들을 불신하게 되었다. 그래서 친구를 못 믿어서 처형해야 했고, 자기 주위의 권력자들을 못 믿어서 처형했고, 심지어는 자기 주치의까지 못 믿는 사람이 되었다. 만약 스탈린이 사랑이 가득한 가정에서 태어났다면 아마도 그는 자기가 가지고 있는 재능과 지도력, 통솔력, 리더십 등이 발휘되어서 세계 평화에 이바지한 인물로 남게 되었을 것이라고 생각된다.

사랑(love)이란 무엇인가

사랑의 뜻이 사전에서는

1. 어떤 사람이나 존재를 몹시 아끼고 귀중히 여기는 마음, 또는 그런 일
2. 어떤 사물이나 대상을 아끼고 소중히 여기거나 즐기는 마음. 또는 그런 일
3. 남을 이해하고 돕는 마음. 또는 그런 일 이라고 되어 있다.

사랑은 마음에서 싹이 터서 행동으로 옮겨 간다고 본다. 위 뜻에 보면 '귀중히 여기는 마음', '즐기는 마음', '돕는 마음'이 있다. 이런 마음이 기본적으로 가지고 있어야 사랑을 할 수 있다고 본다. 사랑은 우리가 가지고 있는 영혼 중에서 가장 따뜻한 영혼이다. 무엇을 사랑하게 되면 가슴과 마음이 따뜻해짐을 느낄 수가 있다. 그 따뜻한 영혼이 에너지로 바뀌어 행동으로 실현되면 큰 힘이 발산하게 된다. 고대 그리스 3대 비극 시인인 소포클레스(Sophocles)는 "참다운 사랑의 힘은 태산(泰山)보다도 강하다. 그러므로 그 힘은 어떠한 힘을 가지고 있는 황금일지라도 무너뜨리지 못한다."라고 말했다.

그러면 사랑의 힘은 무엇이 있을까?

첫째, 사람을 변화시키는 힘이 있다. 사람의 타고난 성격은 쉽게 변하지 않는다. 공부를 많이 해도 잘 변하지 않는다. 부모님이 아무리 잔소리를 해도 변하지 않는다. 선생님이 아무리 타일러도 변하지 않는다. 그러나 부모님의 잔소리에 사랑이 듬뿍 담겨있다면 변할 수가 있다. 선생님의 충고도 진정한 사랑의 충고라면 변할 수 있다. 이렇게 사랑의 힘은 모든 것을 변화시킬 수 있다.

둘째, 사랑은 자기를 포기할 수 있는 힘이 있다. 사랑 앞에서는 누구나 자신이 겸손해진다. 겸손해진다는 것은 매사에 덤벙대지 않는다는 것이다. 모든 것을 양보할 수 있고, 상대를 배려하는 마음이 생기고, 자기중심주의가 아닌 사랑하는 사람을 중심으로 행동하게 된다.

셋째, 정의감이 솟아난다. 사랑하는 사람을 위해서는 무엇이든지 할 수 있는 정의감이 생긴다. 목숨도 바칠 수 있는 용기가 생긴다. 나라를 위해서 목숨을 바치는 위인들이 많이 있다. 그분들은 누구보다 나라를 사랑하는 애국자이다. 반면 자기 이익만 챙기는 이기주의자들은 사랑이 결여 되어 있는 사람이라고 볼 수 있다.

사랑의 종류는 무엇이 있을까?

첫째, 부모님의 사랑은 사랑 중에서 가장 순수하고 깊은 사랑이라고 본다. 부모님의 사랑은 말로 다 표현할 수 없을 것 같다. 왜 그런 것일까? 많은 것을 주고 또 주어도 늘 부족하다 하시며 더해주지 못해 미안해 하시는 부모님, 끝없이 자녀를 향해 사랑을 베푸시는 부모님의 마음은 그 끝을 헤아릴 수 없는 것 같다. 그럼 자식도 부모님을 똑같이 사랑하고 있을까? 그렇지는 않은 것 같다. 속담에 '자식이 부모 사랑 절반만 해도 효자다.'라는 말이 있다. 옛날에 부모님이 늙고 병들면 고

려장이라는 곳에 고립시키는 풍습이 있었다고 한다. 현대는 거의 대부분 자식들은 부모님의 거동이 불편하시게 되면 요양원에다 맡긴다. 아무리 요양원 시설이 좋고 노인들을 잘 모신다고 해도 사랑하는 자식을 가까이 보는 것만큼은 못 할 것이다. 그러나 부모님들은 자식이 불편할까 봐 아무 불평 없이 요양원으로 들어간다. 이것이 부모님의 마음이다.

둘째, 부부간의 사랑은 아름다운 호수와 같다. 호수의 물결은 항상 잔잔하다. 호수의 물결이 파고가 온다면 지진 등 천재지변이 있을 때만 가능하다. 부부간의 사랑에도 천재지변과 같은 변화가 온다면 부부 사랑에 문제가 생기게 된다. 부부는 항상 잔잔한 호수와 같은 사랑을 유지하는 것이 좋다. 지구상에서 가장 대화하기 편한 사람은 자기 배우자라고 생각된다. 생활이 힘들 때도 부부가 서로 대화하고 위로하면서 피로를 풀고 생활의 활력소가 된다. 미국의 수필가 및 소설가인 워싱턴 어빙은 "불 속을 헤쳐 나가는 듯한 이 세상의 모진 시련을 함께 겪기 전까지는 자신의 사랑하는 아내의 존재가 어떤 것인지 알 수 없다."라고 했다. 한자어에 조강지처(糟糠之妻)라는 말이 있다. 이 말의 뜻은 '가난하고 비천(卑賤)할 때부터 고생을 함께 겪어온 아내'라는 뜻이다. 워싱턴 어빙의 말은 조강지처만이 진정한 아내이다. 라고 말하고 있다. 결혼하자마자 바로 경제적으로 풍부하고 안정된 생활을 하는 신혼부부는 그리 많지 않을 것이다. 신혼 초에 각박한 생활고에 많은 고생을 하고 서로 위로도 하고 살면서 몇 년이 지난 다음에 생활이 안정되게 된다. 그런 고생을 하고 난 부부는 더 많은 부부 사랑과 정이 있다. 바로 이런 부부의 아내가 조강지처가 되는 것이다. 신혼 초 고생은 평생

을 잊지 않고 기억에 남아 있으며, 생활의 밑거름이 된다.

셋째, 가족 간의 사랑이다. 현재 가족 체계는 보통 핵가족을 이루는 것이 대부분이다. 가끔 2, 3세대가 같이 사는 대가족도 보지만 극히 소수에 불과하다. 핵가족에서는 부모와 자식이 구성원으로 되어 있다. 그것도 잠시이고 자식들이 성장하여 결혼하면 부부만 사는 것이 보통이다. 가족을 구성하는 관계를 보면, 부부 사이, 부부와 자녀 사이, 형제 사이로 구성되어 있다. 이러한 가족 관계가 서로 돕고 배려하면 화목한 가정이 된다. 그러나 이 중에 어느 한 사람이라도 돌출 행동을 하면 가족 간에 신뢰가 깨지게 되고, 신뢰를 회복하기 위해서는 상당한 인내심과 선도가 필요하다. 가족의 화목을 위해서는 가장인 아버지의 역할이 크다고 본다. 그러나 생계를 위한 일터에서 힘들게 뛰다 보면 가정 일에 많이 소홀해질 수 있다. 그런 경우에는 어머니가 중심이 되어 가정사를 돌봐야 한다. 요즘은 대부분의 부부가 맞벌이를 하니까 자식들과 같이 있는 시간이 적어서 자식 교육에 많은 문제가 있다. 이런 여러 가지 문제 때문에 출산을 회피하는 현상이 일어나는 원인 중 한 가지가 될 수 있다.

넷째, 청춘 남녀 간의 사랑이다. 이것이 사랑 중에 가장 강렬한 사랑이고, 우리는 이것을 연애(戀愛)라고 한다. 연애의 뜻은 '남녀가 서로 애틋하게 그리워하며 사랑함'이라고 해석한다. 미국 배우이자 영화 제작자인 브래드 피트는 "그녀는 부족한 나를 가득 채워주는 느낌입니다. 그녀와 함께 있으면 내 삶은 영화보다 더 아름답습니다."라고 말했다. 사람은 누구나 마음 한구석에 빈자리가 있다. 그 자리는 사랑이 채워주는 자리다. 성년이 되어서도 그 자리가 비어있다면 허전하고, 우울하

고, 또 상심(傷心)이 올 수 있다. 그 빈자리가 채워지면 도파민, 아드레날린, 세로토닌 등 호르몬이 분비되어 즐겁고, 설레고, 그리움도 생겨서 생활에 활력소도 되고, 더 높은 삶을 위해 노력하고, 강력한 에너지도 생길 것이다. 연애도 결혼을 염두에 두고 하는 것과 그렇지 않은 것이 있다. 결혼의 상대로 이성(異性)을 만난다면 사랑의 감정보다 이성(理性)의 통찰력이 필요할 것이다. 독일의 철학자 니체는 "부부 생활은 길고 긴 대화 같은 것이다. 결혼 생활에서는 다른 모든 것은 변화해 가지만 함께 있는 시간의 대부분은 대화에 속하는 것이다."라고 말했다. 대부분 부부는 생을 마감할 때까지 같이 산다. 긴 인생의 동반자인 배우자는 사랑의 감정보다 대화, 의지, 믿음 등으로 살아가기 때문에 장래성, 성격, 배려심, 이해심 등 인간성이 중요하다고 본다. 연애 감정에 치우쳐서 결혼했다가 실패를 보는 경우가 꽤 많이 있다.

다섯째, 친구 간의 사랑이 있다. 이것은 사랑이라기보다 우정이라고 해야지 맞을 것 같다. 친구 간의 우정은 이성(異性)과의 사랑만큼 설레는 것은 없지만 주로 의리에 기반을 두기 때문에 인생을 살면서 꼭 필요한 사랑이다. 사람은 공동체를 이루면서 살아가므로 친구는 꼭 있어야 한다. 어려울 때 도와주는 친구, 외로울 때 옆에 있어 주는 친구, 슬플 때 위로해 주는 친구, 좋은 일 있을 때 축하해 주는 친구 등 인생의 골목길마다 친구는 필요하다. 그러나 친구가 있어서 꼭 좋은 일만 있는 것은 아니다. 친구로 인해서 물적 정신적 피해를 보는 경우도 많이 있다. 친구를 믿기 때문에 그 사이에서 많은 허점이 생긴다. 그 허점을 이용하여 나쁜 친구는 사기, 절도 등 많은 것을 노릴 수가 있으므로 친구라고 하더라도 무조건 믿는 것은 안 된다고 생각한다. 옛말에 '믿는

도끼에 발등 찍힌다.'란 말은 이러한 것을 위한 속담이라고 생각된다. 그러나 나쁜 친구는 아주 소수에 불과하므로 모든 친구를 매도(罵倒)할 필요는 없다.

여섯째, 기독교와 불교에서 말하는 사랑이 있다. 예수의 말 중에서 '네 이웃을 내 몸같이 사랑하라'라고 했다. 기독교는 교회를 중심으로 목사님의 설교를 듣고 서로 만나서 사교 활동을 하면서 서로 대화하고, 격려하고, 사랑하는 것이 신앙의 핵심인 것으로 생각된다. 이처럼 이웃 간에 서로 사랑하는 것과 하나님을 사랑하는 것이 결코 떨어질 수 없다고 생각하고 있다. 그렇다면 기독교는 어떤 사회 이념을 택해 왔는가. 평등보다는 자유를 소중히 여겨 온 것이 사실이다. 그러나 기독교는 그 자유의 근거와 목표 속에 사랑을 전제로 삼고 있다. 사랑이 자유와 평등을 공유하는 것으로 믿어 왔다. 핵심적인 표현을 한다면, 기독교는 사랑의 나무에 자유와 평등의 열매가 함께 맺힐 수 있다는 길을 택하고 있다. 프랑스 혁명 당시에는 자유, 평등, 박애를 호소했다. 기독교는 사랑 속에 자유와 평등을 유지하는 가치관을 갖고 있다. (김형석 교수)

불교의 사랑은 자비(慈悲)이다. 자(慈)는 다른 이에게 기쁨을 주고, 비(悲)는 다른 이의 슬픔을 덜어준다는 뜻을 지녔다. 고통받는 이들을 향한 부처의 마음을 가리키는 불교의 핵심 덕목이다. 불교의 핵심은 무아(無我) 사상이다. '나'라고 여길 수 있는 실체는 없다는 뜻이다. 나뿐만 아니라 영구불변하는 것은 아무것도 없다. 불교의 구원은 무아를 깨닫는 것이다. 고통 덩어리인 '나'는 애당초 없다는 것을 깨달아 고통의 굴레에서 벗어나는 것이 목표다. 자비는 무아 사상의 자연스러운 귀

결이다. 무아를 깨달으려면 자기 자신에게 집착해서는 안 된다. 자신에게 집착해서는 안 된다는 개인적·소극적 윤리를 사회적·능동적으로 전환시킨 것이 자비의 윤리다. 무아 사상에서는 나와 다른 사람이 동등한 가치를 지닐 수밖에 없다. 자비를 실천하는 것은 나와 다른 사람이 둘이 아니라 하나라는 무아의 진리를 깨달아 부처가 되기 위함이다. 결론적으로 기독교에서나 불교에서나 자비(사랑)는 구원을 위한 최고의 실천 윤리다. 구원을 얻기 위해 몸과 마음을 다 바쳐 자비를 실천해야 한다는 점은 두 종교 모두 같다고 본다. (평화신문)

사랑의 공감대를 형성하기 위해서 어떻게 하여야 할까?

사랑을 할 때는 사랑을 할 상대가 있다. 상대와는 생각도 다르고, 성격도 다르고, 사랑에 대한 이상(理想)도 다를 수 있다. 그래서 사랑을 성공적으로 이루기 위해서는 감정적 요소와 인지적 요소를 잘 조화 시켜야 한다. 상대방에 대한 친밀하고 따뜻한 감정뿐만 아니라, 좋아하는 행동과 그렇지 않은 행동은 어떤 것이며 상대방이 좋아하고 원하는 것이 무엇인가 등을 알고, 그에 적절히 대처하는 인지적 능력도 포함하는 것으로, 오히려 감정적 요소보다 인지적 요소가 더 근본적으로 중요하다고 할 수 있다. 그렇기 때문에 남녀 두 사람이 친밀감을 넘어 진정한 사귐을 계속하기 위해서는 자기가 생각하거나 기대하는 사랑의 의미가 무엇인가를 상대방에게 알려 주고 또 상대방이 생각하고 있는 사랑이 무엇인지 이해하고, 그것을 적극적으로 받아들일 필요가 있다. 그렇지 못할 때에는 성공적인 사랑아 이루어지기 어렵다.

사회 심리학자인 프롬은 "누군가를 사랑한다는 것은 그에게 관심을 갖고 있고, 그를 잘 알며, 존중하고, 그 사람과의 관계에 책임을 지는

것"이라고 주장하였다. "사랑은 적극적인 과정이자 끊임없이 학습하고 노력하여 개발되는 기술"이라고 하였다.

그러기 위해서는

첫째, 관심을 가져야 한다. 사랑하는 사람의 주위 환경에 대한 변화 등을 주의 깊게 관찰하며 사랑으로 보살핌을 제공하여야 한다.

둘째, 사랑에 대한 지식이 있어야 한다. 사랑하는 사람을 이해하고 존중하려면 그를 잘 알지 않고서는 불가능하다. 즉 사랑하는 사람에 대한 지식이 없는 보살핌과 책임은 맹목적일 것이다.

셋째, 존중하는 마음이다. 사랑의 존중은 사랑하는 사람을 있는 그대로 바라보고 수용하며, 그의 개성을 충분히 인정해 주는 것을 말한다. 또한 존중은 다른 사람이 그 나름대로 성장하고 발달하기를 바라는 진정한 마음이다.

넷째, 책임도 사랑의 중요한 요소이다. 사랑하는 사람을 책임진다는 마음을 갖는 것은 관계 유지에 꼭 필요한 요소이다. 그러한 마음이 두 사람의 관계를 더 끈끈하게 할 것이다.

그럼 바람직하지 못한 사랑은 무엇이 있을까.

첫째, 성적인 만족을 위한 사랑이라고 본다. 여러 가지 오락물과 같은 저속(低俗)한 물질에 탐닉하면서 육체적인 성에만 집착한다면 이는 삶을 후퇴시킬 것이다. 이러한 성에 집착한 사랑은 병리적인 형태라고 볼 수 있다.

둘째, 고독으로부터 도피처로서의 사랑을 말한다. 사랑하는 두 사람은 서로 사랑하기보다 세상을 등지는 동반자로서 고독을 해소하고자 하는 것이다. 이러한 현상은 인간이 고독이라는 이름 앞에 초심의 상

태인 모태 속으로 되돌아가고자 하는 심리적 역행이라고 한다.

우리가 인생을 살아가면서 많은 사람과 접촉한다. 착한 사람, 독한 사람, 돈이 많은 사람, 가난한 사람, 잘생긴 사람, 못생긴 사람 등 이 세상에는 가지각색인 사람들과 공생한다. 이 많은 사람과 공감대를 형성하고 즐겁게 생활하기 위해서는 사랑이 바탕이 되어야 한다고 본다. 사랑이 없는 인간관계 속의 대화는 즐거움을 동반하지 못한다. 항상 즐거운 생활을 원한다면 사랑이 우리 마음속에 충만되어야 한다고 본다.

9. 좋은 인연(因緣)을 만나면 성공한다

혼자 힘으로 백만장자가 된 사람은 없다. 주위의 재원, 인맥을 끌어들이지 않으면 안 되는 것이다. 성공을 위한 최고의 연료는 바로 열정이다. (스티븐 스코트)

직장에서 실직과 해고를 당하면서 직장생활에 적응을 할 수 없었던 스티븐 스코트는 1976년 동료들과 함께 단돈 5,000달러로 시작한 아메리칸 텔레캐스트(American Telecast) 사를 20억 달러 이상의 매출을 올리는 미국의 대표적인 마케팅 그룹으로 성장시킨다. 그가 6년 동안 성공하지 못했던 것은 인연을 만나지 못했기 때문이라고 생각했다. 결국 그는 성공해서 백만장자가 되었으며, 성공의 원인이 인맥을 잘 만났다고 생각했다.

사람은 누구나 자기 인생을 설계해야만 한다. 설계서가 어떻게 구성되는가에 따라 좋은 인생을 살 수 있으며 그것은 최고의 설계서가 될 수도 있고 최하의 설계서도 될 수 있다. 그러나 그 설계서는 사람마다 다 다르고 같은 설계서는 한 개도 없을 것이다. 그 차이는 본인마다 갖고 있는 열정의 정도에 따라 결과물이 차이가 난다. 자기의 설계서에 열정을 품고 노력하는 자는 훌륭한 인생의 설계서를 만들 수 있을 것이다.

에바 페론의 짧고 굵은 인생

에바 페론은 아르헨티나의 드넓은 초원지대 팜파스에 속한 로스톨도스라는 작은 마을의 중산층 가정에서 태어났다. 그녀의 출생 기록은 모두 없어졌지만 역사가들은 에바가 1919년 5월 7일에 태어났다고 믿는다. 그녀의 어머니 후아나 이바르구엔은 큰 농장을 관리하는 후안 두아르테와 살면서, 정식으로 결혼을 하지 않고 오 남매를 두었다. 에바 페론은 그중 네 번째 딸이다. 그녀의 아버지는 후아나 이바르구엔과의 사이에 낳은 자신의 자식들을 법적으로 인정하지 않았다. 그러던 중 아버지 두아르테의 사업이 잘되지 않고 생활이 어려워지니까 그는 에바 가족을 버리고 본처가 있는 치빌코이로 돌아갔다. 돌아갈 때 에바 가족에게는 한 푼도 주지 않고 떠났다. 그때 에바 페론은 첫돌이 되기 전이었다.

에바 가족은 그때부터 몹시 가난해졌고 마을 사람들은 정식으로 결혼하지 않은 부모에게서 태어났다고 에바 형제들을 깔보았다. 에바 가족은 좋은 집에서 살 형편이 안 되어서 기찻길 옆의 방 두 칸짜리 작은 집으로 이사했다. 어머니 후아나는 가족을 먹여 살리기 위하여 밤낮으로 재봉 앞에 앉아 일했다. 그 바람에 다리에 궤양이 나도 제대로 쉬지도 못하고 치료도 하지 못했다. 그렇게 하지 않으면 가족을 먹여 살릴

수가 없었다. 돌봐줄 사람이 없는 에바 형제들은 자기들끼리 의지하고 생활하면서 일요일에는 성당 미사에 참석했다.

에바는 검은 머리에 커다란 갈색 눈을 가진 깡마른 소녀였다. 그녀는 여덟 살 때 로스톨도스의 초등 학교에 입학했다. '에바는 늘 생각에 잠겨 있고 감수성이 뛰어났으며 무척이나 연약하고 아름다운 소녀였다.'라고 당시 교사는 말했다. 에바는 학교에서 다른 아이들과 잘 어울리지 못했다. 친구 부모들이 에바와 놀지 못하게 했기 때문이다. 결혼도 하지 않고 낳은 에바의 어머니 후아나를 정숙하지 못한 여자라고 생각했기 때문이다. 이러한 것들은 에바의 영혼을 갈기갈기 찢어 놓았다. 에바는 영화 보는 것을 좋아했다. 미국과 유럽 영화를 보면서 자기의 보잘것없는 삶과는 전혀 다른 환상의 세계에 빠져들곤 했다. 에바는 미국 영화 배우를 좋아했다. 그중에서도 1930년대 최고의 스타이자 에바처럼 가난한 집안의 출신인 노마 시어러를 특히 좋아했고 그녀를 보면서 배우의 꿈을 키웠다. 에바는 학교 연극부에서 활동하면서 자신에게 시를 멋있게 낭송하는 재능이 있음을 발견했다.

에바는 마침내 가족들의 반대에도 불구하고 나이 15살 무렵, 과감히 가출을 감행했다. 고향 팜파스의 흙먼지를 떨치고 아르헨티나의 수도 부에노스아이레스로 갔다. 부에노스아이레스는 부자들이 많이 사는 아르헨티나 제일의 도시이기 때문에 으리으리한 저택에서 사는 부자들이 많았다. 그러나 부에노스아이레스는 부의 혜택을 받지 못한 사람들의 도시이기도 했다. 가난한 사람들은 일자리를 찾지 못해 먹고 살기가 힘들었다. 에바는 부에노스아이레스에서 돈 몇 푼과 옷가지 몇 점을 가지고 새 삶을 시작했다. 정식 학교 교육은 초등학교 6학년에서 끝

났고, 배우 수업도 받지 못했다. 하지만 부족한 점은 강한 의지로 매워 나갔다. 에바는 아르헨티나 전국의 작은 마을을 찾아다니며 공연하는 순회 극단에 들어갔다. 그러면서 라디오 연속극이나 영화에서 작은 배역을 맡곤 했다. 순회공연을 다닐 때도 숙박은 본인이 해결해야 하기 때문에 손바닥만 한 방에 세들어 살았다. 에바는 돈을 많이 벌지는 못했지만, 그 돈을 아껴 후닌에 있는 가족에게 꼬박꼬박 부쳐 주었다.

성공을 향하여 물불을 가리지 않은 노력 덕분에, 그녀는 삼류 연극배우부터 시작해 영화배우, 라디오 성우 등으로 차츰 영역을 확장해갔다. 그리고 1940년경 마침내 에바 페론은 어느 정도 유명한 연예인으로 그 이름을 알릴 수 있게 되었다. 이제 아르헨티나의 작은 마을에 사는 소녀들이 에바의 사진을 간직하게 된 것이다. 1943년 무렵 에바는 부단한 노력 끝에 성공한 스타가 되어 부에노스아이레스의 멋진 아파트에서 살게 되었다. 하지만 에바의 성공적인 인생은 지금부터라는 사실을 미처 알지 못했다.

부에노스아이레스에 온 지 10년 만인 1944년 에바 페론은 큰 행운을 잡았다. 당대 실력자인 '통일 장교단'의 리더 후안 페론을 만난 것이다.

1944년 산후안에서 6,000명 이상이 사망하고 1만 2천여 명이 부상을 당하는 지진이 일어났다. 당시 노동부 장관이던 후안 페론은 이재민 구호를 위한 기금 마련에 앞장섰다. 이때 에바 페론은 구호기금 운동에 연예인 자격으로 동참했다. 당시 마흔아홉 살의 후안 페론은 1938년에 아내를 암으로 잃은 뒤 혼자 지내고 있었다. 페론은 참석한 많은 연예인과 허물없이 이야기를 나누었지만 누구보다 에바에게 호감을 보였다. 두 사람은 만나자마자 사랑에 빠졌다. 에바 페론과 후안 페론은

서로에게 필요한 사람이라는 것을 본능적으로 감지하였다. 첫 번째 부인을 잃고 독신으로 살던 후안 페론은 에바 페론의 젊음과 미모에 빠져들었으며, 에바 페론은 후안 페론이 자신에게 가져다 줄 부와 명예를 한순간에 알아차렸다. 두 사람은 만난 지 얼마 되지 않아 함께 살기 시작했다.

1943년에 군부가 보수 정권을 몰아내고 정권을 장악했다. 이때 페론은 순식간에 아르헨티나 군사 정권의 핵심 지도자가 되었다. 그 무렵 세계는 제2차 세계 대전을 겪고 있었다. 미국과 영국을 비롯한 연합군과 히틀러가 이끄는 독일, 그리고 무솔리니가 이끄는 이탈리아와 전쟁을 벌이고 있었다. 그러나 아르헨티나는 어느 쪽과도 손을 잡지 않고 중립을 지켰다. 노동복지부 장관이었던 페론은 노동자들 편에 서서 노동 개혁을 실시했다. 노동조합을 만들어서 노동자들이 자유를 누릴 수 있게 해 주었다. 또 노동자들은 자기들의 임금과 복지를 위해 파업을 할 수 있도록 했다. 노동자들은 페론에게 충성했고, 정치에서 자신들의 권리를 적극적으로 행사하려고 했다.

에바는 페론을 알면서부터 승승장구하였다. 방송국에서 돈을 더 많이 받고 처음으로 영화에서 주인공도 맡았다. 1944년에는 남녀 배우 조합을 결성하고 에바를 위원장으로 선출했다. 에바는 그때부터 자신의 연기와 재능과 라디오 방송국에서의 지위를 이용하여 페론의 활동을 거들었다. 에바의 방송은 어떤 생각을 조직적으로 전파하려는 정치 선전이었다. 정부가 가난한 노동자들에게 가져다 준 변화를 에바는 혁명이라고 불렀다. 전국의 청취자들은 에바를 통하여 페론이 노동자들의 삶을 얼마나 개선시켜 주었는지 들었다.

1945년 10월 후안 페론에게는 정치적 시련이 닥쳤다. 반 페론주의자들이 정권을 획득한 후, 후안 페론을 외딴 섬에 구금해 버린 것이다. 그러나 이 사건은 뜻밖에도 기회가 되었다. 에바 페론의 오랫동안 숨겨져 있던 재능이 이를 계기로 한순간에 발현된 것이다. 단지 아름다운 외모를 가진 연예인으로만 생각되었던 에바 페론에게는 뜻밖에도 사람의 마음을 움직일 줄 아는 힘이 있었다.

정치적이며 선동적이고 남을 설득할 줄 아는 그녀의 재능이 후안 페론의 석방 운동에서 빛을 발하기 시작했다. 팜파스의 가난한 딸이라는 그녀의 출생과 비루한 인생 역정이 빈민과 노동자들에게 동질감을 안겨주었다. 에바 페론의 열정적이고 헌신적인 연설은 민중의 마음을 움직였다. 에바 페론은 구금된 후안 페론을 위해 노동자들을 부추겨 10월 17일 노동자 총파업을 일으켰다. 강력한 정치 세력으로 떠오른 노동자들은 도시의 기능을 마비시킬 수 있었다. 기업도 정부도 노동자 없이는 돌아가지 않았다. 노동자들은 자신들의 지도자를 돌려 달라고 요구했다. 결국 파업 10일 만에 후안 페론은 노동자들의 환호를 받으며 전격 석방되었다. 그 뒤 수년 동안 10월 17일은 우리나라의 광복절처럼 국경일이 되었다. 에바 페론의 도움으로 정치적 우위를 확보한 후안 페론은 이런 선물을 가져다 준 에바 페론에 감사하듯이 1945년 그녀와 정식으로 결혼했다.

1946년 대통령 선거에서 에바 페론은 남편 후안 페론의 선거 유세 자리에 동행하며 대중으로부터 폭발적인 인기를 얻었다. 그녀의 아름다운 외모와 확신에 찬 연설은 아르헨티나 국민의 마음을 사로잡았다. 에비타라는 애칭이 전 아르헨티나 국민에게 알려진 것도 이 무렵부터

이다. 에바 페론의 인기 덕에 후안 페론은 대통령 선거에서 승리했다. 에바 페론은 이제 아르헨티나의 영부인이 되었다.

1946년 6월 5일 후안 페론은 아르헨티나 대통령에 취임하였다. 그 당시 아르헨티나는 세계에서 가장 부유한 나라 가운데 하나였다. 대통령이 된 후안 페론은 대중이 좋아할 만한 정책을 내세우며 정권유지를 도모했다. 후안 페론의 뒤에는 에바 페론이 있었다. 에바는 노동부에 사무실을 두고 매일 아침 출근하였다. 그는 사무실에서 노동조합원들의 애로 사항을 들어주고 필요한 것은 관료적 절차를 생략하고 대통령 지위를 이용해서 신속히 처리해 주었다. 더욱 정교화된 「페론주의」 하에서 외국자본의 추방, 기간산업의 국유화, 노동자의 처우 개선을 위한 노동입법 추진, 노동자 생활 수준 향상, 여성 노동자의 임금 인상 및 여성의 시민적 지위 개선, 여성에게 투표권을 줄 수 있도록 여성 참정권 입법 추진, 친권과 혼인에서의 남녀평등의 헌법 보장, 이혼의 권리를 명시한 가족법 추진, 여성의 공무담임권 획득 등 획기적인 정책들이 쏟아져 나오기 시작했다.

그러나 이런 수많은 개혁은 좋은 평가를 내릴 만한 것도 있었지만 대중으로부터 비난 받을 일도 많이 있었다. 페론은 점점 독재자로 변해갔다. 권력을 계속 유지하기 위해서 언론을 장악하고, 페론을 비판하는 사람은 일자리를 빼앗거나 교도소에 보냈다. 그래서 에바를 비난하는 사람도 많았다. 상류층 사람들은 에바를 자기 주제도 모르는 하층계급 여자라고 비난했다. 그리고 에바는 정부의 일에 지나치게 간섭한다고 말했다. 그래서 에바는 「데모크라시아」 라는 신문사를 사들여서 후안 페론의 정권을 선전하는 도구로 이용했다. 이 신문은 인수 당시 6

천 부 정도였던 발행 부수가 40만 부까지 늘어났다. 에바는 페론의 적들을 맹렬하게 비난했다. 페론의 적은 노동자의 적이라고 연설을 했다. 후안 페론과 에바는 노동자들의 지지에 힘입어서 권력을 유지했으며, 그에 대한 보답으로 노동자들은 에바로부터 많은 지원을 받았다.

자선 단체로 상류층 여자들이 운영하는 '자선을 베푸는 사회'라는 단체가 있었다. 이 단체는 고아원, 양로원을 세웠고, 병원도 몇 군데 운영했다. 전통적으로 이 단체의 명예 회장은 아르헨티나의 영부인이 맡게 되어 있었다. 그러나 그들은 나이가 어리다는 이유로 에바를 명예 회장으로 인정하지 않았다. 화가 난 에바는 이 단체를 없앴고 자신이 직접 가난한 사람들을 챙겼다. 에바를 직접 볼 수 없는 먼 곳에 있는 사람들은 에바에게 편지를 썼으며, 그 숫자가 하루에 12,000통 정도가 되었다고 한다. 에바는 1948년에 「에바 페론 재단」을 설립하여 가난한 사람을 도왔다. 정부의 많은 기업과 단체들이 이 재단에 많은 기부를 했다. 기부 형태는 강제성도 많이 있었다. 이로 인해서 많은 돈이 모아지고 그 돈은 학생들의 장학금, 노동하는 데 필요한 노동 장비, 가난한 사람을 위한 학교와 병원, 주택을 지어 주었다. 재단 활동을 통해서 4년 동안 1,000개의 학교와 60개가 넘는 병원을 지었다. 소외된 농촌 지역의 진료소에서 일할 간호사를 매년 약 1,300명씩 훈련시켰다. 고아 어린이를 돌볼 시설도 많이 만들었다. 이러한 활동은 페론 정부에 좋은 인상을 심어 주었다. 이러한 활동으로 노동자 단체를 중심으로 1951년 대통령 선거에서 후안 페론과 짝을 이루어 에바가 부통령에 출마하라는 대중의 지지가 있었다. 그러나 에바는 이러한 출마 요청을 수락하지 않았다.

에바의 많은 활동에도 신은 도와주지 않았다. 에바는 암이라는 불치병에 걸리고 말았다. 1951년 대통령 선거에서 후안 페론은 재집권에 성공했지만 에바는 병석에 누워있어야 했다. 정부는 에바가 병에 걸려서 곧 죽을 것이라고 발표를 했으며, 많은 국민은 큰 충격을 받았다.

"오, 신이시여! 에비타를 살려 주세요!"

수백만 명의 노동자들이 교회로 가서 에바를 위한 기도를 올렸다. 많은 사람의 기도에도 불구하고 1952년 7월 26일 에바 페론은 세상을 떠났다. 그때가 에바의 나이가 겨우 서른네 살이었다.

초등학교만 나온 에바 페론은 15세에 교향과 가족의 품을 떠나서 아르헨티나의 수도 부에노스아이레스로 갔다. 아무 연고도 없는 허허벌판과 같은 곳에서 여기저기 살길을 찾아서, 생계를 위해서, 15세 소녀가 얼마나 많은 고생을 했을지는 상상이 잘 안 간다. 그러나 그녀는 배우가 되겠다는 목적을 위해서 오로지 한 길을 따라 끊임없이 열심히 찾았다. 마침내 에바 페론은 어느 정도 유명한 연예인으로 그 이름을 알릴 수 있게 되었다. 에바는 고향을 떠난 지 10년 만에 부와 명예와 권력을 누릴 수 있는 인연을 만나게 된다. 그녀가 만난 사람은 후안 페론으로 그를 만나면서부터 에바의 인생은 180도 바뀌게 된다. 에바는 이제까지 그리던 꿈과 야망을 마음껏 펼치게 된다. 그러나 에바에게는 아쉽게도 8년이란 짧은 기간밖에는 주어지지 않았다. 8년이란 짧은 기간이었지만 에바는 모든 꿈을 실현했다고 본다. 우리는 살아가면서 사람을 많이 만난다. 에바처럼 인생을 완전히 바꾸어 줄 사람을 만난다

면 얼마나 좋을까 생각해 본다.

인연과 인생의 상호 관계

1. 인연의 중요성

고대 그리스의 철학자 아리스토텔레스(Aristotle, BC 384~BC 322)가 '인간은 사회적 동물이다'라고 했다. 이 말은 인간의 특성을 설명하는 표현으로, 인간은 개인으로 존재하고 있어도 홀로 살 수 없으며 사회를 형성하여 끊임없이 다른 사람과 상호작용을 하면서 관계를 유지하고 함께 어울림으로써 자신의 존재를 확인하는 동물이라는 의미이다. 즉, 개인은 개인으로서만 존재하는 것이 아니라 사회 속에서 존재한다는 것이다.

사람은 살아가면서 많은 사람을 만난다. 그리고 많은 사람과 인연을 맺고 살아간다. 어렸을 때는 가족과 인연을 맺고, 학교에 가면 선생님과 또 친구들과 인연을 맺고, 직장에 들어가면 직장 선후배와 인연을 맺는다. 결혼하면 부인과 자식들이 생긴다. 살아가면서 이 중 하나라도 결여된다면 충족한 인생을 살았다고 볼 수 없다.

사람은 누구나 행복한 삶을 살려고 많이 노력한다. 행복해지는 방법이 여러 가지가 있지만 좋은 인연을 만나는 것은 가장 행복해지는 것 중에 하나라고 본다. 그러나 좋은 인연은 내 마음대로 만들 수 없는 것

이다. 부모님을 내 마음대로 만들 수가 없고, 선생님을 내 마음대로 만날 수가 없다. 자식을 내 마음대로 만들 수도 없는 것이다. 직장에서 상사와 부하를 내 마음대로 선택할 수가 없다. 반면에 내가 선택할 수 있는 인연도 많이 있다. 인생 중 매우 중요한 동반자인 배우자는 내가 선택할 수 있다. 그리고 살면서 인생의 양념 같은 존재인 친구도 내가 선택할 수 있다.

그러나 사람과 사람이 인연을 맺는다는 것이 백화점의 물건 고르듯이 쉬운 일이 아니다. 혜민 스님은 "사람과의 인연은 본인이 좋아서 노력하는데도 자꾸 힘들다고 느껴지면 인연이 아니에요. 될 인연은 그렇게 힘들게 몸부림치지 않아도 이루어집니다. 너무 힘들게 하는 인연은 그냥 놓아주세요."라고 했다. 인연이라는 것은 억지로 만들 수는 없다는 뜻이다. 이렇게 하늘에서 맺어준 인연과 내가 선택하여 맺은 인연은 우리 인생의 행복을 좌지우지할 수 있는 큰 물줄기이다.

2. 인연의 종류

앞에서 언급했듯이 우리가 선택할 수 없는 인연과 선택할 수 있는 인연이 있다. 우선 선택할 수 없는 인연을 살펴보겠다.

첫째, 가족과의 인연은 하늘에서 준 첫 번째 인연이며, 인생의 출발점이다. 인생의 행복은 어떤 부모님을 만나느냐에 따라 반은 결정된다고 본다. 재력이 있는 부모님을 만나면 살면서 돈 걱정은 안 할 것이다. 머리가 좋은 부모님을 만나면 공부와 시험에는 자신 있을 것이다. 운

동선수의 자식으로 태어나면 운동 신경이 잘 발달되어 운동선수로 이름을 날릴 것이다. 연예인 부모를 둔 사람은 연예인으로 유명해지는 경우가 많다. 이렇게 부모님의 DNA(deoxyribonucleic acid)에 영향을 받아서 자식들의 진로가 많이 결정된다. 그리고 부모님의 의지력에 따라서 인생의 진로가 많이 바뀐다. 우리가 잘 알고 있는 맹모삼천지교(孟母三遷之敎) 같이 맹자의 어머니는 자식의 교육을 위해 이사를 여러 번 다녔다는 유명한 일화가 있다. 한석봉의 모친께서는 배움을 중도에 그만둘 수 없다며 영암까지 이사를 해서 그곳에서 떡장수를 하며 지내면서 그 유명한 호롱불 끄고 글씨쓰기와 떡 썰기 시합으로 조선 제일의 명필가로 만들은 유명한 일화도 있다. 이렇게 부모님의 자식 사랑과 의지력에 의해서 유명한 자식들이 탄생한다. 청소년 시절 성장하면서 가장 영향을 주는 것은 부모님이다. 부모님들은 자식들 생활의 일거일동을 가장 가까이서 관찰하고, 또 가장 자기 자식에 대해서 많은 관심을 가지고 있다. 그리고 자식을 위한 조언도 많이 한다. 이런 뼈와 살 같은 조언들을 자식들의 귀에 잔소리로 들린다면 부모와 자식 사이에는 문제가 있다고 본다. 부모님의 조언이 너무 심하다든가 아니면 자식이 부모님을 신임하지 않는다고 볼 수 있으므로 전문가에게 상담을 받아야 된다고 본다.

둘째, 스승과의 인연이다. 스승이 갖추어야 할 가장 중요한 것은 인격과 지식이다. 스승은 학문을 가르칠 수 있는 실력을 갖추어야 함은 물론이고 훌륭한 사람을 만들 수 있는 인격을 지녀야 한다. 학문은 가르침으로 배우지만 인격은 스승의 말과 행동과 영혼을 제자들이 보고 듣고 배우게 된다. 그러므로 좋은 학문적 실력과 인격이 풍부한 스승을

만난다는 것은 제자는 큰 행운을 얻었다고 본다. 무스타파 케말 아타튀르크는 "좋은 스승이란 촛불과 같다. 자기 스스로를 소비해서 남들을 위해 불을 밝힌다."라고 말했다. 스승은 제자를 가르칠 때 촛불과 같은 심정으로 가르쳐야 한다. 즉 내 영혼을 불태워야만 제자들의 훌륭한 영혼을 만들 수 있다는 사명감을 가지고 가르쳐야 한다. 그렇게 함으로써 제자들은 스승의 열정적인 가르침에 감동을 받아서 더 많은 것을 배우려고 노력할 것이다. 닐은 "가장 좋은 교사란 아이들과 함께 웃는 교사이다. 가장 좋지 않은 교사는 아이들을 우습게 보는 교사이다."라고 했다. 스승은 항상 학생들과 공감대를 형성하고 내 가르침을 잘 따르고 있는지, 이해는 잘하고 있는지, 생각과 행동은 바르게 하고 있는지, 항상 살펴보고 그렇지 않을 때는 원인을 파악하여 바르게 교정해 주어야 한다. 그것이 바로 훌륭한 스승이라고 본다. 제자들도 스승을 대할 때 많은 존경심을 가져야 한다. 옛 성현의 말씀에 '스승님의 그림자도 밟지 마라.'라고 했다. 그 정도로 스승을 존경하라는 말이다. 그러나 요즘은 그러한 스승에 대한 존경심은 많이 해소된 것 같이 생각된다. 스승을 존경하여야 스승의 말씀도 훌륭한 지식으로 보일 것이다.

셋째, 직장에서의 인연이다. 사람은 생계를 위해서 좋든 싫든 직장 생활을 하여야 한다. 직장에서 돈도 많이 벌고, 일도 적성에 맞아서 재미있게 하고, 좋은 상사와 부하를 만나서 즐겁게 생활한다면 그 사람은 행복한 사람이다. 직장 생활을 하면서 가장 중요한 것은 사람과 사람이 만나는 인연이라고 본다. 돈은 먹고살 만큼 받으면 되고, 일을 못하면 열심히 공부하여 배우면 되지만 내 마음대로 바꿀 수 없는 것이 사람이다. 우리가 직장에서 만날 수 있는 사람은 각양각색이다. 나에

게 꼭 맞는 사람은 아마도 없을 것이다. 러시아의 소설가 및 사상가 톨스토이는 "남과 사이가 좋지 못하거나 그 사람이 당신과 있는 것을 싫어하거나 당신이 옳은데도 그 사람이 동조하지 않으면, 그 사람을 책망할 것이 아니라 정작 책망 받아야 할 사람은 바로 당신입니다. 왜냐하면 당신이 그 사람에게 마음과 정성을 다하지 않았기 때문입니다."라고 말했다. 모든 사람은 자기 주관적인 생각과 가치관 그리고 판단력을 가지고 있다. 그래서 모든 것을 보는 시각은 틀릴 수가 있다. 서로의 시각차가 있을 때는 자기 것이 옳다고 우길 것이 아니라 상대의 의견을 항상 존중해 줘야 한다. 같이 일을 하다 보면 언제든지 트러블이 일어날 수가 있다. 그 트러블이 1단계에서 끝나야지 2단계, 3단계까지 간다면 문제가 심각해진다. 공자는 "다른 사람을 대할 때 그 사람의 몸도 내 몸같이 소중히 여기라. 내 몸만 귀한 것이 아니다. 남의 몸도 소중하다는 것을 잊지 말라. 그리고 네가 다른 사람에게 바라는 일을 네가 먼저 그에게 베풀어라."라고 말했다. 사람과 사람 사이에 문제가 생기는 원인은 내가 상대를 무시하는 데서 시작된다. 상대의 의견을 존중해 주고, 나의 이익보다 상대의 이익을 더 챙겨주는 인간성을 보여준다면 주위 사람들과 관계는 좋아질 것이다.

넷째, 자식과의 인연이다. 모두가 효녀 심청과 같은 자식을 둔다면 얼마나 좋을까만은 내 마음대로 낳을 수 없고, 내 마음대로 키울 수 없는 것이 자식이다. 사람은 유아기, 소년기, 청년기, 장년기를 거치면서 성장한다. 우리가 자식을 키울 때 부모의 역할은 유아기 100%, 소년기 80%, 청년기 50%, 장년기 20% 정도로 보면 대강 근사치라고 보아진다. 미국의 철학자 칼릴 지브란은 "당신은 당신의 아이들이라는 화

살을 쏘기 위해 있어야 할 활과 같은 존재이다. 화살이 잘 날아갈 수 있도록 활이 잘 지탱해 주어야만 화살이 멀리, 정확히 날아갈 수 있는 법이다."라고 말했다. 칼릴 지브란의 말과 같이 부모의 역할은 활과 같은 존재라고 본다. 화살이 잘 날아가려면 활이 좋아야 함은 말할 것도 없다. 이와 같이 부모는 자식을 위해서 유, 소년기에는 훌륭한 버팀목이 되어야 한다. 이것이 부모와 자식 간의 인연을 충실히 이행하는 부모의 역할이라고 본다. 미국의 수필가·소설가인 워싱턴 어빙은 "내 집이 이 세상에서 가장 따뜻한 보금자리라는 인상을 어린이에게 줄 수 있는 어버이는 훌륭한 부모이다. 어린이가 자기 집을 따뜻한 곳으로 알지 못한다면 그것은 부모의 잘못이며, 부모로서 부족함이 있다는 증거다."라고 말했다. 부모는 가정을 자식들을 위한 따뜻한 보금자리로 만들어 줘야 한다. 집보다 밖이 더 좋다면 자식들은 밖으로 나가려고 할 것이다. 가정이 자식들에게 따뜻하고, 아늑하고, 온화한 지구상에서 가장 좋은 보금자리로 생각하게 해주는 것이 부모의 가장 큰 임무라고 생각한다.

다음은 우리가 선택할 수 있는 인연인 배우자 선택과 친구 선택을 살펴보겠다.

첫째, 배우자는 어떤 인연으로 만날까? 하고 많은 남자와 여자 중에 배우자로 만나는 사람은 나와 무슨 인연이 있을까 하고 많이 생각하게 된다. 남녀가 만나서 결혼하는 것을 우리 선조들은 인륜지대사(人倫之大事) 라고 했다. 이 뜻은 사람이 할 수 있는 가장 큰 일이란 뜻이다. 그만큼 인생살이 중에서 중요하고 큰 행사라는 뜻일 것이다, 정말로 결혼을 할 때 좋은 인연을 만나면 평생 행복하고, 나쁜 인연을 만나면 평생 고

생할 수 있다. 결혼할 상대를 만날 때 첫 느낌이 보통 사람하고 다르다고 말한다. 결혼하기 위한 수단으로 중매와 연애가 있다. 옛날에는 거의 중매에 의존했지만 현재는 연애결혼이 많다고 생각한다. 또는 중매 반, 연애 반으로 결혼했다는 사람도 많이 있다. 이것은 아는 사람의 소개로 만나서 얼마 동안 연애를 하고 결혼하는 경우로 결혼에 실패할 확률이 적을 것 같다. 이유는 서로 사귀어 보면서 그 사람의 성격, 가정환경, 장래성 등을 어느 정도 알아볼 수 있는 시간이 있기 때문이다. 지금은 인터넷에서 결혼 소개 사이트가 많으니까 이것을 많이 이용하면 좋을 것 같다. 결혼이란 것은 한 번 하면 평생을 같이 살아야 하는 대사이기 때문에 신중할수록 좋다고 본다. 결혼하고 살다가 이혼하는 경우도 많이 있지만 이러한 일은 인생의 큰 오점을 남기는 것이라고 생각한다.

둘째, 친구와의 인연이다. 친구는 인생의 양념과 같이 없어서는 안 된다고 생각한다. 친구의 역할은 인생의 여유 공간을 메꾸어 주는 역할을 한다. 심심할 때 만나서 이야기하고, 운동하고 싶을 때 같이 운동하고, 술 한잔하고 싶을 때 같이 술잔을 기울일 수 있는 것이 친구이다. 독일의 사회주의 사상가인 아우구스트 페르디난트 베벨은 "남녀 간의 사랑은 아침 그림자와 같이 점점 작아지지만 친구 간의 우정은 저녁나절의 그림자와 같이 인생의 태양이 가라앉을 때까지 계속된다."라고 말했다. 애정은 불같이 일어났다가 점점 식지만 우정은 서서히 뜨거워져서 오랫동안 훈훈한 감정을 간직할 수 있다는 것이다. 이렇게 오랫동안 진정한 친구의 인연을 간직하기 위해서는 서로 간에 공감대가 형성되고, 나보다는 친구를 먼저 생각하고, 조금 잘못을 하더라도 이해

해 줄 수 있는 넓은 아량이 필요하다. 친구도 등급을 정하여 관리할 필요가 있다. 진정으로 서로 믿고 격(隔) 없이 지낼 수 있는 진정한 친구가 있고, 서로 믿음은 부족하지만 부담 없이 웃고 즐길 수 있는 친구로 구분하여 관리하는 것이 좋다고 생각한다.

지금까지 살펴본 바와 같이 사람은 수많은 인연(因緣) 속에서 살고 있다. 좋은 인연, 나쁜 인연 그리고 행복한 인연, 불행한 인연 등 많은 인연을 경험하게 된다. 인생 자체가 인연으로 말미암아 지속된다고 할 수 있을 것이다. 사람은 누구나 악연(惡緣)은 피하고 좋은 인연만 만나기를 기대할 것이다. 그러나 맹자가 주장한 성선설(性善說)은 사람은 태어날 때 착한 사람으로 태어난다고 한다. 우리가 어떻게 대하느냐에 따라 좋은 사람도 되고 나쁜 사람도 된다고 본다. 모든 사람한테 선입견을 버리고 긍정적으로 대한다면 사회는 더 행복해질 것이다.

10. 끝없는 연구와 호기심은 신에게 열쇠를 받는다

> 공자께서 말씀하셨다. "마음속에 궁금한 것이 가득 차서 갈급해 하는 그런 상태가 아니라면 나는 계도해 주지 않는다. 고민하지 않고서는 앞으로 나아가지 못한다. 네 귀퉁이의 하나를 가르쳐 주었는데 남은 세 귀퉁이를 미루어 알지 못하면 다시 가르쳐 주지 않는다." (논어 7-8)

학문에 대한 정열이 없는 사람은 진보하지 못한다는 뜻이다. 하나를 가르쳐 주면 나머지 두 개 혹은 세 개는 학생이 스스로 탐구하고 유추해서 알아내야 한다는 뜻이다.

랠프 왈도 에머슨은 "그 어떤 위대한 일도 열정 없이 이뤄진 것은 없다."라고 말했다.

학문도 마찬가지다. 호기심과 정열이 없으면 아무리 가르쳐줘도 그것을 왜 배워야 하는지 모르기 때문에 앞으로 나갈 수 없는 것이다.

끝없는 연구와 호기심으로 우주의 비밀을 알아내서 지구가 태양의 주위를 돈다는 지동설을 주장한 코페르니쿠스의 정열적인 일대기를 살펴보겠다.

신에게 비밀 열쇠를 받은 코페르니쿠스

니콜라스 코페르니쿠스는 1473년 2월 19일 폴란드의 도루인에서 사 남매 중에 막내로 태어났다. 토루인은 강가에 있는 도시로 두 겹의 성벽으로 쌓인 안전한 도시였다. 코페르니쿠스는 어릴 때부터 로마 가톨릭 교회에서 운영하는 학교에 다니며 글쓰기, 노래, 그림, 수학을 배웠다. 그 당시 학교는 남자아이만 갈 수 있었고, 여자아이는 수녀원에서 교육을 받았다. 코페르니쿠스는 열 살이 되던 해에 아버지가 세상을 떠났다. 그런 후에 가톨릭교회 주교인 외삼촌이 조카들을 돌보게 되었다.

코페르니쿠스는 외삼촌의 권유로 폴란드 유일의 대학인 크라쿠프 대학에 들어갔다. 크라쿠프 대학은 과학과 철학, 수학, 천문학 분야에 명성이 높았다. 코페르니쿠스는 대학에서 라틴어와 그리스어 그리고 수학과 천문학을 공부했다. 그 당시 인쇄술이 잘 발달 되지 않았고, 책값도 비쌌기 때문에 교과서를 가지고 있는 학생은 매우 드물었다. 그리고 천문학 교재는 1200년대에 쓰여진 것이고, 내용도 오래된 이론들이었다. 코페르니쿠스는 대학에서 그리스의 천문학자 프톨레마이오스가 완성한 천동설을 배웠다. 천동설이란 모든 우주의 행성은 지구를 중심으로 돈다는 이론이다. 그러나 코페르니쿠스는 새로운 천문학 이론들을 많이 접하게 되었다. 당시 이슬람 세계와의 무역이 활발해서 새로운

이론들이 빠르게 유럽으로 전해졌다. 코페르니쿠스는 2년 후 이탈리아의 볼로냐 대학으로 옮겨서 수학과 천문학 공부를 더 열심히 했다. 그곳에서 처음으로 별을 관찰하고 이것을 기록했다. 1500년 11월 6일 지구의 그림자가 달을 덮을 때 일어나는 월식을 목격했다. 이 일은 코페르니쿠스에게 잊지 못할 사건이 되었고, 코페르니쿠스는 더욱더 천문학에 관심을 갖게 되었다.

한편, 코페르니쿠스가 몸담고 있는 가톨릭교회 참사회에서 의사가 필요하다고 해서 코페르니쿠스는 의학을 공부하기로 했다. 그래서 코페르니쿠스는 의학으로 명성이 높은 이탈리아의 파도바 대학으로 가서 의학 공부를 했다. 그동안 공부한 천문학이 의학 공부하는 데 많은 도움을 주었다. 그 당시 행성의 움직임이 의술에 미치는 영향이 많이 있다고 믿었기 때문에, 행성의 위치에 따라 처방하는 약과 치료법이 달랐다. 의사들은 병을 치료하기 위해서 약초나 동물의 뿔 그리고 보석을 갈아서 약을 만들었다. 코페르니쿠스는 치료법을 적은 치료법 옆에는 '하느님의 뜻이라면, 이 치료법은 도움이 될 것이다.'라고 적었다.

코페르니쿠스는 공부를 마치고 폴란드로 돌아와서 외삼촌인 바첸로데 주교의 비서와 주치의로 일했다. 외삼촌은 하일스베르크 성에서 주교로 있었다. 그곳은 모든 것이 풍부한 곳이었다. 할 일이 별로 없었기 때문에 남는 시간에는 천문학과 수학 공부를 마음껏 했다. 우주의 구조와 지구의 운동에 관해 좀 더 깊이 있게 연구할 수 있었다. 그 당시 로마 가톨릭 교회는 지구가 우주의 중심이라고 굳게 믿고 있었다. 눈으로 볼 때 태양과 달과 별들이 지구 주위를 돌고 있으니까 그렇게 생각하는 것이 당연하다. 그리스 시대의 철학자인 프톨레마이오스, 아리스

토텔레스, 아르키메데스와 같은 분들이 만든 모형이 그들의 생각을 뒷받침해 주었다. 그러나 코페르니쿠스는 생각이 달랐다. 그는 주교 일을 하면서 「짧은 주해」라는 논문에서 '지구는 자전을 하면서 태양 주위를 돈다.'라고 주장했다. 이 논문은 지동설이라고 부르는 코페르니쿠스의 체계를 세우는 데 기초가 되었다. 1512년 외삼촌인 바첸로데 주교가 세상을 뜨자 코페르니쿠스는 폴란드 프라우엔부르크로 돌아와서 참사회원으로 일했다.

코페르니쿠스는 성당 안에 마련된 아파트에서 비교적 편안하게 살았다. 주어진 일이 끝나면 시간이 많이 남아서 자기 일을 마음대로 할 수 있었다. 코페르니쿠스는 수학과 과학의 기술을 이용하여 바르미아 지방과 옆 나라인 프로이센과의 경계를 정확하게 나타낸 지도를 만들었다. 그 지도는 아주 정확하다고 소문이 났다. 많은 사람이 그 지도를 갖고 싶어 했다. 코페르니쿠스는 참사회의 모든 재산을 관리하고, 물건을 사고파는 일, 세금을 거두는 일 등을 관리하는 회계와 문서를 처리하는 일도 맡았다. 4년 뒤 참사회에서 코페르니쿠스를 업무에서 벗어나게 해 주었다. 그래서 코페르니쿠스는 집 한 채를 사서 다락방에다 천문 관측소를 설치하고 하늘을 관찰하였다. 그 당시 유럽에서는 실제 날짜와 달력 날짜가 맞지 않아서 고민이었다. 1년을 365일로 하고 4년마다 윤년을 두었지만 수백 년이 지나면서 오차가 많이 발생하게 되었다. 1516년 로마는 코페르니쿠스에게 달력 문제를 해결해 달라는 요청을 받았다. 코페르니쿠스는 1년의 길이를 정확히 계산해 보니 365.2425일로 계산이 나왔다. 이 값은 오늘날 사용하고 있는 값과 크게 차이가 나지 않는다. 코페르니쿠스는 바쁜 일정 속에서도 최고의 열정을 쏟는

것은 오직 별을 관찰하는 것이었다. 이번에는 성당의 탑 위에 관측소를 설치해 놓고 하늘을 관찰했다. 별들의 각도와 거리를 측정하고, 행성의 움직임을 지도 위에 표시했다.

코페르니쿠스는 과거의 위대한 천문학자들인 아리스타르코스, 아르키메데스, 프톨레마이오스, 아리스토텔레스의 이론을 잘 알고 있었고, 이들이 체계적으로 연구한 천문학 이론들을 높이 평가했다. 코페르니쿠스가 대학에서 배운 이론은 1,400여 년 전의 낡은 이론을 무조건 옳은 것으로 가르치고 있었다. 코페르니쿠스가 배운 이론은 고대 그리스의 철학자 아리스토텔레스(BC384년~BC322년)가 만든 우주 모형이었다. 아리스토텔레스는 지구가 우주의 중심이라고 생각했다. 그리고 지구 주위에는 수많은 구가 둘러싸고 있고, 이 구들이 돌고 있다고 했다. 코페르니쿠스는 오늘날과 같이 컴퓨터나 망원경이 없었기 때문에, 고작 직각기, 삼각 측각기, 아스트롤라베, 사분의 등만 가지고 하늘을 관찰했다. 코페르니쿠스는 프라우엔브르크 성당에 마련한 관측소에서 매일 연구를 했다. 이 성당에는 지금도 코페르니쿠스가 사용했던 관측 도구들이 일부 남아 있다.

코페르니쿠스는 「코멘타리올루스」라는 논문을 써서 우주에 대한 자기 생각을 소개했다. 코페르니쿠스는 필생의 대작인 「천체의 회전에 관하여」의 기본 개념을 이 논문에서 설명하였다. 코페르니쿠스가 말한 일곱 가지 기본 개념은 다음과 같다.

- 지구와 태양 사이의 거리는 지구와 다른 별 사이의 거리에 비하면 아주 짧다.

- 지구의 중심은 우주의 중심이 아니다.
- 우주에는 하나의 중심이 있는 게 아니다.
- 우주의 중심은 태양 근처에 있다.
- 지구는 자전축을 중심으로 자전하며, 이 때문에 별들이 움직이는 것같이 보인다.
- 하늘에서 태양의 위치가 변하는 것처럼 보이는 것은 지구의 움직임 때문이지 태양이 움직이는 것이 아니다.
- 행성이 가끔 뒤로 움직이는 것처럼 보이는 것은 관찰하는 사람이 그 행성의 앞쪽으로 움직이는 지구 위에서 관찰하기 때문이다.

코페르니쿠스는 「코멘타리올루스」라는 논문을 쓴 뒤 얼마 지나서 「천체의 회전에 관하여」를 쓰기 시작했는데 이 책을 다 쓰는 데 16년 이상이 걸렸다고 한다.

코페르니쿠스는 우주는 완전 원이고 거기에는 모든 행성이 붙어 있다고 설명했다. 그리고 바로 그 안쪽에 토성이 있고, 이 토성이 태양 주위를 한 바퀴 도는 데 30년이 걸린다고 계산했다. 그 안쪽에는 12년 주기로 태양 주위를 도는 목성이 있고, 목성 다음에는 차례로 화성, 지구, 금성, 수성이 돌고 있다고 했다. 그리고 수성이 태양을 한 바퀴 도는 데 80일이 걸린다고 계산했는데 실제 값인 88일과 큰 차이가 나지 않는다. 또 토성의 공전 주기는 반 년, 목성의 공전주기는 한 달 반 정도밖에 차이가 나지 않는다. 코페르니쿠스의 연구서는 지금과 비교하면 약간의 차이가 나지만 그 당시로서는 혁명적인 연구 자료이었다. 지금은 성능 좋은 망원경이 있어서 정확한 측정을 할 수 있지만 당시는

눈으로만 보고 측정한 값이 지금과 많은 오차가 나지 않는다는 것은 정말 놀라운 일이다.

2부에서는 적도, 북회귀선, 남회귀선, 그 밖의 위선 등 지구 위의 주요 선들을 다루었고, 위도의 위치에 따라 해 뜨는 시간을 알 수 있었다. 3부에서는 분점과 지점을 다루었다. 분점은 1년 중 태양이 정확하게 적도 위에 와서 밤과 낮의 시간이 똑같아지는 시기인 춘분과 추분을 말한다. 지점은 태양이 지구에서 가장 멀어지는 시기로 낮이 가장 긴 하지와 밤이 가장 긴 동지를 말한다. 4부에서는 달에 관한 문제를 다루었다. 달의 크기와 궤도, 운동을 계산하는 공식을 보여 주었다. 5부와 6부에서는 행성들과 행성이 움직이는 길을 다루었다. 행성 사이의 거리, 각 행성과 태양과의 거리도 계산했다. 이 계산들은 아주 정확한 계산은 아니었지만, 올바른 기하학 원리에 바탕을 둔 계산이라고 한다.

코페르니쿠스는 1530년 무렵에 「천체의 회전에 관하여」를 완성했지만 출판을 하지 않았다. 당시 대부분의 천문학자들은 천동설을 믿고 있었고, 로마 가톨릭 교회 역시 천동설을 믿었다. 코페르니쿠스는 소심하고 조용한 성격이었기 때문에 자신의 책으로 쏟아질 세상의 관심과 비난이 부담스러웠다. 그래서 코페르니쿠스가 죽고 나서야 비로소 코페르니쿠스의 놀라운 생각들이 세상에 알려지게 되었다.

코페르니쿠스는 1543년 5월 24일에 70세의 나이로 세상을 뜬다. 코페르니쿠스가 집필한 「천체의 회전에 관하여」를 제자가 인쇄하여 죽기 전에 바로 받아 볼 수 있었다. 결혼도 하지 않고 오직 성직자 생활과 천문학자로 평생을 바쳐온 코페르니쿠스는 신의 최대의 작품인 우주의 비밀을 밝혀내는 데 성공한다. 정확한 수치는 아니지만 천체를 관찰할

정확한 장비도 없이 지금과 큰 오차가 나지 않는 숫자를 만들어 냈다는 것은 정말 믿기 어려운 사실이다. 코페르니쿠스의 끊임없는 연구에 신도 감탄하여 우주의 비밀을 알 수 있는 열쇠를 주었다고 본다.

호기심과 연구의 연관성

1. 호기심(好奇心)이란?

호기심(好奇心)의 뜻은 '새롭고 신기한 것을 좋아하거나 모르는 것을 알고 싶어 하는 마음'이라고 사전에 나와 있다. 이러한 호기심이 우리 사회에 미치는 영향은 대단하다고 생각한다. 알베르토 아인슈타인은 "나는 특별한 재능이 있는 것이 아니고 단지 굉장히 호기심이 많다."라고 말했다. 세계적인 천재 아인슈타인도 자기는 천재가 아니고 단지 호기심이 다른 사람보다 많이 있다고 했다. 다시 말하면 호기심은 천재를 만든다는 말이다. 미국의 작가 겸 정치가 윌리엄 워트는 "궁금증을 풀고 싶다면 어느 주제에 대한 것이든 호기심이 발동하는 그 순간을 잡아라. 그 순간을 흘려보낸다면 그 욕구는 다시 돌아오지 않을 수 있고 당신은 무지한 채로 남게 될 것이다."라고 말했다. 어렸을 때부터 무엇인가 궁금해 하고 그것을 풀고 싶은 욕구는 누구나 느껴보았을 것이다. 호기심이 많다는 것은 주위에 알고 싶은 것이 많다는 것이다. 호기심을 풀기 위해 노력하여 그 호기심을 풀었다면 그는 지식인이 되는 것이다. 그러나 호기심을 풀지 않고 지나쳐 버린다면 무식한 사람이 되는 것이다. 학문에 호기심이 많다면, 학문으로 성공할 것이고, 생물에 호

기심이 많다면, 생물학에서 성공할 것이다. 다시 말해서 우리가 어떤 쪽으로 호기심을 갖느냐에 따라 성공할 수 있는 방향이 정해질 것이다.

2. 좋은 호기심과 나쁜 호기심

호기심도 좋은 호기심과 나쁜 호기심으로 나눌 수 있겠다. 좋은 호기심은 사람에게 유익한 호기심이라고 볼 수 있다. 호기심은 사람의 지식 범위를 확장하는 데 중요한 요인이며, 호기심과 정신(精神)과의 관계는 식욕과 신체와의 관계와 같을 것이다. 지금의 많은 과학 발전은 호기심을 가진 과학자들이 끊임없이 연구한 결과 만들어진 작품들이다. 호기심이 많을수록 세계의 과학 문명은 발전할 것이다.

반면 나쁜 호기심은 무엇인가? 스페인의 소설가며 극작가인 세르반테스는 "자신의 일에 대해 생겨나는 호기심은 충족시키고 발전시켜야 하지만 남의 일에 대한 호기심은 꿈에서라도 중요한 것이 아니다." 라고 했다. 남의 일에는 신경 쓰지 말고 자기 일만 열심히 하라는 뜻이다. 다른 사람이 내 일에 호기심을 갖고 꼬치꼬치 잔소리를 한다면 정말 짜증 날 것이다. 이러한 일은 있어서는 안 된다. 또 경계할 필요가 있는 호기심은 나쁘고 잔인하고 악한 것에 대한 호기심이다. 많은 사람은 충격적 사건이나 혹은 기타 추문의 세부적인 내막에 대하여 호기심을 가지고 있다. 청소년들은 단순히 마약을 먹으면 어떻게 되는가에 대한 호기심 때문에 마약 중독자가 될 수도 있고, 성적으로 부도덕한 호기심 때문에 나쁜 길로 빠질 수도 있다. 신비주의, 위험한 마술, 영매술

(죽은 자와 의사소통을 하는 기술) 등에 대한 호기심도 사람들을 부도덕한 세계로 빠지게 할 수 있다. 이러한 것에 빠지게 되면 자신에게 큰 위험이 올 수 있다.

3. 아이들의 호기심

아이들은 기어 다닐 때부터 호기심이 많다. 먹는 것밖에 모를 때는 손에 잡히는 것은 무조건 입으로 들어간다. 그 이유는 주위에 있는 모든 것은 먹는 것으로 생각하기 때문이다. 그러다 장난감을 가지고 놀 정도가 되면 장난감에서 많은 호기심을 가질 것이다. 그런 면에서 보면 장난감을 많이 사줄 게 아니고 적게 사주더라도 호기심을 가질 수 있는 장난감을 사주는 것이 좋을 것이다. 미국의 천문학 및 심리학자 사무엘 랭그레이는 "지식을 가지려면 호기심부터 가져야 한다. 아이에게 호기심을 가지게 하는 것은 그가 이해력을 증가시키도록 만드는 것이다."라고 했다. 아이들이 호기심을 가진다는 것은 그 부분에 대해서 지식을 습득할 준비가 되어있다는 뜻이다. 지식을 습독할 준비가 되어있으면 스펀지가 물을 흡수하듯이, 선생님이나 가족의 가르침에 의해서 지식이 자연스럽게 머릿속으로 들어갈 것이다.

반대로 그러한 지식에 대해서 호기심이 없다면 그 지식은 얻을 수가 없으며, 만약에 그 지식을 습득하게 하려면 본인의 의지에 관계 없이 강제로 가르쳐 주어야 한다. 두 아이의 지식 습득 속도나 습득량은 많은 차이가 날 것이다. 아이들은 성장하면서 더 많은 호기심이 생기면

서, 세상 모든 것에 대고 묻는다. 본인의 의도와 상관없이 들어서게 된 이 신비로운 세상에 대해 알고 싶은 마음, 그 세상에 있는 모든 것이 어떻게 돌아가는지 알고 싶은 마음, 이런 것들을 모두 함축하는 한 마디는 '왜?'일 것이다. 학교에 가서 공부할 때도 자기가 공부하는 학문에 대해서 '왜?' 라는 호기심을 가져야 한다. 당장 지금 배우는 학문에 대해서 왜 가르치는지, 또 왜 배워야 하는지를 알고 학습을 하면 학습 효과가 많이 향상될 것이다. 우리가 전공과목을 선택할 때, 보통 적성과 취미를 보고 선택하여야 한다고 생각한다. 바로 적성과 취미는 호기심인 '왜?'가 많을수록 그 전공과목은 자기에게 맞는다고 볼 수 있다. '왜?'가 많을수록 많은 양의 지식을 습득하고, 습득하는 속도도 빠를 것이다. 나이가 들고 어른이 될수록 호기심을 점점 사라지게 된다. 그 이유는 자신에게 주어진 목표가 많아서, 그것들을 처리하다 보면, 호기심을 가질만한 여유가 없기 때문이다. 아무리 생활이 바쁘더라도 좀 더 여유를 가지고 주변을 보면 여러 가지로 관심과 호기심이 생길 것이다. 이러한 호기심들은 인생의 윤활유와 같은 역할을 할 것이고 더 좋은 인생을 만들 것이다.

4. 호기심은 필요성

새로운 것을 배우기 위한 동력으로 호기심 만한 게 없다고 본다. 아이들이 처음 자전거를 배울 때 교통수단으로 배우지 않을 것이다. 자전거가 두 바퀴로 굴러가는 것이 신기하고, 또 자전거를 탔을 때 그 기

분을 느끼기 위해서 배울 것이다. 그러한 호기심은 자전거를 배우겠다는 의지를 굳히고, 결국 성공하게 된다. 어른들은 새로운 것을 배우면서 필요성과 유용성을 생각하면서 배우지만, 아이들은 그런 것을 생각하지 않을 것이다. 우리가 무슨 일을 할 때 재미나 호기심 없이 할 때는 일의 효과도 많이 떨어지고 오래 지속할 수도 없다. 그러나 그 일에 재미가 있고 호기심을 계속 유발할 수 있다면 오랫동안 일을 계속해도 지루하지 않을 것이고, 하고자 하는 목표를 달성할 것이다. 우리가 외국 여행을 가기 위해 영어 회화 공부를 한다. 그러나 그것이 아무 흥미도 없이 단지 여행만을 목적으로 공부했다면 그 회화 문장은 얼마나 기억할 수 있을까? 아마도 그 문장 기억들은 얼마 가지 못할 것이다. 그러나 흥미와 호기심을 가지고, 지속적이고 반복적으로 한다면 거기에 나와 있던 문장들은 자기 지식으로 장기기억 될 것이다.

호기심은 우리로 하여금 새로운 것을 배우게 한다. 아무것도 모를 때 호기심이 대부분의 행동을 주도할 것이다. 어린아이들은 호기심으로 많은 행동을 하며 세상에 대한 기본 지식을 습득한다. 호기심은 단기적으로는 가치가 덜할 수 있지만, 끊임없이 생기는 호기심은 종종 더 높은 수준의 성취와 지식을 습득할 수 있다. 아무 지식이 없던 원시시대 사람들은 모든 지식을 호기심과 경험을 통해 터득했을 것이다. 독버섯에 독이 있는지 알기 위해서는 먹어 봐야 알 수 있었을 것이고, 꿀이 달다는 것을 알기 위해서는 맛을 보고 알았을 것이다. 우리가 알고 있는 많은 생활 지식은 선조들의 호기심과 경험, 그리고 시행착오로 만들어진 결과물이라고 본다.

5. 호기심은 연구에 빠지게 한다.

노벨상의 시작은 호기심이다. 호기심으로 시작하여 끊임없는 연구는 자연스럽게 노벨상이 따라 온다. 전자 부품에 호기심이 있는 사람에게 PC(personal computer)를 주면 케이스를 열고 분해를 할 것이다. 그리고 여러 부품 기능들을 익힌 다음에 다시 조립을 해서 원상 복구할 것이다. 그렇게 몇 번을 해보면 그는 누가 가르쳐 주지도 않았지만 훌륭한 PC 기술자가 될 것이다. 호기심은 배움의 원동력이자 창의성을 키우는 학습의 비결이라는 점에서 매우 중요하다. 이제부터 호기심이 가진 매력들을 살펴보자.

첫째, 호기심은 실패를 겁내지 않고 도전 정신을 일깨워 준다. 시계가 어떻게 시간을 알려주는지 호기심이 있는 아이는 내가 시계를 고장 낼 수도 있다는 것을 망각하고 시계를 분해한다. 그리고 다시 조립을 하면서 많은 시행착오 끝에 결국은 조립을 완성할 것이다. 그 과정에서 그러한 도전 정신으로 인해 그 아이는 시계 분해에 대한 모든 것을 알게 되고 성취의 기쁨을 만끽할 것이다. 성공하는 사람들이 들려주는 것은 실패를 두려워하지 말고 도전하라는 것이다. 독일의 관념철학자 게오르크 빌헬름은 "이 세상에서 열정 없이 이루어진 위대한 것은 없다."라고 말했다.

둘째, 호기심은 정신을 집중하고 그 일에 몰입하게 만든다. 수업시간에 여러 과목 중에 호기심이 있는 과목과 지루한 과목이 있다. 호기심이 있는 과목은 집중력이 생기고 몰입하기 때문에 시간 가는 줄 모른다. 그렇게 함으로써 학습 효과가 좋고 기억력도 최상의 상태가 된다.

반대로 지루한 과목을 공부할 때는 머리에 들어오지도 않고 수업시간이 매우 길게 느껴진다. 우리가 학습 효과를 좋게 만들려면 수업이 시작하기 전에 그 과목에 대해 충분히 호기심을 머릿속에 만들고 수업에 들어가는 것이 매우 좋을 것이다.

셋째, 호기심은 궁금한 것을 스스로 깨우치게 만든다. 뉴턴은 정원으로 나가 사과나무 그늘 아래서 차를 마셨다. 그는 사과나무 아래에 앉아있을 때 사과가 땅으로 떨어지는 것을 보고 '왜 사과는 항상 지면에 수직으로 떨어질까?' 라는 호기심을 갖게 되었다. 그는 호기심을 포기하지 않고 끝까지 집착함으로써 만유인력을 발견하게 되었다. 라이트 형제가 비행기를 만들어 낼 수 있었던 것도 강한 호기심 덕분이었다. 호기심이 강할수록 사람들은 쉽게 포기하지 않는다.

6. 호기심을 키우는 방법

호기심은 어떻게 키워야 할까? 이를 위해서는 호기심이 무엇인지 제대로 이해해야 한다. 호기심(好奇心)이라는 단어를 풀어 보면 '신기한 현상을 좋아하는 마음'이다. 호기심은 본능적으로 자연스럽게 일어난다.

첫째, 가장 중요한 것은 신기함을 느끼는 순간을 잘 포착하는 것이다. 새가 나는 것도, 물이 흐르는 것도 우리 주변에서 자주 보고 익숙해지면서 신기하게 보이지 않는다. 사과나무에서 떨어지는 사과도 너무 익숙하다. 하지만 호기심이 강한 자에게는 이런 일상적 현상조차도 신기하게 다가온다. 누구나 가끔은 이러한 것들을 신기하다고 느끼는

경우가 있다. 그러나 이 순간들을 놓치지 않고 잘 잡아서 '왜?'라는 호기심을 가지는 것이 중요하다. 우리가 생활하면서 이러한 신기한 현상과 마주할 때, 기회를 놓치지 말고 잡아야 한다.

둘째, 유용하고 깊이 있는 호기심을 선택할 줄 알아야 한다. 호기심에는 좋은 호기심과 나쁜 호기심이 있다. 책을 읽거나 자연을 관찰하면서, 또는 학습 과정에서 발견되는 호기심은 유용하고 도전해 볼 만한 호기심이지만, 지나친 게임과 무한 인터넷 서핑 등은 오히려 삶을 피폐하게 만들 수 있으니 주의해야 한다. 부모님이나 선생님들은 자녀나 제자가 혹시 이런 나쁜 호기심에 빠져 있는지 주의 깊게 보아야 한다.

셋째, 평소에 좋아하지 않는 주제에 대한 책을 읽는다. 책은 우리에게 많은 지식을 주지만, 부가적으로 사물의 이치를 알 수 있는 지혜를 준다. 지혜는 또 다른 지식을 만들어 주면서 많은 호기심을 일으키게 한다. 방대한 양의 책을 읽고 호기심을 활용하면 새로운 아이디어를 얻을 수 있다.

넷째, 창의적인 일에 시간을 소비해 본다. 처음 보는 장치에 대하여, 사용하는 방법을 탐색하며 사용해 보자. 탐색 과정에서 많은 호기심을 일어나게 되며, 호기심에 따라 새로운 방법을 사용하다 보면 종종 의도하지 않은 많은 이점을 얻을 수 있다.

다섯째, 우리가 새로운 것을 발견했을 때도 호기심이 생긴다. 예를 들면 어린아이가 암산을 잘한다든가, 할아버지가 기계체조를 잘한다고 할 때 우리는 신기하게 생각하고 어떻게 저렇게 잘할까? 하면서 호기심이 생긴다. 그리고 그 방법을 알려고 노력할 것이고, 방법을 알기 위해 자기 자신의 몸이 실험 대상이 될 것이다. 그 과정에서 우리는 자기의

능력을 알 수 있고, 또 능력을 향상할 좋은 기회가 될 것이다.

7. 호기심과 인생

한 심리학자가 70대 노인들을 대상으로 호기심과 건강의 상관관계에 관한 실험을 진행했다. 실험 결과 호기심이 많은 활기찬 노인들이 호기심이 없이 무의미하게 사는 노인보다 더 오해 산다는 결과가 나왔다고 한다. 비슷한 결과가 도출된 동물 실험 결과도 보고된 적이 있다. 종양에 걸려 오래 살지 못할 쥐들을 대상으로 실험을 진행한 결과, 호기심 많고 활동적 행동을 보인 쥐가 그렇지 않은 쥐보다 6개월 더 오래 살았다. 이 두 실험 결과는 호기심이란 있어도 그만, 없어도 그만인 심리가 아니라 생물의 건강, 나아가 생존에 영향을 끼치는 중요한 사실을 알려 준다.

호기심이 많은 사람은 더 많은 것을 더 빠르게 습득한다. 따라서 직업도 호기심이 많은 직업을 선택함으로써 업무 효율을 높일 수 있고 호기심이 없는 사람보다 질적 양적으로 성과가 있을 것이다. 그 밖에 호기심은 변화하는 주변 환경, 다시 말해 새로운 업무의 시작이나 조직상의 변화들에 쉽게 적응할 수 있도록 돕는다. 호기심이 많은 사람은 질문을 더 많이 하는 경향이 있다. 그럼으로써 그들은 다른 사람보다 문제를 더 쉽게 이해하게 될 것이다.

호기심은 어른이 되면서 아이들보다 많이 둔화된다. 나이가 들수록 많은 것을 보고 경험했기 때문에 새롭게 느껴지는 감각이 떨어졌고, 사

회적으로나 가족에 대한 책임감이 많아져서 호기심에 신경 쓸 여력이 없기 때문이라고 본다. 어쩌다 물음표가 떠올라도 스스로 유치하다고 생각하며 애써 욕구를 감추려 한다. 이는 잘못된 행동이다. 인간이라면 누구나 평생 질문을 멈추지 말아야 한다. 더 나아가 호기심 자체를 즐길 수 있어야 한다. 그래야 자기 자신도, 조직과 사회도 존재할 수 있다. 좀 바쁘더라도 생활에 여유를 가지고, 자신을 둘러싼 모든 것에 대해 관심을 가지고 긍정적으로 받아들이는 사람은 자연스레 관심과 호기심을 갖게 된다. 이런 호기심은 '희망'이나 '행복' 그리고 '건강'으로 이어질 수 있을 것이다.

11. 불굴의 의지력은 세계 지도도 바꾼다

"인생에 있어서 가장 큰 고난은 우리가 무엇을 얻고자 노력하지 않는 데 있다. 희망을 가로막는 장애물은 결코 문제가 아니다. 희망을 실현해보려는 의지력이 약한 것이 문제일 뿐이다. 약한 의지력이야말로 성공의 가장 큰 장애물이다." (요한 볼프강 폰 괴테)

근현대 독일의 가장 위대한 문인인 요한 볼프강 괴테는 인생을 살면서 여러 어려운 장애물이 많이 생기는데, 이러한 장애물은 살아가는데 큰 문제가 아니라고 했다. 실제 문제는 장애물을 제거하려고 노력하지 않는 것이 문제라고 했다. 노력하지 않는 것은 의지력이 부족한 것이고, 의지력 부족은 목적의식이 없다는 것이다. 목적이 있더라도 성취하고자 하는 의지력이 부족하면 목적을 달성하지 못한다. 아메리카 신대륙을 처음으로 발견한 콜럼버스는 여러 어려움을 극복하고 항해를 했다. 거친 파도를 헤쳐 가며, 몇 달씩 항해하면서, 하고자 하는 목적을 달성하기 위해 자신의 의지력을 굽히지 않았으며, 결국 아메리카 신대륙을 발견하게 된다. 그런 위대한 의지력을 소유한 콜럼버스의 일대기를 알아보자.

야심에 찬 콜럼버스

아메리카 신대륙을 발견한 크리스토퍼 콜럼버스는 1451년경에 이탈리아 제노바에서 태어났다. 제노바에서 양모 직조 사업을 하는 아버지 도메니코와 어머니 수산나 폰타나로사의 오 남매 중 장남으로 태어났다. 훗날 콜럼버스의 가족은 제노바 근처의 사보나로 이사했다. 콜럼버스는 10대 초반에 배에서 급사 일을 하면서 바다에 마음이 끌렸다. 초보 시절, 콜럼버스는 터키 서쪽에 있는 키오스 그리고 잉글랜드, 아일랜드, 아이슬란드까지 항해를 하면서 항해에 대한 자신감을 가졌다. 항해하던 중 해적에게 공격을 받아서 죽을 고비도 넘겼다. 콜럼버스는 바다에 관해서 많은 공부를 했다. 그 당시 사람들에게 알려진 세계 지도와 해도(海圖)에 대해서 공부를 했다. 콜럼버스는 아프리카, 유럽 연안을 따라 돌아다니며 무역을 하기도 했다.

15세기 말 유럽 상인들은 인디스(중국, 일본, 인도 등 아시아 국가들을 유럽 사람들은 인디스라고 불렀다)로 가기 위하여 새로운 항로를 개척하였다. 그들은 음식을 보관하거나 향을 내기 위하여 향신료를 구입하였다. 향신료는 중계 상인을 통하여 구입되기 때문에 비싼 값으로 구입해야 했다. 콜럼버스는 인디스에서 직접 구입을 한다면 값싸게 구입할 수 있을 것이라 생각하고 직접 인디스로 가는 항로를 개척할 계획을 세운다. 콜

럼버스는 지구가 둥글다는 것을 알고 동쪽 항로가 아닌 서쪽 항로를 이용하여 인디스로 갈 계획을 세웠다. 그러나 사람들은 그런 항해는 불가능하다고 생각했다. 그 당시 유럽 사람들은 유럽, 아시아, 아프리카가 있다는 것을 알고 있었지만 북아메리카와 남아메리카가 있다는 것은 모르고 있었다. 콜럼버스가 세운 서쪽 항해 계획이 아메리카라는 신대륙을 발견할 수 있는 계기가 된 것이다. 콜럼버스는 탐험을 후원해 줄 사람을 찾는 일에 온 신경을 썼다. 콜럼버스는 스물아홉 살에 포르투갈 여성과 결혼해서 포르투갈에 살고 있었다. 그래서 포르투갈 왕 주앙 2세에게 후원해 줄 것을 제안했지만 거절당했다. 5년 후 아내가 세상을 떴다. 그래서 그는 아들 디에고를 데리고 에스파냐로 갔다. 에스파냐 팔로스에는 친척들이 살고 있었다. 거기에서 살면서 수도원 원장 후안 페레스를 알게 된다. 그는 에스파냐의 여왕 이사벨을 가까이에서 모신 적이 있는 사람이었다. 콜럼버스는 페레스를 통해서 이사벨 여왕의 후원을 받을 수 있도록 중계 역할을 해 주었다.

콜럼버스는 6년이 넘도록 에스파냐의 왕과 여왕에게 후원을 받으려고 노력을 했다. 자기가 직접 그린 세계 지도도 보여주고, 에스파냐 통치자들이 기다리는 향신료와 비단 등과 같은 재물을 구할 수 있다고 주장하면서 그들의마음을 부추겼다. 사람들은 근근이 생활하면서 남루한 복장으로 전국의 궁전을 다니며 후원을 해 달라는 콜럼버스를 보고 제정신이 아니라고 생각했다. 1491년에 에스파냐 왕과 여왕은 탈라베라 위원회를 열어 콜럼버스의 제안을 검토하라고 지시를 했다. 그러나 그들은 몇 달을 이어진 논쟁 끝에 대서양을 건너 서쪽으로 간다는 콜럼버스의 항해 계획은 실현될 수 없다고 결론을 내렸다. 그러나 콜럼

버스는 포기하지 않고 포르투갈 왕 주앙 2세에게 자신의 계획을 검토해 달라고 다시 편지를 보냈다. 콜럼버스의 동생 바르톨로메오도 후원자를 찾기 위해 영국 왕실을 찾아다녔다. 그리고 콜럼버스는 프랑스 왕에게 찾아가 후원을 부탁하기도 했다. 그러나 후원을 해준다는 사람은 아무도 없었다. 낙담한 콜럼버스는 다시 후안 페레스 신부를 찾아가 부탁했다. 페레스 신부는 직접 이사벨 여왕을 찾아가 마지막으로 콜럼버스의 항해를 후원해 달라고 부탁을 했다. 그 당시 에스파냐는 남부 이슬람 세력인 무어인들을 정복하여 승리를 거두고 나라를 통일하여 세계 강국을 꿈꾸고 있었다. 페르난도 왕과 이사벨 여왕은 페레스 신부의 말을 듣고, 콜럼버스의 항해가 성공하면, 에스파냐가 세계 강국이 되는 데 도움이 될 것 같다고 생각하고 마침내 콜럼버스를 지원하기로 결정하였다.

에스파냐의 지원 약속을 받은 콜럼버스는 항해에 대한 비용과 성공했을 시 거기에 대한 보상을 요구했다. 이사벨 여왕과 페르난도 왕은 항해에 필요한 돈의 일부를 주기로 하고, 콜럼버스가 인디스로 가는 서부 바닷길을 찾는다면 대양의 제독이라는 직위를 내리겠다고 약속했다. 그밖에 새로운 땅을 발견하면 그 땅의 총독으로 임명하고, 콜럼버스가 찾은 재물의 10퍼센트를 주기로 약속했다. 그리고 새로운 땅은 에스파냐의 것으로 선포하기로 했다.

콜럼버스는 큰 배 산타마리아호와 작은 배 두 척인 니냐호와 핀타호를 가지고 출항을 준비했다. 그리고 항해에 필요한 인원과 장비를 구했다. 이것들을 구하는 데 많은 어려움이 있었지만 왕과 여왕의 도움으로 쉽게 구할 수가 있었다. 인원은 약 90명의 남자가 항해를 같이하기

로 했다. 그 가운데는 선원뿐 아니라 의사, 목수, 금세공인, 화가 그리고 교도소에서 복역 중인 사람도 3명 있었다. 그 죄인들은 콜럼버스의 항해에 참석하면 형량을 줄여주기로 약속했다. 식량으로는 건조한 빵과 딱딱한 비스킷, 소금에 절인 고기, 견과류, 말린 콩, 그리고 포도주와 물 등을 준비했다.

1492년 8월 3일 마흔두 살의 크리스토퍼 콜럼버스는 에스파냐의 왕 페르난도와 이사벨 여왕의 배웅 아래 에스파냐의 팔로스에서 출발했다. 항로는 나침판과 추측 항법을 사용하였다. 추측 항법은 선원이 방향과 시간과 속도를 이용해 배의 위치를 알아 항로를 정하는 항해술의 한 방식이다. 콜럼버스는 항해하면서 항해 일지를 작성했으며 지금까지도 남아 있어서 콜럼버스의 항해 정보의 중요 연구 자료가 되고 있다. 콜럼버스의 항해 일지에 따르면 날씨는 고요하고 따뜻했다. 바람이 잦아들어 배가 멈추면 선원들은 바다에 뛰어들어 목욕도 하고 저녁에 먹을 물고기도 잡았다고 했다. 그러나 시간이 지날수록 선원들은 불안해하였다. 선원들은 대부분 교육을 제대로 받지 못하고 미신을 믿는 사람들이라 별것도 아닌 것에 불길해하고 두려움에 떨었다. 선원들은 콜럼버스에게 에스파냐 쪽으로 배를 몰지 않으면 폭동을 일으키겠다고 위협을 했다. 그러나 콜럼버스는 단 한 걸음도 물러서지 않고 선원들을 설득했다. 콜럼버스는 육지를 발견하면 현금과 엄청난 보상금을 받을 수 있다고 선원들의 사기를 북돋워 주었다. 그리고 새로운 땅에서 기다리고 있을 재물을 생각하라고 했다. 그러던 중 선원들은 물 위에 떠 있는 나뭇가지를 보고 기운을 냈다. 나뭇가지는 육지가 가까이 있다는 확실한 표시였다. 모든 선원은 갑판 위로 나와서 서쪽을 뚫어지게 바라

보았다. 드디어 1492년 10월 12일 새벽 2시쯤 핀타호의 앞 갑판 위에서 육지를 발견했다. 핀타호에서 대포를 쏘아서 다른 배에 육지를 발견했다는 신호를 보냈다.

1492년 10월 12일 날이 밝아지자 콜럼버스와 선원들은 배에서 내려 새로운 땅에 발을 내디뎠다. 콜럼버스는 그 섬을 에스파냐 소유라고 주장하고 「산살바도르」라고 이름을 붙였다. 콜럼버스는 타이노족의 일원인 섬 주민들에게 환영을 받았다. 콜럼버스는 자기가 상륙한 땅이 아시아의 한 섬인 인디스라고 믿어서 그곳의 원주민을 인디오라고 불렀다. 그러나 그곳은 지금의 쿠바와 히스파니올라(오늘날 도미니카 공화국과 아이티 공화국이 있는 곳)에 있었다. 그곳에 콜럼버스가 찾는 금이며 향신료 등은 없었다. 콜롬버스는 거대한 강과 아름다운 산, 푸른 나무와 넓은 평야가 있는 매우 아름다운 땅이라고 적었다. 콜럼버스는 자기가 발견한 땅에서 에스파냐인이 정착할 수 있다고 생각하고, 원주민들을 쉽게 기독교로 개종(改宗)시킬 수 있다고 생각했다. 또한 원주민을 동원하여 숨겨진 보물을 찾을 수 있다고 생각했고, 도시를 건설하고 원주민들에게 우리의 관습을 가르치고 의복도 입힐 수 있다고 왕에게 보고했다.

계절은 가을이 가고 겨울이 오자 콜럼버스는 에스파냐로 돌아갈 계획을 세웠다. 콜럼버스는 금과 보물을 찾기 위해 주위의 섬들을 다니며 사방팔방을 뒤졌지만 금이나 보물은 보이지 않았다. 그런 중에 산타마리아호는 암초를 만나서 배가 부서졌다. 콜럼버스는 모든 수단을 동원해서 피해를 줄여보려고 했지만 산타마리아호는 최후를 맞았다. 산타마리아호의 귀중품을 원주민들이 도와줘서 안전하게 옮길 수가 있었다. 제일 큰 배가 좌초되어서 모든 선원이 에스파냐로 돌아갈 수가 없

었다. 40명 정도가 잔류해야 했다. 콜럼버스는 섬에 잔류할 선원들을 선출하고 그들을 위해서 요새를 만들었다. 그 요새 이름을 「라나비다드」라고 지었다. 그리고 일 년 동안 먹을 빵과 포도주, 농사짓는 데 쓸 씨앗 등을 많이 남겨 놓았다. 콜럼버스는 산타마리아호의 부서진 선체에 대포를 발사해 원주민들에게 힘을 과시했다, 1493년 1월 4일 콜럼버스는 되도록 빨리 돌아오겠다고 약속하고 에스파냐로 떠났다.

콜럼버스의 겨울 항로는 무척 힘들었다. 겨울바람이 몹시 강해서 갈 때 시간의 두 배 정도 걸리는 것 같았다. 3월 15일 콜럼버스와 선원들은 에스파냐에 팔로스로 무사히 돌아왔다. 콜럼버스는 팔로에서 영웅처럼 성대한 환영을 받았다. 성공을 축하하는 연회도 열렸다. 콜럼버스는 페르난도 왕과 이사벨 여왕을 찾아가 귀국 인사를 하고 옥수수, 감자, 담배, 앵무새, 그리고 원주민 일곱 명과 약간의 금과 진주도 선물했다. 콜럼버스는 선물을 바치면서 자기가 발견한 땅을 좀 과장하여 보고했다. 왕과 여왕은 많이 기뻐하고 콜럼버스에게 왕 옆에서 말을 탈 수 있도록 하고, 전에 약속한 제독이라는 직함과 인디스의 부왕이자 총독 자리까지 받았다. 페르난도 왕과 이사벨 여왕은 두 번째 항해 비용을 대기로 결정했다. 콜럼버스는 다음 번 항해에서는 금과 향신료와 비단을 왕과 여왕에게 바치겠다고 약속하고, 자기가 발견한 새로운 땅을 에스파냐 식민지로 세울 것을 약속했다.

1493년 9월 25일, 콜럼버스는 에스파냐 카디스에서 두 번째 항해를 떠났다. 이번은 성대하게 출발했다. 신세계에 가져갈 가축을 실은 열일곱 척의 배가 같이 출발을 했다. 첫 번째 항해했던 니냐호의 이름을 산타클라라호로 바꾸어서 선두 출발했다. 경험 많은 농부와 상인, 장인

20명이 같이 했다. 모두 1,500명 정도였는데 그들은 인디스에서 보물을 찾아 부자가 되고, 그곳에 에스파냐의 정착지를 세울 꿈에 부풀어 탐험에 합류했다. 왕과 여왕은 새로운 땅에 자신들이 바라는 정부를 세우고 싶어 했다. 그래서 콜럼버스를 총독으로 임명하고 섬의 통치할 관리 임명권을 주었다. 그리고 콜럼버스를 감시할 부일 신부도 같이 보냈다.

콜럼버스는 드디어 히스파니올라에 도착했다. 그런데 무시무시한 광경을 목격했다. 라나비다드 요새에 남겨 두고 온 40여 명의 선원들이 모두 죽어 있었다. 라나비다드 요새도 모두 파괴되어 있었다. 죽은 원인은 분명하지 않지만 원주민과 불화설, 또는 질병이라고 추측하고 있다. 1494년 1월 초순 콜럼버스와 대원들은 히스파니올라 내륙으로 들어가서 새로운 정착지를 만들기 시작했다. 콜럼버스는 그곳을 여왕의 이름을 따서 이사벨이라고 이름 지었다. 정착 자들은 집과 공공건물을 돌과 나무로 지었다. 그러나 많은 에스파냐 사람이 지저분한 생활환경과 질병으로 앓고 죽었다. 4개월간 1,500명 중 700명이 죽었다. 콜럼버스는 항해에는 능숙했지만 총독으로는 부족했다. 원주민과 에스파냐 정착민들에게 가혹하게 대했다. 콜럼버스의 가혹함을 보고 부일 신부가 못마땅하여 만류하자 부일 신부에게 제재를 가했다. 결국 부일 신부는 에스파냐로 돌아가게 된다. 원주민과 정착민들은 식량이 부족하여 배고픔으로 고생했다. 나무뿌리를 먹고 살던 원주민들은 아사(餓死)하기 시작했다. 1496년 3월 10일 콜럼버스는 동생 디에고에게 이사벨의 통치를 맡기고 에스파냐로 초라하게 떠난다. 이번에도 콜럼버스는 보물을 가져가지 못했다.

콜럼버스는 에스파냐에 약속한 보물을 찾는 일에 포기하지 않았다. 에스파냐 왕과 여왕은 두 번의 탐험으로 재정만 낭비했지만 다시 콜럼버스의 항해를 허락한다. 이번에는 새로운 식민지에 보급품을 가져가는 것이다. 지난번보다 규모가 줄어든 배 6척으로 출발한다. 그러나 이번에는 식민지로 갈려고 지원하는 사람이 거의 없어서 죄인들을 사면해 주는 조건으로 데려갔다. 1498년 5월 30일 콜럼버스는 세 번째 항해를 시작했다. 콜럼버스는 배 3척은 이사벨 식민지로 보내고 나머지 3척은 주변 다른 섬을 탐험하기로 했다. 그곳은 오늘날의 트리니다드, 토바고, 그레나다, 마르가리타로 지역이다. 콜럼버스는 그곳에서 귀중한 진주를 많이 발견했다. 콜럼버스는 그 진주를 배에 실어서 에스파냐로 보냈다. 진주가 있다는 것이 알려지면서 무역상들이 몰려들었고, 금과 진주 거래가 활발하게 이루어졌다.

1498년 8월 31일 콜럼버스는 히스파니올라 이사벨로 갔다. 콜럼버스 동생 디에고도 통치가 서툴러서 많은 사람이 배고픔과 질병으로 죽어가고 있었다. 에스파냐 사람들도 반란을 일으키기 직전이었다. 콜럼버스는 반역자 몇 명을 교수형에 처해서 질서를 잡으려 했지만 문제가 바로잡히지 않았다. 에스파냐 왕과 여왕은 신세계의 상황이 나쁘다는 것을 알고 1500년 8월에 새 총독을 보바디야에게 맡겼다. 새 총독은 히스파니올라에 상륙해 보니 상황이 많이 안 좋았다. 콜럼버스와 그의 동생들에게 대항하는 사람은 교수형에 처해서 많은 사람이 죽어가고 있었다. 새 총독 보바디야는 콜럼버스와 두 동생을 체포해서 쇠사슬에 묶어서 에스파냐로 보냈다. 자존심이 강한 콜럼버스는 쇠사슬에 묶인 자신을 평생 잊지 않았다고 한다. 에스파냐에 온 뒤 페르난도 왕과 이

사벨 여왕은 콜럼버스의 명예를 회복시켜 주었지만 식민지에 대한 총독 권한은 주지 않았다.

콜럼버스의 네 번째 항해는 1502년 5월 9일에 시작되었다. 이 항해는 네 척의 배와 150여 명의 선원이 탔으며, 콜럼버스는 이번 항해가 자신의 명예를 찾을 수 있는 기회라고 생각했다. 그러나 상황은 더 비참했다. 1502년 6월 말에 히스파니올라에 도착했을 때 에스파냐 식민지 주민들은 콜럼버스가 상륙하는 것을 허락하지 않았다. 콜럼버스가 받은 상처는 매우 컸다. 콜럼버스는 오늘날의 파나마에 도착해서 정착하려고 했지만 원주민과의 불화로 곧 쫓겨났다. 그러던 중 배 두 척이 파손되어 침몰했고, 침몰하는 배를 이끌고 자메이카 해안에 정착했다. 그런 중에 보급품은 다 떨어져서 여기저기 전갈을 보내 도움을 요청했지만 도움을 받지 못했다. 콜럼버스는 통풍이라는 병에 걸려서 많은 고통을 겪고 있었다. 자메이카에 고립되어 있던 콜럼버스와 일행은 간신히 구출되어서 1504년 9월 12일 신세계를 뒤로한 채 에스파냐로 떠났다.

1504년 11월 초에 에스파냐에 도착한 콜럼버스는 겨우 50대 중반인데도 관절염으로 끊임없이 고생하고 시력도 많이 나빠졌다. 콜럼버스의 강력한 지원자이던 이사벨 여왕도 세상을 떠났다. 그러나 콜럼버스는 여전히 자기가 인디스로 가는 새 항로를 발견했다고 굳게 믿었다. 그래서 권력과 영광을 되찾기 위해서 에스파냐와 이탈리아의 관리들에게 편지를 쓰면서 말년을 보냈다. 그러나 자신의 명예를 다시 회복할 수는 없었다.

콜럼버스는 1506년 5월 에스파냐 바야돌리드에서 쉰여섯의 나이로

세상을 뜬다. 콜럼버스의 위대한 공헌은 동쪽 항로가 아닌 서쪽 항로를 선택하여 아메리카 신대륙을 발견할 수가 있었고, 네 차례의 항해를 통하여 유럽과 아메리카 대륙의 문물을 서로 교환할 수 있었다. 말과 소, 돼지, 그 밖의 다른 가축이 유럽에서 아메리카로 건너갔고, 옥수수를 비롯해서 감자, 토마토, 땅콩, 콩, 후추, 호박, 사탕수수, 밀, 쌀, 커피 같은 작물이 유럽으로 전해졌다. 그러나 콜럼버스의 항해가 부정적인 것은 유럽의 질병인 천연두, 홍역, 수두, 발진티푸스 등을 아메리카 대륙으로 가져가서, 자연적인 면역력이 없는 원주민 수천 명을 죽게 만들었다. 비록 원주민을 통솔한 방식이 잘못되어 비난을 받았지만, 콜럼버스의 통찰력과 불굴의 의지력은 탐험과 모험의 본보기가 되었으며 세계 지도를 완전히 바꾸어 놓았다.

일의 성패(成敗)는 의지력에 달려있다

의지(意志)란 무엇인가?

의지를 간단히 요약하면 '단순한 자연적 요구에 입각한 자발적 행동이 아니라, 의도에 입각하여 자기결정을 하는 목적 추구행동을 일으키는 작용'이라고 한다. 인간정신은 지식·감정·의지의 세 가지 기본요소로 이루어졌는데 이 중에서 의지가 그 근본을 이루고 지식과 감정은 그 상부기능이라고 한다. 다시 말해서 의지에 의해서 지식과 감정은 쌓이고 분출된다고 한다.

미국의 사상가·시인인 애머슨은 인간의 의지력에 대해 이런 말을 남겼다. "인간이 인간다워질 수 있는 힘은 재능이나 이해력에 있는 것이 아니라 의지력이다. 제아무리 재능과 이해력이 뛰어나도 실천력이 없다면 아무런 결과물을 거둘 수 없기 때문이다. 인간의 의지력이 그 운명을 결정한다."라고 말했다.

우리가 하고자 하는 것을 성취하지 못했을 때, 가장 후회하는 것은 자신의 의지력이 부족하다고 느낄 때라고 본다. 보통 사람들은 일하다가 어려운 장애물이 닥치면 일을 포기한다. 그러나 의지력이 강한 사람은 일을 끝까지 포기하지 않는다. 그 결과 일을 성공으로 이끈다.

이와 같이 의지력은 우리 삶에서 아주 중요한 요소라고 볼 수 있다. 어려움을 관철시키고 일을 끝까지 해낼 수 있는 능력이라고 본다. 이러한 의지력이 있느냐 없느냐에 따라 인생의 질이 달라질 수 있고, 의지력은 현대사회에서 꼭 있어야 하는 중요한 요소가 되었다.

의지력을 강화하는 방법에는 무엇이 있을까.

첫째, 목표는 가능한 한 높게 설정하자.

보통 사람들은 목표치를 너무 높게 설정하면 포기하기 쉽다고 생각한다. 하지만 그것은 잘못된 생각이다. 낮은 목표를 설정하면 목표를 달성하고자 하는 심적 압박이 줄어들게 된다. 그 이유는 쉽게 목표를 달성할 수 있기 때문이다. 결과적으로 쉬운 목표조차 달성하지 못하고 실패할 수 있다. 그러나 자기 능력에 조금 벅차다는 느낌이 들 정도의 목표일 때 오히려 자기에 대한 경각심이 생기고 더 많은 의지력이 생김으로써 동기부여가 되어 목표를 이루기 위한 노력을 더 열심히 하게 된다. 그리고 실패하더라도 낮은 목표를 설정했을 때보다 더 많은 경험과 결과가 쌓이기 때문에 자신에게 도움이 된다.

둘째, 마음속에서 나오는 간절한 목표인가.

목표는 나에게 꼭 필요하고 간절한 목표이어야 한다. 그러한 목표만이 강한 의지력을 불러올 수 있다. 목표에 실패하는 주요 원인은 거의 의지력이 부족하기 때문이다. 목표에 대한 강한 의지력을 유지하기 위해서는 힘들어도 포기하지 않는 강한 정신력이 필요하다. 정신력이 지쳐 있을 때 꼭 필요한 것은 목표에 대한 간절함과 달성하고자 하는 의지력이라고 본다.

셋째, 긍정적이고 현실적으로 생각하자.

성공에 대한 자신의 능력을 믿는 것은 열정과 동기부여에 많은 도움을 준다. 윈스턴 처칠은 "긍정적인 사람은 보이지 않는 것을 볼 수 있고, 잡을 수 없는 것을 느낄 수 있고, 불가능한 것을 성취할 수 있다."라고 말했다. 성공적으로 목표를 달성하고 싶다면 먼저 자신의 능력에 대한 믿음을 가지고 그 목표를 달성했을 때를 상상해 보자. 목표 추진과 함께 반드시 나타날 수 있는 장애물에 대해 충분히 예상하고 준비해야 한다. 그래야만 목표 달성을 위해 옳은 결정을 할 수 있고, 동기부여를 자극하여 전력을 다하도록 만들어 준다.

넷째, 유익한 목표이어야 한다.

목표는 정의로워야 한다. 본인에게 해가 되거나 사회에 물의를 일으킬 수 있는 문제성 목표는 세워서는 안 된다. 본인에게 아무리 필요한 목표라고 하더라도 타인에게 유익하지 못한 목표라면 정의롭지 못한 것이다. 정의롭지 못한 목표는 지속 가능성도 없다. 달성하고자 하는 명분이 부족하기 때문이다. 의욕은 정의감에서 많이 나온다고 볼 수 있다.

다섯째, 목표에 대한 일정을 철저히 관리한다.

목표를 달성하기 위해서는 일정 관리를 철저히 하여야 한다. 전체적인 큰 목표를 두고 작은 목표를 하나하나 달성해 가면서 전체 목표를 달성한다는 것이다. 사람이 가지고 있는 체력, 정신력, 의지력 등은 한 번에 무리하게 사용하면 쉽게 지치게 된다. 음식을 급하게 먹으면 체하듯이, 한 번 체한 음식은 보기도 싫어지는 경우가 있다. 마찬가지로 목표도 달성하기 좋게 나누어 관리하여야 의지력을 잘 관리할 수 있고 강한 의지력이 점점 더 생기게 된다. 일이 계획대로 추진되면 새롭게

흥미도 추가되고 일에 대한 의욕도 많이 생길 것이다.

목표 달성에 실패하는 이유는 여러 가지가 있을 것이다. 하지만 열심히 노력해도 번번이 실패한다면 자신의 목표 설정법이 잘못되었거나 자신의 의지력이 부족한 것은 아닌지 다시 한번 생각해 봐야 한다. 모든 것이 올바르면 훨씬 쉽고 빠르게 자신이 원하는 것을 이루어 낼 수 있다.

규칙적인 의지력은 시스템화하자

인간의 의지력은 많이 나약하다. 아무리 의지력이 좋은 사람이라도 장기적이고 규칙적으로 의지력이 필요하다면 인간의 한계에 다다를 수가 있다. 최근 연구 결과에 따르면 성공한 사람들의 숨은 비법은 그들이 만들어 놓은 시스템이 있다고 한다. 성공한 사람들은 의지력이 강할 것이라고 생각하지만, 그들도 인간인 이상 실제로 그렇지 않은 사람도 많이 있다.

의지력이 약해지는 가장 큰 이유는 주위에 유혹하는 장애물이 많기 때문이다. 예를 들면 방과 후 독서실에 가서 공부하기로 계획을 세웠을 때 유혹하는 것들이 무엇이 있을까? 집에 빨리 가고 싶은 마음, 친구들과 놀고 싶은 마음, 공 놀이를 하고 싶은 마음, 그리고 맛있는 간식을 먹고 싶은 마음 등 많이 있을 것이다. 그러나 이러한 장애물을 모두 제거하고 독서실에 가서 휴대폰을 끄고 공부에 매진할 수 있는 환경의 시스템을 구축하는 것이다. 그리고 그 시스템 안에다 자신을 가두어 두는 것이다. 이러한 일을 반복적으로 계속하면서 자신과 시스템이 하나의 공동체가 될 때까지 계속 반복적으로 하는 것이다. 반복하면 할수록 큰 의지력이 필요 없이 자연스럽게 그 시스템은 하나의 습관적인 일상생활이 된다.

이렇게 자신을 자신만의 시스템에 가두면 좋은 점이 무엇일까?

1. 의지력과 싸우지 않아도 된다.

우리가 자신만의 시스템을 만들 때까지는 많은 인내와 의지력이 필요하다. 그러나 시스템이 완성되어 습관화된 후에는 큰 의지력이 없어도 된다. 이렇게 시스템이 자동화 되면 오히려 시스템을 벗어나서 다른 일을 하는 것이 더 의지력을 필요로 하게 된다.

2. 일하기 싫을 때조차 일하는 사람이 될 수 있다.

우리가 성공하기 위해서는 일에 지속성을 가져야 한다. 이 지속성은 외부의 유혹이나 저항으로 좌절되기 때문에 시스템 안으로 들어감으로써 지속성을 강제적으로 지켜낼 수 있다는 것이다. 시스템 안에 들어가게 되면 일을 방해하는 어떠한 유혹도 들어오지 못하게 시스템은 방화벽을 쌓아 놓고 있기 때문에 안정적으로 일을 지속할 수 있다.

3. 이러한 일이 반복되면서 매일 행복한 성과를 맛볼 수 있다.

사람은 성취를 먹고 사는 동물이기에, 작은 성공을 쌓아나가는 습관이 중요하다. 자신을 시스템 안으로 몰아넣음으로써 매일매일 작은 성취를 달성하게 되고, 이것이 또 다시 다른 일을 할 때 원동력이 됨으로써 성취에 따른 행복감을 얻을 수 있게 된다.

아리스토텔레스는 "반복적으로 무엇을 하느냐가 우리를 결정한다. 그렇다면 탁월함은 행위가 아니라 습관이다."라고 말했다.

삶을 시스템화하고, 습관화하고, 정규화할 때 우리는 나약한 의지력을 극복할 수 있다. 그리고 어제보다 나은 내일의 나를 만들 수 있을 것이다.

강인한 마음이 없으면 아무것도 이룰 수 없다. 마음먹은 일을 현실 속에서 완성하려면 의지력이 필요하다. 반드시 해야 할 일을 완수하는 힘은 강인한 의지뿐이다. 이 힘은 일시적인 경우뿐 아니라 기나긴 인생을 살아갈 때도 꼭 필요한 능력이다. 절대 동요하지 않는 확고한 의지력을 가지는 것은 성장에 필요한 절대적인 과제다. 우선 마음속에 확실한 목표를 세우는 일부터 시작하자. 목표는 어떤 것이라도 좋다. 목표 없이 살아가는 것만큼 불행하고 지루한 인생은 없다.

또한 내 능력은 잠재워 둔 채, 주변에 의지하며 살아가는 인생도 너무 무의미하다. 사람은 누구나 숨겨진 의지력이 있다. 다만 그것을 찾지 못하고 가두어 놓기 때문에 발휘하지 못할 뿐이다. 의지력만이 내 가치를 높이고 능력을 길러 준다. 우리가 인생을 살다보면, 정신력을 키울 수 있는 기회가 얼마든지 많이 있다. 그런데도 기회를 잡지 못하는 것은 현실 속의 수많은 기회를 깨닫지 못하기 때문이다. 가치 있고 소중한 길은 대체로 지극히 단순하고 명쾌하다는 것을 알아야 한다.

12. 지나치게 재물을 탐하면 화(禍)가 될 수 있다

악은 자신이 보기 흉하다는 것을 알고 있다. 그러기에 가면을 쓴다.

(벤자민 프랭클린)

미국의 정치가요 과학자인 벤자민 프랭클린은 악이 있는 사람은 선한 모습으로 보이기 위해 얼굴에 가면을 쓴다고 했다. 우리가 사람을 볼 때 겉모습만 보고는 사람을 판단할 수 없다는 것이다.

어린 시절 설날에 부모님한테 많은 돈을 받았던 프랭클린은 평소에 갖고 싶었던 호루라기를 사기 위해 가게로 갔다. 그리고 부모님에게 받은 돈을 모두 지불하고 호루라기를 하나 샀다. 프랭클린은 실제 가격보다 훨씬 비싸게 주고 호루라기를 산 것이었다. 그 사실을 안 그는 큰 실망을 했고 그는 “Too much for a whistle!”(호루라기 하나를 너무 비싸게 샀다.)이란 말을 했었다. 이 “Too much for a whistle!”은 그에게 늘 바른 인생의 길을 가라고 가르쳐 주었다고 하였다. 그리고 그 말은 평생 잊지 않고 기억하며 살았다.

20여 년 노력이 물거품이 된 요하네스 구텐베르크

구텐베르크는 1398년경 독일의 마인츠에서 태어났다. 토지와 권력을 가진 아버지 프릴레 겐스플라이슈와 어머니 엘제 비리히 사이에서 태어났으며, 남들이 부러워하는 부유한 가정에서 자랐다. 1400년대 초의 마인츠는 편의 시설과 교통수단과 통신수단이 발달하지 못했다. 신문이나 잡지도 없어서 모든 소식은 입에서 입으로 전해지는 구전(口傳) 소식에 의존해야 했다. 교육은 소수 계층에게만 누릴 수 있었다. 그동안 수백 년 동안, 남자아이는 로마 가톨릭 교회에서 신부나 수도사가 되기 위한 교육을 받고, 여자아이는 수녀가 될 사람만 수도원에서 교육을 받았다. 그러나 구텐베르크가 태어날 무렵부터는 학교가 많이 세워져서 많은 아이들이 교육을 받을 수 있었다. 학교에서 가르치는 교과서는 교사들만 가지고 있었으며, 그 교과서도 인쇄술이 없었기 때문에 손으로 베껴 쓴 교과서였다. 책을 베끼는 일을 하는 사람을 필경사라고 하는데 이들은 신부나 수도사들이었다. 종이가 아직 발명되지 않아서 종이 대신 염소나 양의 가죽을 말려 만든 양피지에 글씨를 썼다. 책은 돈 많은 사람만 가질 수 있거나 교회 또는 도서관에만 있었다. 책을 읽기 위해서는 수도원이나 대학 도서관을 찾아야 했다.

구텐베르크가 열세 살 때인 1410년 겨울, 구텐베르크 가족은 마인츠

를 떠나 시골 마을에서 살아야 했다. 시의원이었던 구텐베르크 아버지는 길드 조합(지금의 노동자 조합)으로부터 시골로 쫓겨나게 되었다. 매섭게 춥고 길었던 그해 겨울 시의회는 어렵게 사는 노동자들에게 세금을 인상하는 안을 통과시켰다. 노동자들은 이에 격분해서 시의원들을 몰아내고 시청을 점거했기 때문이다. 구텐베르크 아버지는 하루아침에 시의원과 주조소(활자 따위의 여러 가지 주물을 주조하는 곳) 관리직에서 쫓겨나게 되었다. 구텐베르크는 큰 충격을 받았다. 부유한 가문이라도 항상 자신을 지켜줄 수 없다는 것을 알았다. 구텐베르크는 앞으로 어떻게 살아가야 할지 진지하게 생각했으며, 아마도 그 무렵 구텐베르크는 장사하는 법을 배워야 한다고 생각했다.

3년 뒤, 열여섯 살에 구텐베르크는 다시 마인츠에 돌아왔다. 마인츠에 다시 평화가 찾아왔기 때문이다. 구텐베르크는 아버지가 운영하는 주조소에서 금화 만드는 법을 배웠다. 금을 녹이고, 모양을 만들고, 무늬를 새기는 법을 배웠다. 글귀나 문양 등을 새겨 넣는 기술도 배웠다. 이처럼 기술을 배우면서 훗날 지신의 위대한 업적인 인쇄기를 제작할 수 있는 기초 기술을 닦았던 것이다. 그런데 구텐베르크가 스물두 살이 되던 1419년 아버지가 세상을 뜬다. 하지만 구텐베르크는 그 뒤로 9년 동안 주조소에서 일하면서 금속 가공 기술을 배운다. 구텐베르크는 대학을 다니며 라틴어 공부를 했기 때문에, 라틴어를 잘했는데, 뒷날 이를 바탕으로 정확한 라틴어 성경책을 출판할 수 있었다. 구텐베르크는 마인츠에 종이 공장이 생긴다는 것을 알게 된다. 지금까지는 글씨를 양피지에 베껴서 책을 만들었는데 이제부터는 종이에 찍어서 책을 만들 생각을 하였을 것이다. 1428년 마인츠에서 또다시 세금 문

제로 길드의 폭동이 일어났다. 구텐베르크는 다시 마인츠를 떠나야 했다. 구텐베르크는 보다 안전하고 마음 편히 일할 수 있는 슈트라스부르크에서 사업을 시작했다.

슈트라스부르크는 마인츠보다 발달한 도시였다. 길도 돌로 포장되어 있었고, 도시 한 가운데는 일강이 지나가고 있었고, 시내 중심부에는 슈트라스부르크 대성당이 웅장한 자태를 뽐내고 있었다. 성당의 도서관에는 손으로 베껴 쓴 당대 최고의 서적들이 가득 채워져 있었다. 이 성당은 지금도 르네상스 시대 서양 예술의 걸작으로 손꼽히고 있다. 구텐베르크는 그 도시에서 20여 년 동안 살면서 인쇄술에 관한 연구를 했던 것으로 알고 있다. 구텐베르크는 금속 활자를 만드는 수동 주형기를 발명했고, 각각의 금속 활자를 만들고, 죔틀에 활자를 넣고 한 면에 찍는 방법을 생각해 냈고, 종이에 잘 묻으면서 번지지 않은 잉크를 발명했고, 책을 제본하는 것까지 그곳에서 모두 하였다. 구텐베르크는 인쇄술 연구비용을 마련하기 위해서 포도주 판매 사업도 했다. 구텐베르크는 인쇄 기술을 연구하느라 바빠서 결혼도 하지 않은 것으로 알고 있다.

1438년 구텐베르크는 거울 만드는 사업을 했다. 그 당시 거울은 새로운 발명품으로 신비로운 제품이었다. 이 사업의 자금을 마련하기 위해서 구텐베르크는 몇 사람과 동업을 해야 했다. 동업자는 자금력이 풍부한 안드레이스 드리첸, 한스 리페, 안드레스 하일만이었다. 그들은 구텐베르크가 벌인 거울 사업에 많은 돈을 투자했다. 구텐베르크는 동업자들과 종교행사인 박람회에 내다 팔려고 거울 수천 개를 만들어 놓았는데 페스트 유행병으로 박람회가 취소되는 바람에 큰 손해를 보게 되

었다. 구텐베르크는 고민이 많았다. 그 많은 돈을 갚을 능력이 되지 않았다. 구텐베르크는 고민 끝에 지금까지 비밀리에 추진해 왔던 인쇄기 발명품을 공개하고 빚을 갚지 않고 인쇄 사업을 동업하기로 했다. 구텐베르크는 비밀을 지키기 위해 동업자들과 비밀을 지키겠다는 각서를 썼다. 그 당시는 발명품에 대한 특허제도가 없었기 때문에 신제품 발명했을 때는 그 기술이 외부로 노출되지 않아야 안전하게 사업을 할 수 있었다.

구텐베르크의 인쇄기가 발명되기 전에 동양에서는 이미 목판 인쇄가 실행되고 있었다. 이미 700년대부터 한국, 일본, 중국은 나무판이나 석판(石版)에 글자를 새겨서 먹물을 묻혀서 책을 찍어 내고 있었다. 한국은 1234년에 세계 최초로 금속 활자를 이용한 활판 인쇄술을 개발하였다. 그렇지만 구텐베르크가 만든 인쇄술이 세계 표준이 되었다. 구텐베르크가 시작하는 인쇄소는 매우 커야 했다. 수백 개의 글자판을 놓아야 했고, 인쇄되어 나온 종이도 널어 말려야 했다. 각 인쇄 과정마다 일꾼들이 여럿이 있어야 했다. 구텐베르크가 본격적으로 인쇄소를 차릴 준비를 완료했다.

1448년 구텐베르크는 본격적으로 인쇄소 사업을 시작했다. 구텐베르크는 인쇄소를 자기가 어렸을 때 자란 마인츠에 인쇄소를 세웠다. 인쇄소는 규모가 커서 마치 작은 제조 공장 같았다. 구텐베르크는 인쇄소를 차리느라 가진 돈을 모두 쓰고 말았다. 그래서 이번에는 사촌인 아놀드 겔투스를 찾아가 돈을 빌렸다. 본격적인 사업을 시작하기 전에 소규모 사업을 벌여 사업 가능성을 시험했다. 1450년 처음으로 만든 책은 학교에서 쓰는 문법 교과서인 「문법론」이었다. 다음으로 인쇄한 것은

「시빌린 예언서」이다. 이것은 오늘날까지 일부가 전해진다. 구텐베르크는 여기서 만족하지 않고 성경 전체를 라틴어로 인쇄할 계획을 세운다. 하지만 이 계획을 실행하기 위해서는 돈이 필요했다.

1450년 구텐베르크는 800길더를 빌리기 위해 부유한 사업가이자 변호사인 요한 푸스트를 찾아갔다. 당시 800길더는 농장을 몇 개 살 정도의 엄청난 돈이다. 푸스트가 그렇게 큰돈을 빌려준 것을 보면 그는 인쇄기에 투자하면 많은 돈을 벌 수 있다고 확신했을 것이다. 구텐베르크는 푸스트가 투자한 돈으로 사업을 시작했지만 1452년 돈은 다시 바닥이 났다. 구텐베르크는 또다시 푸스트에게 800길더를 더 빌렸다. 두 번에 걸쳐 빌린 돈은 지금으로 치면 수십억 원이 된다. 하지만 푸스트는 신중하고 교활한 사업가였다. 돈을 빌려주면서 5년 내 이자 포함해서 원금을 갚아야 한다는 조항이 들어있었다. 만약 갚지 못하면, 인쇄기, 금속 활자, 수동 주형기, 잉크 제조법, 종이 및 인쇄물 등 구텐베르크가 가진 모든 것을 푸스트에게 주어야 된다는 조항이 들어 있었다. 한시라도 빨리 사업을 진행하고 싶은 마음에 구텐베르크는 충분히 검토도 하지 않고 계약서에 서명을 해 주었다. 이 실수는 훗날 구텐베르크에게 큰 낭패를 가져다준다. 1452년 구텐베르크는 성경 출판이라는 방대한 작업을 시작했다. 1455년, 마침내 그 책은 출판을 눈앞에 두고 있었다.

구텐베르크가 인쇄한 성경은 경이롭고 아름다운 예술 작품이었다. 글자 하나 번지지 않았고, 직사각형을 세워 놓은 것 같이 반듯했고, 한 쪽이 42행으로 구성된 세로 두 개 단으로 구성되었다. 책의 가장자리에는 화려한 삽화가 아름답게 장식되어 있었다. 구텐베르크는 성경 인

쇄라는 방대한 계획을 성공시키기 위해 자신을 보좌할 사람으로 전문 필경사 페터 쇠퍼를 고용했다. 쇠퍼는 푸스트의 양자로 알려져 있다. 쇠퍼는 손으로 쓴 고서체와 똑같은 글자체를 도안하여 금속 활자를 만들었다. 그것으로 인쇄한 성경책은 정말 필경사가 글씨를 쓴 것같이 인쇄되었다. 스무 명의 일꾼이 1,282쪽의 성경책 175권을 만드는 데 몇 년이 걸렸다. 175권 중 135권은 종이로, 나머지 40권은 양피지로 만들었다. 양피지로 만든 것은 부유층과 교회에 비싸게 팔기 위해 특별히 만들었다. 특별한 40권을 만들기 위해서 5,000마리 이상의 양가죽이 사용되었다. 그렇게 완성된 성경책은 기술과 예술의 결합으로 태어난 경이로움 그 자체였다.

구텐베르크는 너무 바쁜 나머지, 앞으로 자신에게 무슨 일이 닥칠지에 대해서는 생각하지 못했다. 1455년, 쉰여덟 살의 구텐베르크는 성경 인쇄 작업을 마무리하려고 온 힘을 다하는 동안 생각지도 못했던 일이 일어났다. 구텐베르크에게 두 번이나 많은 돈을 빌려준 푸스트가 즉시 자기 돈을 회수하기로 결심했다. 구텐베르크는 당장 그 돈 갚을 길이 없었다. 그러자 푸스트는 구텐베르크를 고소했다. 구텐베르크는 하소연할 곳도 없었고, 푸스트를 상대로 싸워 이길 방법도 없었다. 구텐베르크는 푸스트와 계약서에 따르면 돈을 갚지 못할 시에는 모든 인쇄 기계와 물건들을 푸스트가 갖기로 되어 있었다. 구텐베르크에 대한 재판이 시작되었고 구텐베르크는 스스로를 변호하기 위하여 재판에 참석했다. 구텐베르크는 그 사업이 서로 이익을 도모하는 합작 투자였음을 강조하며, 돈을 갚을 시간을 좀 더 달라고 요구했지만 받아들이지 않았다. 최종 판결이 잡혔지만 푸스트의 주장을 뒤집을 만한 새로운

증거를 내놓지 못했다. 최종 판결은 1455년 11월 6일 마인츠 성당에서 있었다. 구텐베르크는 판결에서 질 것을 예상했기 때문에 대리인을 보내고 본인은 쓸쓸하게 작업장에 남아 있었다. 재판 결과는 예상과 같이 구텐베르크는 당장 돈을 갚거나 아니면 모든 것을 푸스트에게 넘겨주라는 판결이 나왔다. 이제 구텐베르크의 모든 것은 푸스트에게 넘어갔다. 이제까지 20년 이상 노력한 결과가 물거품이 되었다.

평생을 바쳐 만들어 낸 인쇄기를 빼앗긴 구텐베르크는, 일생일대 꿈을 포기하든지 아니면 힘을 내서 일어서야 하는 갈림길에 서 있었다. 구텐베르크는 다시 시작하는 길을 택했다. 구텐베르크는 쉽게 포기하지 않은 의지의 인간이다. 빈털터리가 된 그는 다시 일어나는 일이 쉽지 않았다. 그러나 인쇄에 관한 내용을 속속들이 알고 있었기 때문에 연구와 개발, 기술 등에는 투자하지 않아도 되었다. 2년이 채 안 되어서 구텐베르크는 새로운 인쇄소를 세우고 새로운 금속 활자를 만들었다. 그리고 새로운 성경을 인쇄했다. 달의 움직임을 보여주는 월력도 만들었다. 또 거대한 라틴어 백과사전도 출판했다. 절망을 딛고 불굴의 투지로 다시 인쇄 사업을 성공적으로 이끌었다.

구텐베르크는 1468년 2월 3일 마인츠에서 일흔한 살의 나이로 세상을 떴다. 공교롭게도 13년 전, 구텐베르크로부터 모든 것을 빼앗아 간 마인츠 성당에서 영원히 쉬게 되었다. 구텐베르크의 인쇄술이 발명됨에 따라 세상은 완전히 바뀌게 되었다. 그 당시 문화와 교육의 중심지였던 성당에서 성경 등 모든 책을 인쇄해서 사람들이 마음대로 읽을 수 있었다. 그러한 책의 힘으로 배움과 지식의 시대를 활짝 꽃피우게 되었다. 1400년대 중반, 인쇄술의 발명은 교육, 정치, 종교, 언어 같은 삶의 모든

주요 영역에서 혁명을 일으켰다. 오늘날 우리가 읽는 모든 신문, 잡지, 책 등은 인쇄기가 발명되었기에 가능하다고 본다. 구텐베르크는 그가 남긴 불멸의 대작 「42행 성서」와 함께 영원히 기억될 것이다.

함부로 사람을 믿지 마라

'믿다'라는 말은 어떤 사실이나 말이 꼭 그렇게 될 것이고, 그 기대를 저버리지 않을 것이라고 생각하는 것을 말한다. 기대하던 마음이 신뢰로 변화되려면 의지했던 기다림이 실현되는 것을 체험해야 한다.

우리는 살아가면서 사람을 만나야 하고 사람과 관계를 맺어야 한다. 아리스토텔레스가 '인간은 사회적 동물이다.'라고 했듯이 사람은 사람을 사랑해야 하고 사람과 끊임없이 거래해야 한다. 사람은 다른 사람 없이는 살아갈 수 없기 때문이다. 그러나 사람은 사람 때문에 손해를 보게 되고 상처를 입게 된다. 한 사람 때문에 운명이 뒤바뀌기도 한다.

지금까지 살아온 과정을 되돌아보면 우리는 사람을 잘못 본 경우가 많이 있을 것이다. 그렇게 잘못 본 죄 때문에 그 죗값을 톡톡히 치르고 있다는 것을 알게 된다. 그 죗값이 심각한 경우는 땅을 치며 후회를 하는 사람도 많이 있을 것이다. 사람들은 대체로 다른 사람을 제대로 보지 못한다. 그 이유는 무엇일까?

사람은 세상에 태어나 어린 나이에 스스로 걸어야 하고 독립해야 한다. 또 많은 고진감래(苦盡甘來) 끝에 유아기와 청소년기를 거쳐 장년이 된다. 어른이 된 뒤에도 사람들은 자신의 몸과 마음을 추스르는 일 자체가 어렵기 때문에 남에 대해 신경을 쓰지 못한다. 그래서 다른 사람

을 제대로 관찰할 능력을 배우지 못하는 것이다.

사람들은 기본적으로 다른 사람의 말을 무조건 믿는 습성이 있다. 남의 말을 아무런 의심 없이 액면 그대로 받아들이는 것이다. 누가 어떻다고 하면 '그런가 보다' 하고 믿는다. 친하거나 가까이 있는 사람일수록 더 믿는다. 실제로 사기를 당하는 것은 가까운 사람이나 친구들한테 많이 당한다. 그들을 무조건 믿는 경향이 있기 때문이다.

다른 사람의 말을 자신의 기준으로 일단 거르는 능력은 오랜 세월 세상을 살아보아야 비로소 생기게 된다. 특히 고생하지 않고 세상을 사는 사람들은 이런 능력이 현저히 떨어진다. 그리고 자신의 기준이라는 것도 주위 환경에 따라 변하기 때문에 자신의 판단력이 수시로 흐려질 때가 많이 있다. 그러다가 크게 당하는 것이다.

사람이 사는 세상은 생각보다 많이 복잡하다. 사람들은 자기와 남에게 피해가 가지 않는 범위 안에서 조금씩 거짓말을 한다. 그러나 자기의 이익에 눈이 먼 일부의 나쁜 사람들은 정직하지 않은 삶을 살고 있다. 자신의 이익을 위하여 남의 피해는 생각하지 않고 사기성 거짓말을 하는 것을 서슴지 않는다. 먹고 살기가 어려워지고 생존경쟁이 치열해지면서 눈 뜨고 있어도 코를 베어가는 세상이 되었다. 수많은 사기 사건이 벌어지면서 많은 사람이 피해를 보고 있다. 사기를 당한 피해자들은 사람을 너무 믿었거나 또는 잘못 보아서 그런 일 당한 것이라고 한탄한다. '사람을 잘못 본 죄'는 무엇일까? 사람을 잘못 본 죄가 도대체 무엇이기에 이토록 사람을 고통스럽게 하고 불행하게 만드는 것일까?

사람을 잘못 본다는 것은 그 사람의 진실된 면을 보지 못하고 겉으

로 드러난 모습을 보고 무조건 믿고 대했다가 낭패를 당하는 것을 말한다. 사람은 동물과 달라서 자신의 모습을 꾸밀 수 있다. 자신의 속마음을 드러내지 않고 겉으로 착한 사람인 것처럼 위장할 수 있다. 속은 다 썩었는데도 겉으로는 위선을 할 수 있는 존재다.

사기를 치는 사람은 나쁜 심리학에 밝은 편이다. 그들은 내 사기에 넘어갈 사람인지 먼저 파악하고 접근하기 때문에 사기를 당할 확률은 매우 높다. 바로 이런 사기꾼의 교묘한 괴력 때문에 사람들은 속수무책(束手無策)으로 당하는 것이다. '열 길 물속은 알아도 한 길 사람 속은 모른다.'라는 속담은 바로 이런 현실을 말하고 있는 것이다.

우리 사회의 주변을 보면 사람 때문에 당한 사람들이 너무 많다. 이런 사건은 정치 경제 사회 종교 모든 분야에서 어김없이 발생하고 있다. 요사이 인터넷을 통한 사기가 많이 발생한다. 보이스 피싱과 스마트폰 해킹으로 힘들게 모은 돈과 재산을 사기당하여 잃게 되는 일이 많이 발생한다. 친구나 친척의 간절한 청에 못 이겨서 연대보증(連帶保證)을 해 주었다가 하루아침에 거지가 되는 경우도 허다하게 많이 발생한다. 동서양, 고금을 막론하고 이러한 사기에 당한 사람들은 끊임없이 계속되어 왔고 지금도 계속되고 있다.

고위 공직에 있는 사람들은 주변 사람들이 그들의 사업이나 기타 이권을 챙기려고 가진 수단과 방법을 가리지 않고 공직자의 지위를 이용하려 한다. 그들의 악랄한 수법은 퇴직한 후에 알게 될 것이다. 퇴직 후에 권력이 없어졌을 때는 주변 사람들이 딴 사람 대하듯 한다는 것을 느낄 것이다.

사업을 하는 사람들은 부하직원들을 믿었다가 사업체가 망하는 현

실을 많이 경험하게 된다. 믿고 맡기는 일은 고양이에게 생선을 맡기는 격이다. 구텐베르크가 20여 년을 고생하여 이룩한 인쇄 사업이 하루아침에 물거품이 되었듯이 동업했던 많은 사람은 동업한 것을 후회한다고 한다. 동업이란 가까운 친구 사이를 원수로 만드는 지름길이다. 그래서 동업하다 망한 사람들은 절대로 동업을 생각하지 말라고 말한다.

남녀 사이의 애정 문제도 마찬가지다. 서로 사랑했다고 착각하고 믿고 의지하고 기대를 갖지만 뒤통수를 맞는 경우가 많다. 사랑을 소중한 가치로 믿고 자신의 모든 것을 주었다가 상대방의 배신 때문에 상처 받고 비참하게 되는 사람들이 많다. 이러한 일은 남자의 성적 쾌락을 목적으로 발생하는 경우가 많기 때문에 '남자는 도둑놈'이라는 말이 생기게 되었다. 사랑해서 결혼했다가 얼마 안 있다가 이혼하는 사람들의 가슴속에는 인간에 대한 불신감이 깊숙이 자리 잡게 된다.

부모 자식 사이에도 마찬가지다. 모든 희생을 해서 키워놓으면 결혼해서 부모를 거들떠보지도 않고 오직 상속 문제에만 신경을 쓰는 불효자도 많다. 요사이 자식들은 부모님이 몸이 불편하여 모시기 힘들면 요양원에다 맡긴다. 마치 옛날의 고려장을 연상하게 한다. 아이를 낳은 후에 무책임하게 버리는 부모들은 애당초 불신의 극치를 보여주고 있다.

우리는 무엇을 어떻게 해야 하는가? 사회생활을 하면서 사람을 믿지 못하면 어떻게 살아갈 수 있다는 말인가? 다른 사람과 어차피 관계를 맺어가면서 살아야 할 것이라면 무엇을 조심해야 할 것인가? 그것은 다른 사람과 관계를 맺고 다른 사람을 믿는다고 하더라도 사기를 당하지 않도록 조심해야 한다는 것이다.

사기를 당하지 않으려면 어떻게 해야 할까?

우리는 세상을 살아가다 보면 수없이 많은 사기 사건과 그리고 사기 피해를 접하게 된다. 그것이 본인이 될 수가 있고, 본인의 가족이 될 수가 있고, 지인이 될 수가 있다. 이러한 사기 사건은 크든 작든 끊임없이 발생하고 있고, 사기 사건으로 인하여 전 재산을 잃고 자살로 이어지는 경우도 있다. 그래서 모든 사람이 사기를 당하지 않는 방법을 알아야 한다고 생각한다.

사기를 당하는 유형은 욕심이 많은 경우와 인정이 많은 경우, 두 가지를 들 수 있다.

첫 번째, 욕심이 많은 경우를 살펴보겠다.

사기를 당하는 원인의 근본에는 욕심이 자리 잡고 있다. 욕심은 돈 욕심과 권력 욕심이 있다. 욕심이 없다면 사기를 당할 이유가 없다. 사람은 누구나 조금씩 욕심을 가지고 있다. 그러나 그 욕심이 너무 허황된 욕심이기 때문에 사기를 당하는 것이다. 사기꾼은 허황된 욕심을 가진 자를 노리고 접근한다. 그들은 사기를 칠 대상이 욕심에 넘어가도록 언제나 전략과 전술을 짜낼 뿐이다. 허황된 욕심은 사기꾼을 부르는 것이다.

그렇다면 욕심이란 무엇일까? 욕심이란 다른 것이 아니다. 욕심은 자

기가 가진 것에 만족을 못 하고 일확천금(一攫千金)을 노리는 것이다. 적당한 노동력 없이 일확천금을 노린다는 것은 우리가 살아가는 순리(順理)에 어긋나는 것이다. 순리란 우리가 우리의 인생을 도리와 이치에 맞게 살아가는 가치 있는 삶이라고 볼 수 있다.

우리는 몸과 마음을 항상 청결하고 정직하게 해야 한다. 그렇지 않으면 인간 바이러스가 침범한다. 무슨 말인가? 사기를 치는 사람은 언제나 사기를 칠 대상을 물색하고 있다. 자신이 사기꾼의 목표인 사기 칠 대상이 되는 이유는 자신이 사기를 당할 수 있는 정신 상태였기 때문이다. 사기꾼도 전략과 전술이 있으며, 사기를 당할 상태에 놓인 사람에게 접근하는 것이지, 사기를 당할 상태에 놓이지 않는 사람에게 접근하지 않는다. 그러면 사기꾼은 어떻게 사기 칠 목표를 쉽게 찾을 수 있을까? 모든 사람은 얼굴 표정과 말과 행동을 하며 살아간다. 우리가 사람을 파악할 때 이 세 가지를 보고 그 사람의 됨됨이를 알게 된다. 언제, 어디서, 누구를 만나더라도 이 세 가지는 자기의 고유 자산임을 명심해야 할 것이다.

얼굴 표정과 말과 행동을 수련하는 것이 바로 우리가 추구해야 할 삶의 과제이다. 우리가 매일 이러한 것들을 수련하지 않으면 우리 앞에 사기꾼이라고 하는 파리 떼를 불러들일 수밖에 없는 것이다. 우리는 항상 자기관리를 철저히 하고 배우고 익히는 것이 우리에게 중요한 삶의 목표가 되어야 한다.

욕심을 버리면 무엇이 좋을까? 각자의 분수에 맞지 않게, 너무 많은 것을 한꺼번에 쉽게 얻는 것을 사람들은 행운으로 생각할 수 있는데, 그러나 그것은 불운의 암시라고 생각하고 오히려 불안하게 생각해야 한

다. 일한 만큼, 노력한 만큼, 정직하게 성실하게 벌 수 있다고 믿는 것만으로도 사기 당하는 것을 피할 수 있다. 나의 욕심으로 인해 정당하지 않게 얻은 이익은 다른 사람에게 그만큼 손해를 준다는 것을 알아야 한다. 그 사악한 욕심은 나의 인생의 나쁜 족적(足跡)을 남길 것이다.

인간은 누구나 욕심을 낼 수 있다. 그렇지만 현명한 사람, 사기를 당하지 않는 사람들은 무리한 욕심을 내지는 않는다. 욕심이 날 때 오히려 멈춘다. 그리고 항상 우리는 모르는 것이 더 많다는 겸손한 자세가 필요하다. 언제 어디서든지 우리는 잘 모르기 때문에 사기를 당할 수 있는 것이다. 그래서 내가 아는 범위 안에서는 사기를 당할 위험이 적어지니까, 자기가 아는 범주 안에서 정당한 거래를 주로 하는 것이 좋다.

우리의 인생이라고 하는 것은 상당히 많은 부분이 우리의 의지와 관계없이 일어난다. 내가 잘해 보려고 시작한 일이 오히려 내 삶을 망치는 경우도 많이 있다. 반면에 우리가 생각하지 않은 부분에서 일이 잘 풀려서 대박을 터트리는 경우도 있다. 그렇다면 삶이란 그저 방향 없이 흘러가는 배와 같이 볼 것인가? 그것은 아닌 것 같다.

허황된 욕심을 버리고 자기의 분수에 맞게 삶을 설계하고 참 인생을 살아갈 때 내 인생은 보람 있게 살 수 있고 사기꾼 같은 나쁜 사람들이 접근하지 않을 것이다.

두 번째로 인정이 많아서 당하는 사기가 있다.

이러한 사기는 친척이나 친구, 동료 등 내 주위에 잘 아는 사람에게 당하는 사기다. 이들의 사기 수법은 정에 호소하는 경우가 많다. 사기 유형은 현금 차용이나 채무 보증을 서 달라는 것이며, 이러한 사기를 당하는 사람들이 상상외로 많다.

이러한 사기꾼을 분별하는 법은 몇 가지가 있다.

첫째, 오랜만에 나타난 친구가 정에 호소하며 돈을 빌려달라는 경우가 있다. 이런 친구들은 보통 옛날에 좋은 관계에 있던 사람들이다. 우리 속담에 '아는 놈이 도둑놈'이라는 말이 있다. 이는 도둑질도 형편을 잘 아는 사람이 한다는 뜻이다. 옛날의 좋은 이미지를 생각해서 또는 오랜만의 친구 부탁을 거절할 수 없어서 적지 않은 돈을 빌려줄 수가 있다. 그 사기꾼은 그러한 인정이 많은 것을 이용하여 사기를 치는 것이다. 이런 경우는 거의 다 빌려준 돈을 돌려받을 수는 없다. 이런 상황이 벌어질 때는 과감하게 거절하거나 내가 못 받아도 서운하지 않을 정도의 적은 돈만 빌려주면 된다. 그러나 모두가 그런 사기꾼은 아니니까 신중하게 생각할 필요가 있다.

둘째, 사업을 하는 친척이나 친구가 채무 연대보증을 서달라는 경우다. 보통 인정이 있는 사람은 거절하기 정말 힘들을 일이다. 연대보증은 제2의 채무자이기 때문에 채무자가 돈을 갚지 못할 때는 대신 갚아야 하기 때문에 전 재산을 잃을 수가 있다. 이때도 피해 가는 방법은 완강히 거절하거나, 아주 가깝고 거절하기 힘들은 상대라면 본인이 능력 되는 범위 안에서 돈을 조금 차용해 주는 형식으로 난처한 상황을 피해 가는 것이 현명한 방법이다. 그러나 그 돈은 차용 형식으로 주었지만 받을 생각은 안 하는 것이 좋을 것이다. 부탁을 들어주지 않아서 의를 끊을 수 있다 하더라도 일이 잘못되어서 전 재산을 잃고 거지가 되는 것보다는 나을 것이다.

돈거래는 아무리 친한 친척이나 친구라도 안 하는 것이 상책이다. 그리고 돈거래를 하고 결과가 좋았다면 다행이지만, 잘못되었을 경우는

모든 인연이 끊어질 확률이 아주 높다. 당사자에 대해 충분히 알지 못할 때는 돈거래를 한다든가 또는 보증을 선다든가 하는 성급한 믿음을 주어서는 안 된다. 의심을 하라는 것이 아니다. 의심하기에 앞서 다른 사람의 말을 무조건 믿지 말고 자세히 살펴보아야 한다는 것이다.

13. 자유는 죽음보다 귀하다

자유라는 이름의 나무는 피를 먹고 자란다. (토마스 제퍼슨)

미국의 제3대 대통령인 토마스 제퍼슨은 '자유는 피를 먹고 자란다.' 라는 유명한 말을 했다. 일제 강점기에 나라를 잃었던 조선인들은 일제의 지배에서 자유와 나라를 찾기 위해서 3·1독립운동을 일으켰다. 나라를 빼앗긴 우리 조상들은 태극기만 손에 들고 일본의 총칼 앞에 대한독립만세를 외쳤다.그때 집회인 수가 106만여 명이고, 그중 사망자가 900여 명, 구속된 자가 4만 7천여 명이었다고 한다.

노예 해방을 위한 미국 남북 전쟁은 70만여 명의 사상자를 냈다. 이 숫자는 6·25전쟁, 베트남전쟁, 아프가니스탄전쟁에 참전한 미국인 사상자보다 많은 숫자이다. 이렇게 많은 숫자의 고귀한 생명이 자유를 위해서 싸우다 죽음으로써 지구의 많은 사람이 자유를 누리고 행복하게 살 수 있는 것이다.

에이브러햄 링컨의 남북통일

1809년 2월 12일, 에이브러햄 링컨은 켄터키주의 가정이 넉넉하지 못한 아버지 토머스 링컨과 어머니 낸시 행크스의 아들로 태어났다. 아버지 토머스가 확고한 기독교적 신념의 소유자라 매우 독실한 기독교 가정에서 자랐다. 아버지는 교육을 받지 못했지만 정직하고 부지런해서 사람들에게 존경을 받았다. 남매로는 누나인 세라 링컨이 있는데, 주변에 이웃이 없어서 누나와 친하게 지냈다.

링컨은 어려서부터 아버지를 도와 농사일을 했다. 낚시 등 놀이도 좋아했고 공부도 좋아했지만 학교가 멀어서 실제 학교 간 일수는 1년밖에 되지 않았다. 링컨이 여덟 살이 되던 해에 링컨 가족은 켄터키주에서 인디애나주로 이사를 했다. 아버지 토마스는 켄터키주에 노예 제도가 있는 것이 마음에 들지 않았고, 토지 경계선 분쟁도 마음에 걸렸다. 링컨은 새로 이사 온 인디애나주가 좀 무서웠다. 주위 야산에는 야생동물 곰, 늑대 등이 살고 있었고, 임시로 지은 통나무집이 너무 허술했다. 겨울이라 통나무 틈으로 찬바람이 많이 들어왔다. 링컨은 그 틈으로 총을 쏘아 칠면조를 잡았다. 칠면조가 죽는 것을 본 링컨은 끔찍하다고 생각했고 그 뒤로는 평생 사냥을 하지 않았다.

링컨이 열 살이 되던 해에 아버지는 링컨에게 옥수수 가루를 빻아

오라고 3킬로미터 떨어진 방앗간에 심부름을 보냈다. 링컨은 산길의 야생동물이 무서워서 집에 어둡기 전에 돌아가려고 방아를 돌리는 말에게 채찍질을 해댔다. 그러자 화난 말이 뒷발로 링컨의 머리를 걷어찼다. 주위에 있던 사람들은 그 광경을 보고 링컨이 죽었다고 생각했다. 링컨은 죽지는 않았지만 말을 할 수가 없었다. 며칠 뒤에는 다행히 말도 하고 뛰어다닐 수 있게 되었다.

불행은 또 찾아왔다. 어머니 낸시가 서른다섯 살의 나이에 세상을 떠났다. 열 살이던 링컨은 어머니 없이 지내게 되었다. 열두 살 된 누나 세라는 눈물지으며 외롭게 집안일을 떠맡았다. 링컨의 아버지 토마스는 다음 해에 세 아이가 있는 세라 부시 존스톤과 재혼을 했다. 링컨 가족은 새 가족이 들어오면서 외로움이 없어졌다. 그리고 새어머니도 링컨 남매에게 세심하게 잘 배려해 줬고 살림도 잘 했다, 링컨도 새어머니를 무척 좋아하고 잘 따랐다.

링컨은 스무 살이 되기 전에 키가 193센티미터가 되었고 어려서부터 일을 해 온 덕분에 건강했고 힘도 셌다. 링컨은 동네에서 레슬링과 달리기를 제일 잘했다. 아버지 토마스는 대가족을 먹여 살리기 위해서 링컨을 인근 농장에 취직시켰다. 링컨은 우물 파기, 울타리용 나무 쪼개기, 나무 베기, 돼지우리 만들기 등을 하면서 하루 25센트를 벌었다. 링컨은 일을 하느라 많이 피곤했고, 좀 게을러지면서 아버지에게 잔소리를 듣게 된다. 그렇게 되면서 장성한 링컨은 집에서 나와 혼자 살고 싶어 했다.

스무 살이 되자 링컨에게 기회가 찾아왔다. 1,920킬로미터의 오하이오강과 미시시피강을 배를 타고 고기, 옥수수, 밀가루가 든 화물을 뉴

올리언스까지 운반하는 일이었다. 뉴올리언스처럼 큰 도시는 지금까지 한 번도 본 적이 없었기 때문에 모든 것이 신기했다. 그러나 링컨은 거기서 노예 경매장을 보게 된다. 노예를 사려는 사람들은 동물을 살 때처럼 몸 이곳저곳을 살피며 건강한지 검사를 했다. 심지어는 어린아이들까지 사슬에 묶여서 가축처럼 팔리는 장면을 보고 매우 슬퍼했다. 이 광경의 목격과 슬픔은 장차 대통령이 되어서 노예 해방을 시키는 데 큰 역할을 하게 된다. 링컨은 이 일을 마치는 데 석 달이 걸렸고 보수로 24달러를 벌었고, 그 돈은 법에 따라 아버지께 드렸다.

1830년 링컨 가족은 인디애나를 떠나 일리노이주 메이콘 카운티로 이사를 했다. 링컨은 길고 추운 대초원의 첫겨울을 가족과 함께 보냈다. 봄이 되자 링컨은 스스로 밥벌이할 방법을 찾았다. 링컨은 뉴올리언스로 화물을 운반하는 일도 하고, 잡화점에서 물건 파는 일도 했다. 그러던 중 뉴세일럼의 지역 유지들은 링컨의 성실하고 정직한 것을 보고, 링컨에게 주 의원 선거에 출마하라는 제안을 했다. 그러나 링컨은 뒤늦게 시작한 유세로 충분한 시간이 되지 않아서 떨어지고 말았다.

그 뒤 링컨은 마을의 시간제 우체국장에 취직하게 된다. 그 일을 3년 가까이 하면서 지역 주민들과 많이 만날 수 있었다. 게다가 우체국을 거쳐 배달되는 신문도 다 읽을 수가 있어서 사회적 견문을 넓힐 수가 있었다. 링컨은 시간만 있으면 신문과 책 등을 읽으며 지냈다. 시간제 우체국장의 보수는 1년에 50달러밖에 안 되어서 부업으로 측량 기사 조수 자리를 얻었다. 링컨은 측량에 대해 전혀 몰랐지만 공부를 하여 6주 만에 측량의 기초 지식을 깨우쳤다. 링컨은 측량을 하느라고 하루 종일 늪과 가시덤불 속을 헤매느라 온몸에 생채기가 나고 흙투성이가

되었지만 열심히 일했다. 링컨은 이 두 가지 일을 하면서 지역에서 유명한 인사가 되었다. 링컨은 정직하고 열심히 일하는 사람이라고 인정받았다.

그래서 1834년 일리노이주 의원 선거에 다시 나갔으며, 이번에는 당당하게 주 의원으로 선출되었다. 링컨은 의원으로 일하려면 법을 알아야 한다고 생각하여 법 공부를 시작했다. 그리고 3년 정도 법 공부 끝에 1837년 3월 1일에 변호사가 되었다. 링컨은 일을 열심히 잘 했기 때문에 사람들은 세 차례나 더 주 의원으로 뽑아 주었다.

링컨은 스프링필드로 이사해서 변호사 사무실을 차렸다. 가진 돈이 없어서 집을 얻을 걱정을 했는데, 잡화상 주인 조슈아가 도와줘서 가게 2층 방을 무상으로 쓸 수 있었다. 이렇게 만난 두 사람의 인연은 평생 갔다. 1839년에 30살이 된 링컨은 메리 토드라는 22살의 여자를 만나서 연애를 하게 된다. 메리 토드는 부유한 은행가의 딸로 태어나서 풍족한 환경에서 자랐다. 주위의 부유한 가정의 남자들이 메리 토드를 좋아했지만 메리 토드는 집 한 칸 없는 링컨을 좋아했다. 메리는 링컨의 숨은 재주를 알아보았기 때문이다.

1842년 메리 토드는 집안 어른들의 반대에도 링컨과 비밀 결혼을 한다. 신혼여행 갈 형편도 안 되고, 집 한 칸 살 돈도 없는 링컨 부부는 여인숙이라는 하숙집에서 신혼살림을 차렸다. 1843년 8월 1일 링컨 부부한테 첫 아들이 태어난다. 링컨 부부는 가족이 생기니까 하숙집이 너무 시끄럽고 불편해서 작은 오두막을 얻어 이사했다. 몇 달 뒤, 링컨 부부는 메리 아버지의 도움으로 좀 더 큰 집을 사서 이사를 했다. 그 뒤 17년 동안 링컨 가족은 그 집에서 살았다.

메리는 결혼 생활에 적응하는 데 시간이 걸렸다. 메리는 하인들이 다 해주는 집안에서 자랐지만, 지금은 모든 집안일을 혼자 하려니까 힘이 들었다. 그러나 사랑하는 남편과 자식이 있기 때문에 아무 불평 없이 살았다. 1846년에는 링컨은 둘째 아들을 얻었다. 이름은 에드워드 베이커였다. 그리고 집 근처에 변호사 사무실을 열고, 보조 변호사로 윌리엄 헌든을 고용했다. 링컨의 변호사 사무실은 날로 번창하여 그동안 진 빚을 모두 갚을 수가 있었다.

1846년 링컨은 수도 워싱턴에서 하원 의원으로 선출되었다. 2년 임기를 마치고 링컨은 변호사 경력을 더 쌓고 가족과 더 많은 시간을 보내기 위해 스프링필드로 돌아왔다. 얼마 후 링컨의 가족에게 슬픈 일이 일어났다. 다섯 살인 둘째 아들이 폐결핵으로 세상을 뜨게 된다. 링컨과 메리는 가슴이 무너져 내리는 아픔을 당했다.

링컨은 연방 하원 시절 법률을 제정했던 경력을 바탕으로 변호사 일을 잘했다. 스프링필드에는 변호사 사무실이 많아서 경쟁이 치열했지만 링컨의 변호사 사무실은 항상 분주했다. 링컨은 정직하고 열심히 일하는 변호사로 정평이 나 있었다.

1850년대에 미국은 노예제도 폐지 문제를 놓고 둘로 갈라져 있었다. 링컨은 노예 제도 폐지를 위해 다시 정치에 뛰어들게 된다. 링컨은 노예 제도가 미국의 건국 정신인 자유 평등을 거스른다고 주장했다. 독립 선언서에는 모든 국민에게는 자유를 누릴 권리가 있다고 선언되어 있다. 그러나 노예 제도를 없애는 것이 얼마나 어려운 일인지는 알고 있다. 남부의 경제는 노예의 노동력에 의해서 크게 발전하고 있기 때문이다. 그리고 노예를 해방한다고 해도, 아무 교육을 받지 못한 노예들

이 어디에서 무엇을 할지, 어떻게 식생활을 해결할지 막연하기 때문이다. 링컨은 모든 문제에 대해서 답을 찾지 못했지만 노예 제도는 없애야 된다는 의지는 분명했다.

1858년 링컨은 더글러스와 대결하기 위해 연방 상원의원에 출마한다. 더글러스는 링컨의 부인인 메리의 옛 남자 친구이고 노예 제도 반대에 미온적인 태도를 보였다. 링컨은 자신의 생각을 잘 전달하기 위해 더글러스와 몇 차례 공개 토론을 개최했다. 그러나 현재 상원 의원인 더글러스에게 불과 몇 표 차이로 낙선하고 말았다. 링컨은 이번 선거 유세로 많은 국민에게 널리 알려지게 되었다. 그래서 공화당은 1860년 5월 실시하는 대통령 후보로 링컨을 지명했다.

민주당은 노예 제도를 찬성하는 존 브레킨리지를 지명했다. 링컨은 노예 제도를 싫어했지만, 나라를 분열시키면서까지 노예 제도를 폐지하지는 않겠다고 말했다. 그러나 남부 사람들은 믿지 않았다. 남부 사람들은 링컨이 대통령에 당선되면 나라가 둘로 쪼개진다고 경고했다. 이 말은 링컨이 당선되면 노예 제도가 있는 남부는 미연방에서 탈퇴한다고 선언한다는 뜻이었다. 1860년 11월 6일 링컨은 드디어 미국의 16대 대통령으로 당선된다.

링컨은 미국의 16대 대통령으로 당선되면서 남부의 많은 사람은 이것이 남부에 대한 선전포고라고 생각했다. 그러나 링컨은 노예 제도가 다른 주로 확산하는 것을 바라지 않았을 뿐, 노예 제도를 폐지한다고 말한 적은 없었다. 링컨은 노예 제도 확산을 막으면 노예 제도는 자동적으로 없어질 것으로 믿었다. 링컨의 이러한 정책에도 불구하고 남부의 주들은 1860년 12월 사우스캐롤라이나주를 시작으로 미국 연방에

서 탈퇴하기 시작했다.

1861년 2월, 연방에서 탈퇴한 일곱 개 주는 남부 연합을 결성하고 제퍼슨 데이비스를 대통령으로, 알렉산더 스티븐스를 부통령으로 선출했다. 1861년 4월 12일 남부 연합 군대가 찰스턴 항구에 있는 섬터 요새에 대포를 발사하자 미국 역사상 가장 비극적인 남북 전쟁이 시작되었다. 그 후 탈퇴한 주는 늘어나서 열한 개 주가 미국 연합을 탈퇴하여 버지니아주의 리치먼드를 남부 연합의 수도로 정했다.

링컨에게 비극이 또 찾아왔다. 링컨의 열세 살 된 아들 윌리엄이 세상을 뜨게 된다. 링컨 부부는 큰 슬픔에 빠졌다. 링컨의 아내 메리는 깊은 절망에 빠져 건강이 나빠져서, 링컨은 간호사까지 고용해 부인을 보살피도록 했다.

남부 연합 군대의 공격으로 시작한 남북 전쟁이 1년이 되었다. 링컨은 아들의 죽음과 전쟁을 빨리 끝내야 된다는 심적 고통으로 건강이 매우 나빠졌다. 얼굴은 해골이나 다름없이 앙상하게 말랐다. 링컨은 식사도 제대로 못 하고 밤늦게까지 업무에 시달렸고, 밤에도 숙면을 취할 수가 없었다. 어느 날 총알이 링컨의 모자를 뚫고 지나갔는데 암살범이 쏜 것인지 실수로 날아 온 것이지 밝혀지지 않았다.

전쟁은 장기전으로 계속되면서, 남부 사람들은 링컨을 몹시 싫어했고, 북부 사람들도 링컨을 좋게 보지 않았다. 전쟁에서 많은 사람이 죽어가니까 사람들은 노예 제도를 인정하고 남북을 다시 통일하자고 말하는 사람도 있고, 그래도 노예 제도를 폐지해야 된다는 사람도 있었다. 링컨은 어떠한 비난을 받더라도 자신의 의지를 굽히지 않았다. 북부와 남부를 비교할 때 북부가 모든 면에서 월등히 우세했다. 인구도

많았고, 무기 만드는 공장도 많았고, 철도 등 교통시설도 남부보다 북부가 월등했다. 그러나 전쟁에서 남부가 더 우세했다. 그 이유는 남부는 전쟁에서 경험이 많은 장군들이 전쟁을 지휘하고 있었다. 북부는 병사는 많지만 전쟁을 지휘하는 장군들이 전쟁 경험이 없어서 전쟁이 불리하게 돌아갔다.

이제부터 링컨이 직접 전쟁을 지휘하기로 했다. 링컨은 군사 전략을 연구하기 시작했다. 링컨은 군사 전략 책을 열심히 보면서 전략을 익혔다. 머지않아 링컨은 전쟁터에서 전략을 직접 지휘하게 되었다. 곧이어 링컨은 나라의 화합을 위해 노예 해방령을 선포했다. 링컨이 지휘하는 북군은 메릴랜드주의 앤티텀 전투에서 승리하게 된다. 링컨의 노예 해방 선포는 노예 해방을 선호하는 유럽 나라들도 호응을 얻게 된다. 링컨은 남부 주들에게 1863년 1월1일까지 노예 제도를 포기하고 미국 연방에 재가입하라고 통첩을 보낸다. 북군은 1863년부터 남군을 밀어붙였고, 중요한 전쟁마다 승리를 거두었다. 남군은 마지막 전투인 미시시피강 유역의 전쟁에서 패하면서, 1865년 4월 9일 남북 전쟁은 북부의 승리로 끝나게 된다.

링컨은 노예 해방에 따른 후속 대책들을 논의했다. 남부의 주들이 미국 연합에 재가입, 흑, 백 두 인종의 불평등에 관한 것, 흑인 어린이와 청소년들의 교육 문제 등에 대한 문제들의 해결책을 수립하도록 했다. 그리고 게티즈버그에 남북 전쟁에서 목숨을 바친 군인들을 기리는 묘지를 만들 계획도 세운다. 1863년 11월 19일, 게티즈버그 국립묘지 설립 기념식 날 링컨은 2분짜리 짧은 연설을 했다. 링컨은 노예 제도가 있는 미국은 절대로 자유민주주의가 될 수 없다고 했다. 또 미국은 만

인이 평등하다는 이념으로 창조되었다고 했다. 전쟁에서 싸웠던 병사들의 희생정신은 오래 기억될 것이라고 했다. 그리고 신의 보살핌 아래 다시 태어난 이 나라는 새로운 자유의 탄생을 보게 될 것이며, 국민의, 국민에 의한, 국민을 위한 정부는 이 세상에서 사라지지 않을 것이라고 했다. 링컨의 이 연설은 훗날에 유명한 연설로 기록된다.

남북 전쟁이 끝나고 5일 후인 1865년 4월 14일 링컨은 연극을 보기 위해 극장에 갔다가, 연극배우 부스에게 암살당한다. 부스는 남부의 노예 해방을 극구 반대한 사람으로 남북 전쟁 중에는 남부의 간첩 활동을 했다. 전쟁이 끝난 후에는 몇몇의 사람과 암살 공모를 세우던 중, 링컨이 연극 관람을 한다는 소식을 듣고 암살을 실행하게 된다. 의사들은 링컨을 살려 보려고 노력했지만 부상이 심각해서 살리지 못하고 1865년 4월 15일 오전 7시 22분에 링컨은 숨을 거두게 된다. 경찰과 군인은 암살범과 공범을 수색하였다. 버지니아로 도망간 암살범 부스는 한 민가 헛간에 숨어 있다가 군인들에게 총에 맞아서 죽는다. 여자 한 명을 포함한 공범 여덟 명을 모두 체포하여 법정에 세웠다. 판결은 다른 때보다 빠르게 진행되어서 7월 7일에 모두 사형이 집행되었다.

암살범의 총에 맞아 일찍 세상을 떴지만 링컨의 업적은 길이길이 빛났다. 1922년, 수도 워싱턴에 링컨 기념관이 완공되었다. 링컨 기념관은 용기와 자유의 상징이며, 미국의 중요한 행사들이 여기에서 열리고 있다.

링컨은 초라한 오두막집에서 나고 자랐으며, 어려서부터 안 해 본 일이 없을 정도로 많은 고생을 했다. 학교도 1년밖에 다니지 못했지만, 책을 통하여 스스로 공부하여 지식과 지혜를 쌓았고, 미국 대통령까지

되었다. 링컨은 열 살 때 사랑하는 어머니를 잃었고, 열아홉 살에는 하나밖에 없는 누나도 잃었다. 첫사랑 연인도 병으로 세상을 뜨고, 눈에 넣어도 아프지 않을 두 아들을 잃었다. 또 사업을 하다가 많은 빚을 지기도 했다. 그러나 링컨은 좌절하지 않고 꿋꿋하게 이겨냈다. 남북 전쟁으로 미국 대통령 중 가장 혹독한 시련과 비판을 받았지만, 링컨은 위대한 지도자로서 필요한 자질을 모두 갖추었다. 정직함과 열정, 용기를 가졌고 옳은 것과 그른 것을 구분할 줄 알았다. 덕분에 지금의 위대한 미국을 만들 수가 있었고, 노예 해방으로, 모든 인간은 자유와 평등하다는 미국 건국이념을 실현할 수 있었다.

자유 수호의 길은 험하다

1. 자유란 무엇인가?

자유는 개인이 마음대로 생각하고 행동하며, 누구의 간섭도 없이 활동할 수 있는 권리이다. 그래서 인간의 자유는 태어날 때부터 부여받은 인간의 기본권이다. 미국 초대 대통령인 조지 워싱턴은 '자유가 뿌리를 차지하기 시작할 때 그 식물은 빠르게 자라게 된다.'라고 말했다. 이는 자유의 필요성을 식물에 비유했지만, 자유가 얼마나 많이 사회 발전에 필요하다는 것을 말해 준다. 세계의 문화와 문명은 인간의 생활이 자유로울 때 발전한다. 자유로움 속에서 인간의 재능은 100% 발휘될 것이고 생활이 풍요로워 질 것이다.

그러나 인간은 사회적 동물로서 단독으로 살며 존재할 수 없으므로 공동생활을 하게 되었고, 거기에 따른 기본적인 제한이 따르게 되었다. 이것이 양심, 도덕, 윤리, 법률인데, 이러한 규약으로 자유를 제한받으면서 지배자로부터 보호 받을 수 있었다. 그래서 인류의 역사는 지배자와 피지배자의 구성원들 간에 간섭과 복종 그리고 상호 이익을 통해 조화를 이루면서 자유민주의 사회가 형성되어 왔다고 본다.

그런데 사람은 태어날 때부터 자기가 소속할 공동체를 선택할 권한

은 없다. 우리나라를 예로 들자면 남한에서 태어난 사람은 자유와 평화를 누릴 수 있지만, 북한에서 태어난 사람은 자유와 평화를 누릴 수가 없다. 북한에서 태어나 살다가 자유를 찾아서 월남(越南)하는 사람도 있지만 극히 소수에 불과하다. 공산주의자들은 자기들의 모순을 숨기고 권력을 유지하기 위하여 무자비한 탄압을 한다. 무한 자유를 누리는 남한에 비해 자유와 활동이 제한되고 있는 북한 사람들의 생활은 정말 비참하다고 볼 수 있다.

과거에는 공동체의 수장인 왕을 비롯한 집권자들이 전권을 갖고 구성원들의 자유를 과도하게 제한하는 것을 넘어 착취하고 탄압하였다. 그러나 지금은 북한과 같은 일부 독재국가를 제외하고는 전 세계 많은 나라가 자유를 누리고 있다. 이렇게 현대에 자유를 누리게 된 이유는 자유를 취득하기 위한 많은 영웅이 피를 흘린 덕분이라고 본다.

인간은 자유로워지기 위해 끊임없이 권력과의 투쟁 속에서 자유를 찾았다. 문명이 발전하면서 인간의 역사 기록은 자유를 갈망하는 역사다. 근대적 의미로서 자유의 시작은 국가로부터의 자유와 계몽사상의 영향 속에서 인간다운 삶을 추구하고 국가의 억압으로부터 벗어나려는 의도로 근대시민혁명(영국 명예혁명, 프랑스 대혁명, 미국 독립혁명)에서 찾아볼 수 있다. 천부인권사상과 사유재산권 보장을 근거로 저항권을 행사할 수 있는 구체적 자유의 시발점이 되었다.

2. 자유를 선도한 혁명들

동서양을 넘어 오늘에 이르기까지 자유를 쟁취하기 위한 혁명은 계속되고 있다. 많은 사람이 죽고 피를 흘려서 이루어낸 자유민주주의는 우리의 삶을 풍요롭게 만들어 주었다. 최근 현대사에서 자유 투쟁을 선도한 몇 가지 큰 혁명을 열거해 보겠다.

▷ 헝가리 혁명(1956년)

1956년 10월 23일부터 11월 10일까지 17일간 공산당 일당 독재에 저항하여 노동자, 지식인 등 시민들이 일으킨 헝가리 인민 공화국의 민주화 운동이다. 노동자·농민·국민은 스탈린주의 관료집단과 공포 정치에 반대해 반(反)정부집회를 열었다. 복수정당제에 의한 총선거, 헝가리 주재 소련군의 철수, 표현과 사상의 자유, 정치범의 석방 등 16개 항목을 요구하며 억압적인 체제에 억눌려왔던 불만을 한꺼번에 폭발시켰다. 소련은 이 움직임을 '소련 간섭으로부터의 이탈'로 판단하고, 11월 4일 헝가리에 탱크 1,000대와 병사 15만 명을 투입해 혁명 정권을 힘으로 무너뜨림으로써 헝가리 혁명은 실패로 돌아갔다. 헝가리는 소련의 몰락이 가시화되던 1989년에 이르러서야 비로소 공산 독재를 끝내고 민주화를 이루어낸다.

▷ 한국 4·19 혁명(1960년)

1960년 3월 15일 자유당의 부정선거가 도화선이 되어 학생이 중심세력이 되어 일으킨 민주주의혁명이다. 마산에서 부정선거에 대한 규탄

시위가 벌어졌고 이를 강경 진압함으로써 4·19 혁명의 도화선이 되었다. 4월 18일의 서울의 고려대학교 학생들이 정오에 총궐기 선언문을 발표한 후, 격렬한 시위를 벌였다. 4월 19일 경찰이 대통령 관저인 경무대로 몰려드는 시위대를 향해 발포하였고, 시위대는 무장하여 경찰과 총격전을 벌이며 맞섰다. 전 국민적 저항과 군 지휘부의 무력 동원 거부에 봉착한 대통령 이승만이 4월 26일 하야를 발표함으로써 이승만의 자유당 정권은 몰락하였고, 이 혁명의 결과로 과도 정부를 거쳐 6월 15일에 제2공화국이 출범하였다.

▷ 프랑스 68혁명(1968년)

1968년 5월 프랑스에서 학생과 근로자들이 일으킨 사회변혁운동으로 5월혁명이라고도 한다. 학내 문제로 시작된 이 시위는 곧 미국의 베트남 침략과 소련의 체코슬로바키아 침공에 항의하는 시위로, 기성세대와 국가 권력에 저항하는 혁명으로 발전하였다. 68혁명은 세계 각지로 퍼져 나가 전 세계 젊은이들의 체제 저항 운동으로 이어졌고, 동·서양 양 진영에서 어느 정도 민주화를 이끌어 내는 성과를 거두기도 하였다. 이후 68혁명의 이념은 노동 운동, 여성 해방 운동, 언론 운동, 반핵 평화 운동, 녹색당과 그린피스 같은 환경 운동, 「국경 없는 의사회」 같은 인권 운동 등이 성장하는 데 밑거름이 되었다.

▷ 프라하의 봄(1968년)

1956년 소련 내에서 스탈린 격하운동이 있은 후에도 체코슬로바키아에서는 스탈린주의자 노보트니 정권은 국민의 민주 ·자유화의 열망

을 외면하고 소련만 추종하였다. 이에 반발한 체코슬로바키아의 지식층이 중심이 되어 자유민주화의 실현을 위한 조직적인 운동을 펴기 시작하였다. 이 물결에 밀려 마침내, 1968년 1월 노보트니 당 제1서기가 물러나고, 개혁파의 둡체크가 당 제1서기를, 체르니크가 수상을, 온건파 스보보다가 대통령직을 각각 맡았다. 1968년 8월 소련은 약 20만 명의 국군을 동원하여 침공함으로써, 이 자유화 운동을 일시에 저지하고, 개혁파 주도자들을 숙청하였다. 1969년 4월 소련은 둡체크를 강제 해임시키고 후임 서기장에 후사크를 임명하였으며, 개혁파를 추종한 50만여 명의 당원을 제명 또는 숙청함으로써 혁명은 실패로 돌아갔다.

▷ 한국 6월 민주 항쟁(1987년)

1987년 4월, 전두환은 임기가 1년도 안 되어 임기 중의 개헌이 불가능하니, 현행 5공화국 헌법대로 차기 대통령을 선출하겠다는 특별 담화로, 대통령 간접 선거 조항을 사수하겠다는 의사를 밝혔고, 이는 대통령 직선제로의 개헌을 열망하던 국민의 반발을 끌어냈다. 이 선언을 계기로 야당과 재야 민주화 세력들은 연합전선을 구축하였고 직선제 개헌을 쟁취하기 위한 국민운동본부를 창설하여 민주화 운동을 펼쳤고 대학생들은 거리로 나와서 민주화 실현을 외쳤다. 6월 항쟁은 대통령 직선제를 비롯한 헌법과 정권의 개혁안을 발표하게 만든 사건으로 이후 한국 사회에서 민주화와 자유화의 물결이 본격적으로 대두되었으며, 이 사건을 계기로 제정된 대한민국 헌법 9차 개정안이 지금까지도 1987년 체제라고 표현될 정도로 한국 정치, 법률 운영의 기초가 되고 있다.

▷ **필리핀 민중혁명(1987년)**

1986년 2월 23~25일 동안 200만 명의 시민들이 모여 마르코스 독재 타도를 외쳤다. 앞서 2월 7일 있었던 조기 대선의 결과는 마르코스의 승리로 발표되었지만, 신뢰하기 어려운 부정선거였다. 1986년 2월 25일. 이날 오전 필리핀에서는 두 명의 대통령 취임 선언이 있었다. 시민들의 지지를 받는 코라손 아키노는 그린힐스라는 EDSA 인근 군대 캠프 안에서, 또 한 명은 여전히 선거 승리를 주장하는 마르코스는 말라까냥 대통령 궁에서 각각 취임 선언을 하였다. 하지만 EDSA를 가득 메운 필리핀 민중들 사이에서는 당연하게도 아키노를 지지하는 목소리가 더욱 강력했다. 미국의 전화까지 받은 마르코스는 결국 그날 오후 패배를 인정하고 미군이 제공한 비행기를 타고 가족들과 하와이로 망명길에 올랐다. 마르코스의 21년 독재는 그렇게 종식되었다.

▷ **튀니지 재스민 혁명(2010년)**

2010년 12월 북아프리카 튀니지에서 발생한 민주화 혁명이다. 23년간 장기 집권한 벤 알리 정권에 반대하여 대규모 시위가 발생하였고, 그 결과 벤 알리 대통령은 2011년 1월 14일 사우디아라비아로 망명하였다. 튀니지의 국화(國花) 재스민의 이름을 따서 재스민 혁명이라 불린다. 튀니지의 재스민 혁명은 아랍 및 아프리카 지역에서 민중봉기로 독재정권을 무너뜨린 첫 사례로서 이집트, 시리아를 비롯한 주변 국가로 「아랍의 봄」이라 불리는 민주화운동이 확산되는 계기가 되었다. 다른 국가들이 독재정권 붕괴 후 민주화된 정치체제를 확립하지 못하고 혼란을 겪거나 정권 붕괴에 실패하고 내전을 겪는 데 반하여, 튀니지는

새로운 헌법 체계를 세우고 시민사회에 기반한 민주화를 이루어가고 있다는 평가를 받는다.

▷ 이집트 혁명(2011년)

2011년 1월 25일 무바라크 대통령의 퇴진 및 자유선거, 민주주의 확립을 요구하며 발생한 반(反)정부 민중 혁명이다. 빈곤, 부패, 정치 억압에 대항하여 튀니지에서 재스민 혁명이 발생하자 이집트의 청년단체와 야당이 연합하여 전국적으로 무하마드 호스니 무바라크의 퇴진과 자유선거, 민주주의 확립을 요구하는 시위가 발생하였다. 이집트 정부는 시위대를 무력으로 진압하였고, 최소 50명 이상이 사망, 수백 명의 사상자가 발생하였다. 무바라크의 퇴진을 요구하는 운동은 점점 거세졌으며 주변 국가로 민주주의와 정치 개혁을 요구하는 시위가 확산되었다. 2011년 2월 11일, 국군 최고 위원회는 무바라크의 사임을 선언하였고, 그는 약 30년간의 독재 끝에 대통령직에서 물러났다.

3. 북한 독재주의와 자유

공산주의자들은 권력을 유지하기 위하여 무자비한 탄압을 하고 있다. 세계의 공산주의 국가들은 대부분이 수정자본주의 형태로 경제를 운영하고 있지만 북한은 세계 유일하게 자유가 없는 독재 공산국가로 남아 있다.

6·25 전쟁은 조선민주주의 인민 공화국(북한)이 수립된 지 2년도 안

되어 일으킨 침략전쟁이었다. 북한의 지도자인 김일성은 소련과 중국의 지원을 받아서 같은 민족인 대한민국을 공산화를 목적으로 무참하게 짓밟았다. 불행 중 다행으로 공산주의를 강력하게 배척한 지도자들과 공산주의 침략에 필사적으로 싸운 대한민국 국군 장병과 미국을 비롯한 우방국들의 도움으로 반 조각의 나라를 지켰으며, 자유민주주의를 수호함으로써, 한반도 역사상 가장 풍족한 삶을 영위하고 있다.

이런 상태의 세월이 70여 년에 이르는 동안 북한 공산 정권은 3번의 세습 지도자로 교체되었고 그 치하의 국민은 이루 말할 수 없는 비극의 인생을 보내고 있다. 북한의 독재자 김정은은 그 권력을 지속하기 위하여 무자비한 탄압과핵 무장으로 우리 한반도는 물론 세계 평화를 위협하고 있다. 한국에서 미군이 철수하게 하고 핵무기로 위협하여 민심을 흔들어서 남남 갈등을 유발하여 우리를 무력으로 차지하려는 3대에 걸친 전략은 조금도 변한 것이 없다. 남한의 지도자들은 북한과 끊임없이 평화의 대화를 요구하고 있지만 북한의 김정은은 전쟁만이 통일의 도구인양 핵무기도 개발한 상태에서 계속 버티고 있어서 한반도를 긴장시키고 있다. 다른 나라를 무력으로 정복시키려는 전쟁광들도 자기보다 센 자한테는 달려들지 않는다. 우리나라는 핵무기는 없어도 경제력이나 군사력이 북한 집단보다 우위이고 우방국과 군사동맹을 굳건히 하고 온 국민이 필승의 힘으로 일치단결되어 있으면 침략에 의한 전쟁은 없을 것이다. 그러면서 경제력과 문화 방면이 커져서 대한민국이 세계 속의 부강한 나라가 된다면 온 국민이 소망하는 통일은 올 것이다.

14. 훌륭한 통치력은 세계 최고 나라를 만든다

> 애공이 물었다. "어떻게 하면 백성들이 복종하겠는지요?" 공자께서 말씀하셨다. "올바른 사람을 등용하여 그를 통해 굽은 사람을 바로잡으면 백성들이 복종하고, 굽은 사람을 추천해서 곧은 사람 위에 등용해 쓰면 백성들이 복종하지 않습니다." (논어 2-19)

애공은 노나라의 임금이다. 이는 공자가 애공에게 인재를 등용할 때 어떻게 하여야 하는지 설명한 것이다. 681년 삼국을 통일한 문무왕이 성을 쌓고 궁궐을 고치고 도성까지 새로 짓겠다고 하였다. 이 소식을 들은 의상대사는 왕에게 직접 편지를 썼다. '왕의 정교가 밝으면 비록 풀밭에 선을 그어 성이라 해도 백성이 감히 넘지 못할 것이고 재앙을 씻어 복이 될 것입니다. 그러나 정교가 밝지 못하면 아무리 견고하고 긴 성이 있더라도 재앙을 없애지 못할 것입니다.' 왕은 의상대사의 편지를 보고 곧바로 모든 공사를 중지하도록 했다.

세종대왕의 나라 사랑

조선조 제4대 임금 세종대왕은 1397년 4월 10일 태종 이방원의 셋째 아들로 태어났다. 세종이 태어날 당시 조선은 건국 초라 세력 다툼이 몹시 심했고, 끔찍한 사건들이 연이어 일어났다. 태조 이성계의 다섯째 아들인 이방원은 아버지가 조선을 세우는 데 일등공신이었다. 그런데 태조 이성계가 세자로 책봉한 사람은 겨우 열 살 남짓한 막내 이방석이었다. 이방원은 배 다른 막냇동생이 세자로 책봉된 데 분노로 몸을 떨었다. 1398년 8월 이방원은 피의 반란을 일으켰다. 개국 공신인 정도전과 남은을 처단했다. 그리고 궁궐에 있는 세자 이방석과 그 일파들을 모두 없앴다. 이 난이 제1차 왕자의 난이다. 자식과 수족들을 잃은 이성계는 낙심에 빠져 왕을 맏아들인 이방과에게 물려주고 왕위에서 물러났다. 이가 바로 제2대 정종이다. 이방원의 형인 방간은 이방원의 행동에 불만을 품고 제2차 왕자의 난을 일으켰지만 실패하고 귀양을 갔다. 통치 능력이 부족한 정종은 2년 후에 왕을 이방원에게 물려주고 왕위에서 내려왔다. 그리하여 이방원은 조선의 제3대 왕인 태종이 되었다.

왕권을 물려받은 태종 이방원은 왕권을 튼튼히 하고 어수선한 나라를 바로잡았다. 그리고 왕자의 난을 두 번이나 경험한 태종은 일찍이 세자를 맏아들인 양녕대군으로 책봉하였다. 그러나 양녕대군은 외가

의 외삼촌들을 무참하게 내치는 아버지 태종의 행동을 보고 실망하여 술과 여자를 가까이하면서 방탕한 생활을 하게 된다. 태종은 세자를 몹시 혼내 주었지만 세자의 나쁜 행실은 고쳐지지 않고 오히려 아버지 태종에게 반항하기까지 하였다. 그 당시 셋째 왕자인 충녕대군은 논어, 맹자, 대학, 중용, 시경, 주역, 상략, 자치통감, 장자, 한비자 같은 어려운 책은 혼자 읽고 공부할 정도로 학문 실력이 뛰어났다. 태종은 양녕대군에 대해 마음이 멀어졌고 항상 배움과 책을 가까이하는 셋째 충녕대군에게 마음이 갔다. 1418년 6월 3일 신하들의 요청으로 양녕대군을 세자자리에서 내리고 충녕대군을 세자로 책봉하게 된다. 충녕대군을 세자로 정하고 두 달 뒤인 8월 8일에 쉰두 살인 태종은 스물두 살인 충녕대군에게 왕위를 물려준다. 그리하여 충녕대군은 조선 제4대 왕인 세종으로 탄생하게 된다.

세종은 정치적인 혼란을 바로잡고 왕권을 안정시킨 아버지 태종의 덕에 나랏일에 몰두할 수 있었다. 세종 1년 쓰시마 섬이 흉년이 들어서 배를 타고 조선에 들어와 약탈이 심했다. 이에 세종은 삼군도체찰사인 이종무를 통해 병력 17,285명과 병선 227척을 보내서 쓰시마 섬을 정벌하였다. 조선은 왜구의 항복을 받고 다시는 노략질을 하지 않겠다는 다짐을 받았다. 이를 통하여 조선은 고려 말부터 70여 년 동안 노략질을 일삼던 왜구를 완전히 봉쇄했다.

북쪽에는 압록강과 두만강 주변에서 흩어져 살고 있는 여진족이 있었다. 그들은 반농반목 민족으로 말을 잘 타고 싸움을 잘했다. 그들은 식량 생산량이 적어서 조선에 쳐들어 와서 노략질을 일삼았다. 이에 일부 신하는 여진족의 충돌을 피하자는 의견이 있었지만 세종은 조상들

이 물려준 영토를 내줄 수가 없다고 단호히 거절했다. 세종은 김종서 최윤덕을 보내서 여진족을 압록강 밖으로 몰아내고 함경도 북단 두만강 부근에 종성, 회령, 경원, 경흥, 온성, 부령 6진을 세우고 여연, 무창, 자성, 우예 4군을 두었다. 4군6진은 국경 수비군을 두어 여진족의 침입을 막았고, 이로써 한반도 국경을 확실히 정하게 되었다. 이런 것을 보면 세종의 국정과제 1호는 우리 영토는 우리 손으로 굳건히 지키는 것이라고 생각된다.

세종 2년(1420) 집현전(集賢殿)을 확충, 궁중에 설치하여 학자를 양성하고, 학문을 숭상하며, 옛 제도를 연구 검토하게 함으로써 정치와 문물제도를 정리하여 행정 체제를 확립하였다. 역사, 지리, 정치, 경제, 천문, 도덕, 예의, 문자, 운학, 문학, 종교, 군사, 농사, 의약, 음악 등에 관한 각종 서적을 작성하게 함으로써 문화생활의 지침서가 되게 하였다.

한편 주자소(鑄字所)를 설치하여 계미자를 만들었지만 인쇄 품질이 많이 떨어져서 이천 장영실에게 지시하여 품질 좋은 금속 활자를 만들도록 지시했다. 그들은 연구에 연구를 계속하여 1420년에 경자자(庚子字), 1434년에 갑인자(甲寅字)라는 활자를 만들었다. 갑인자로 찍은 책은 줄이 잘 맞았고 크고 작은 글씨도 아름답게 인쇄할 수 있었다. 구텐베르크가 만든 금속 활자가 1452년에 인쇄를 시작했으니까 조선의 금속 활자는 유럽의 금속 활자보다 먼저 발명했다고 볼 수 있다.

세종 15년(1433) 장영실은 천체측각기인 혼천의(渾天儀)와 간의(簡儀), 물시계인 자격루(自擊漏)를 만들고, 세종 16년(1434) 해시계인 앙부일구(仰釜日晷)를 발명하고, 세종 23년(1441) 강우량 측정기인 측우기(測雨器)와 하천수(河川水)를 재는 수표(水標)를 발명하였으며, 천문, 역서(曆書)인 「칠정

산내외편(七政算內外篇)」과 「제가역상집(諸家曆象集)」을 펴냈다. 그중 측우기의 발명은 이탈리아 사람 베네데토 카스텔리의 측우기(1639)보다 약 200년 앞선 세계 최초의 것이다.

도량형(度量衡)의 고정(考正) 실시로 물량거래(物量去來)의 공정을 기하고, 경제적인 정책을 비롯한 여러 가지 정책상의 제도 마련 기준에 공헌하였다. 「농사직설(農事直說)」을 편찬하여 농업 발전에 기여하고, 조세제도(租稅制度)를 정할 때 온 백성의 민의를 파악하기 위하여 먼저 전국 8도의 관민(官民)에게 공법(貢法)에 대한 가부를 조사(민주적 여론조사)하는 한편, 전제상정소(田制詳定所)를 설치하여 종래에 모순이 많았던 조세제도를 연분구등(年分九等), 전분육등(田分六等)의 54등급으로 확립 실시하여 조선조 5백 년간의 조세제도를 확립하였다.

의료기관을 정비하고, 「향약채취월령(鄕藥採取月令)」, 「향약집성방(鄕藥集成方)」, 「의방류취(醫方類聚)」 등의 의서를 편찬하여 향약(鄕藥)을 개발함으로써 의료 활동의 합리화를 기하였다. 죄수(罪囚)들의 건강을 염려하여 감옥 시설을 개선해 주는 한편, 남형(濫刑: 가리지 않고 함부로 형벌을 가함)을 금하고 억울하게 죽는 이가 없도록 삼심제도(三審制度)인 삼복법(三覆法)을 실시하였고, 법의학서(法醫學書)인 「신주무원록(新註無冤錄)」을 편찬 발간함으로써 인명치사(人命致死)의 사건이 생겼을 때는 살상 검증(殺傷檢證: 지금의 부검의 일종)에 관한 검시(檢屍)의 제도를 실시하게 되니, 형정(刑政)에 획기적 발전을 보게 되었다.

15세 미만인 어린이와 70세가 넘는 늙은이는 살인죄나 강도죄가 아니면 가두지 못하게 하고, 10세 이하와 80세 이상인 이는 사형에 해당되는 죄를 범했더라도 가두지 못하게 하였으며, 천민인 노비(奴婢)도 하

늘이 낸 백성으로 인정해 주었고, 관비(官婢)의 출산 휴가를 대폭 늘려 주었다.

세종은 어느 분야의 전문가라면 신분이 어떠하든 중요한 직책을 주었다. 대표적인 예로 장영실은 신분이 천하였지만 세종은 그를 차별하지 않았고 과학 기술에 종사케 하여 천문학 등 많은 과학 기술을 발전시켰다. 세종은 장영실에게 노비 신분을 벗겨 주었고 정5품 벼슬을 주어 궁정 기술자로 일할 수 있게 하였다. 사기가 오른 장영실은 더 많은 연구를 하여 많은 과학 제품을 발명한다.

세종 25년(1443) 친히 「훈민정음(訓民正音)」을 창제 이에 대한 자세한 풀이를 집현전 학사 등에게 하게 하여 만든 해설서인 「훈민정음」이란 책을 만들어 이와 함께 세종 28년(1446)에 반포하고, 「용비어천가(龍飛御天歌)」, 「석보상절(釋譜詳節)」을 짓게 하고, 운서인 「동국정운(東國正韻)」, 「홍무정운역훈(洪武正韻譯訓)」 등을 편찬 발간하게 하는 한편 스스로 「월인천강지곡(月印千江之曲)」을 편찬하기도 하였고, 한문으로 된 경서(經書)와 문학서 및 불경(佛經)을 번역하게 하였으며, 또 이과(吏科)와 이전(吏典) 시험에 「훈민정음」을 시험 과목으로 정하는 등 훈민정음 보급에 크게 힘썼으니, 문자 생활에 일대 혁신을 가져오게 하였다.

1989년에 유네스코 집행위원회는 세계적으로 문맹 퇴치에 공헌한 개인 및 단체에게 수여하는 문맹 퇴치 공로상의 이름을 「세종대왕 문맹퇴치상」으로 결정하였고, 문자가 없는 문맹 국가에게 한글을 쓰도록 권고한다고 했다. 실제로 인도네시아 찌아찌아족은 한글을 국가의 공식 문자로 정하였고, 문자가 없는 다른 오지의 국가들에서도 한글을 국가 공식 문자로 선택하고 있다고 한다.

세종대왕은 박연(朴堧)을 시켜 향악(鄕樂)과 아악(雅樂)을 짓거나 정리하고, 편경(編磬)과 편종(編鐘) 등의 악기(樂器)를 제작하게 하였으니, 「정간보(井間譜)」의 창안은 동양 최초의 유량악보(有量樂譜)이고, 「세종악보(世宗樂譜)」는 우리 아악의 연총(淵叢)일 뿐 아니라 동양의 고전 음악 연구에 절대적인 자료다.

역사의식을 고취시키기 위하여 「고려사(高麗史)」 등을 편찬하고, 「효행록(孝行錄)」과 「삼강행실도(三綱行實圖)」를 지어 풍속을 권장하였고, 「명황계감(明皇誡鑑)」을 지어 후세에 제왕의 일락(逸樂: 쾌락을 즐겨 멋대로 놂)을 방지하고자 하였고, 「자치통감훈의(資治通鑑訓義)」와 「치평요람(治平要覽)」을 엮어 흥망성쇠를 본받도록 하였고, 「역대병요(歷代兵要)」를 엮어 전쟁을 잊지 않도록 하였다.

종교에 있어서도 유교를 장려하여 도의 정치를 구현하는 한편 세종 6년(1424)에는 불사(佛寺)를 정리하여 선종(禪宗), 교종(教宗) 36사(寺)만을 남겨 불도(佛道)를 정하게 닦도록 하였으며, 세종 30년(1448)에는 경복궁 안에 내불당(內佛堂)을 짓고, 불교 서적의 국역 간행 배포와 과거에 승과(僧科)를 설치하는 등 불교 발달에 노력하여 유교와 불교 내지 도교(道教)가 조화된 찬란한 문화를 이룩하게 되었다.

나라 안의 지리(地理)를 조사하게 하여 지리지(地理志)를 편찬하게 하고, 실측지도를 제작하게 하였으니, 그것이 정척(鄭陟)과 양성지(梁誠之) 등에 의해서 세조 9년(1463)에 편찬된 「동국지도(東國地圖)」이다. 이렇듯 세종은 겨레 생활을 존중하는 모든 제도의 완성을 이루어 국태민안(國泰民安: 나라가 태평하고 국민이 살기가 평안함)의 문화로 황금시대를 이룩하였다.

세종은 1450년 2월 17일 쉰네 살의 나이로 타계하셨다. 세종은 나라와 백성을 보살피느라 정작 자신의 건강을 잘 챙기지 못했다. 왕위에 오른 후 32년 동안 새벽 다섯 시부터 열두 시까지 쉴 새 없이 바빴다. 운동 부족과 과도한 영양 섭취로 당뇨병이 생기고 합병증으로 눈병이 생겼지만 한시도 책을 놓지 않았다. 그러한 노력으로 정치는 안정되고 나라 살림은 넉넉했으며 영토를 넓혀 한반도 국경을 확실하게 만들었다. 특히 국방력이 튼튼하여 외세의 침입을 막아서 외부로부터 침략 약탈 등을 차단하여 백성들이 평화롭게 살 수 있게 하였고 과학과 문화도 세계 으뜸가는 기술력을 갖출 수 있었다.

이렇게 훌륭한 세종 시대를 만든 저력은 무엇일까?

첫째, 세종의 아버지 태종은 왕권을 위협하는 세력을 없애 정치를 안정시켰고, 세종은 태종이 다져 놓은 기반을 딛고 꿈을 향해 전진할 수 있었다.

둘째, 신분을 가리지 않고 인재를 발굴하여 세종의 뜻을 헤아려 같이 연구할 수 있게 하여 유명한 학자들을 발굴할 수 있었다.

셋째, 집현전을 확대하여 왕립 학술 연구소로 사용하고, 과거에 급제한 수재들을 집현전 학자로 뽑았다. 그리고 그들을 특별 대우하여 사기를 북돋았다.

넷째, 도천법(道薦法)을 이용하여 전국의 숨은 인재를 모을 수가 있었다.

다섯째, 국방을 튼튼히 하여 외부 침입을 막음으로써 세종은 국정에만 전념할 수 있었고, 백성들은 평화를 누리며 본업에 열중할 수가 있었다.

이와 같이 훌륭한 국정 운영을 통해 세종대가 우리 민족의 역사상

가장 빛나는 시대가 될 수 있었고, 정치적으로 안정된 기반 위에 세종을 보필한 훌륭한 신하와 학자가 있었음을 간과할 수 없는 일이다. 그러나 이들의 보필을 받을 수 있었던 것은 세종의 지혜로운 인간미가 그 바탕이었음을 잊어서는 안 될 것이다.

성군(聖君)이 되기 위해 갖춰야 할 자세

1. 백성을 최우선으로 생각해야 한다.

'민심은 천심이다.'라는 말이 있다. 이는 백성들의 마음은 하늘의 뜻과 같아서 저버릴 수 없다는 말이다. 세종대왕의 백성 사랑은 바다같이 넓었다. 세종은 법을 제정할 때 이러한 말을 했다. "벼슬아치에서부터 민가의 가난하고 비천한 백성에 이르기까지 모두 이 법에 대한 가부를 물어라. 만약 백성이 이 법이 좋지 않다고 하면 행할 수 없다." 라고 했다. 법이라는 것은 국민을 위한 것이므로 국민 모두에게 불편하지 않아야 법을 시행할 수 있다는 뜻이다. 지금 정치인들은 600여 년 전으로 돌아가서 공부를 더하고 와야 할 것 같은 생각이 든다. 세종은 왕의 업적을 백성들에게 찬양하게 하자는 의견에 대해 이렇게 말했다고 한다. "당대의 일을 찬양하게 할 수는 없는 일이다. 뒷세상에서 평가하게 하여 그때 노래하게 하여라." 지금 잘한 것은 우리가 잘했다고 평가해서는 안 되고 후세에 평가를 해야 된다고 하였으니 세종대왕의 국민을 존경하는 마음이 어느 정도인지 느껴진다.

600여 년이 지난 지금도 국민이 세종대왕을 가장 존경하는 이유는

이러한 국민사랑이다. 그가 펼친 애민정신(愛民精神)에 있다. 한글 창제는 가장 위대한 업적으로 손꼽힌다. '백성을 가르치는 바른 소리'라는 뜻의 「훈민정음」은 언제나 백성을 생각한 그의 철학을 확인할 수 있다. 1443년 10월, 세종대왕은 훈민정음을 창제한다. 그리고 농서나 의서 등 실생활에 필요한 책들을 다수 한글 책으로 편찬하였다. 오늘날 한글은 세계에서 가장 과학적이고 우수한 문자이자, 세종대왕의 최고 업적으로 평가받고 있다. 한글은 유교 정치와 자주적인 문화의 융성을 통하여 조선시대 정치, 경제, 사회, 문화에 큰 번영을 가져왔다.

2. 국방력을 튼튼히 하여야 한다.

세종대왕은 즉위하자 첫 번째로 우리나라 영토 지키기에 집념했다. 고려시대부터 약탈하던 쓰시마의 왜구를 퇴치하고, 압록강과 두만강 근처에 모여 살면서 우리의 재산을 약탈을 일삼던 여진족을 무찌르고 4군 6진을 설치했다. 여진족은 말을 잘 타고 싸움을 잘해서 중신들도 전쟁을 하지 말자고 상소했는데 세종은 선조로부터 물려받은 귀중한 영토는 지켜야 된다는 신념으로 굳건하게 우리 영토를 지켰다. 이렇게 영토를 굳건히 지킨 덕분에 조선은 무엇을 얻었을까?

첫째, 백성들을 안심하게 평화롭게 일할 수 있게 했다.

평화의 조건으로 가장 중요한 것은 주위 환경이다. 한 예로 우리가 주거생활을 할 때 이웃을 잘 만나야 한다. 이웃에 강도가 산다든가 아니면 성질이 괴팍한 싸움꾼이 살면서 자주 소란을 피우다면 불안해서

살 수 없을 것이다. 이러한 예는 인간이 사는 어느 곳에나 똑같은 상황이 벌어질 것이다.

둘째, 나라가 발전할 수 있다.

나라가 발전하기 위해서는 국방이 튼튼하여야 한다. 이웃 나라에서 정치, 경제, 문화 등을 이래라 저래라 간섭을 한다면 그 나라는 제대로 발전할 수 없을 것이다. 실제 조선시대의 이웃인 청나라는 조선을 자기의 속국으로 생각하고 조선의 모든 일을 간섭하였다. 말을 듣지 않으면 군사를 이끌고 쳐들어와서 무력으로 말을 듣게 만들었다. 국방력이 약한 조선은 많은 굴욕을 당해야 했다. 이러한 이웃 나라의 속박 속에서 나라가 제대로 주권을 행사할 수도 없고 발전을 기대하기가 힘들 것이다. 조선 후기에 조선은 일본과 서방 국가에 비해서 발전이 뒤떨어진 것은 이러한 영향을 무시하지 못할 것이다.

셋째, 국민의 사기가 저하된다.

사람은 내가 약하다고 생각하면 사기가 떨어지는 것이다. 한마디로 기가 죽어서 매사에 의욕이 떨어져서 일의 성과가 나지 않는다. 그러나 내가 약하더라도 주위에 보호막이 튼튼하다면 사기가 살아날 것이다. 국가라는 보호막이 튼튼해야 국민의 사기가 충천될 수 있는 것이다. 청국의 내정 간섭 속에 살았던 조선 백성의 사기는 많이 떨어져 있을 것으로 생각된다.

세종을 거처 세조가 조선의 마지막 국방력 최강까지 만들었던 인물로서 무려 43만 명의 대병력을 만들었다고 실록에 나와 있다. 조선 말기의 조선군의 군사력은 사상 최악의 실정이었다. 이는 정조 이후 순

조, 헌종, 철종, 고종을 거치면서 나라를 좀먹는 인간들(세도정치-왕실의 친인척 중 그중 왕비 쪽)이 득세하면서 국가의 재정이 순식간에 거덜나 버리고 말았기 때문이다. 일단은 돈이 있어야 좋은 군대를 양성할 것인데, 그것의 기본인 왕실의 재정과 국가의 재정을 모두 사리사욕에 의해 사라졌기 때문이다. 여기에 주변국들의 끊임없는 내정간섭을 비롯하여 고래 싸움에 새우 등이 터지는 격으로 조선을 중심으로 각축전이 벌어진 청일전쟁과 러일전쟁 등에 더욱 혼란스러웠다.

일본은 4세기 말부터 한자 그리고 유교와 불교를 백제를 통해서 전파되었고 이는 일본 최초의 역사서인 고사기와 일본서기가 만들어진 시기다. 이러한 시대를 거쳐서 도요토미 히데요시가 1590년에 전국을 통일하였다. 도요토미 히데요시는 임진왜란과 정유재란이라는 전쟁을 통해 두 차례 조선을 침략했지만 전쟁에서 패한 후 사망하게 된다. 근대에 이르러선 산업근대화를 통해 서양의 신문물과 기술을 빠르게 수용하기 시작했다. 서양의 문물이 들어오면서 국방력이 강해지면서 국방력이 약한 한국을 넘보게 되었고 이 과정에서 청일전쟁과 러일전쟁에서 승리함으로써 한국, 대만, 사할린을 식민지화하여 제국주의 국가로 변신하였다. 이후 경제위기를 극복하기 위해서 중일전쟁을 치르고 독일, 이탈리아와 동맹을 통해 동북아시아를 통치하려 했지만 태평양전쟁을 통해 연합국에 항복하게 되었다. 일본의 패배로 우리나라도 식민지에서 벗어나게 되었다. 아직도 일본은 독도의 영유권 문제로 한국과 갈등을 겪고 있다. 독도는 우리나라 땅임이 자명한 사실인데도 수년간 일본에선 계속해서 독도가 경상북도 울릉군의 땅이 아닌 시네마

현에 속하는 자기네 영토라고 주장하며 독도를 「다케시마」라고 부르고 있다.

현재, 한국의 세계 6위 국방력은 고조선 이후 최고의 군사력일 가능성이 높다. 한국은 58만 현역병과 310만 명의 예비역, 그 외 1,000만 명이 넘는 남성이 유사시 전투에 임할 수 있으며, 은폐·엄폐, 매복, 전차 등 각종 주특기를 활용할 수 있는 그야말로 전국의 중장년 남성이 전투병화 할 수 있는 국가이다.

북한의 국방력은 세계 25위이며, 국방비는 한국 국방비의 3.6% 수준에 불과하다. 그래서 정규군을 128만까지 늘리며, 구형 전차는 6045대로 한국의 2배가 넘는다. 공중전은 숫자가 의미가 없기에, 전쟁 발발 시 12~24시간이면 북한 항공기는 전멸할 것이라고 한다. 즉 북한은 전쟁수행능력이 거의 없기 때문에 압도적인 128만 명의 병력으로 산악지대에서 게릴라전 식으로 항전하며, 베트공의 전략을 쓰고, 엄청난 수의 방사포로 서울과 서울 북부의 인명피해를 유발해, 한국의 선제공격을 막으며, 핵미사일로 남한과 세계를 공포로 몰아넣고 있다.

(출처: 한국 국방력, 작성자 역사전문가의 글 일부 인용)

3. 부자 나라로 만들어야 한다.

세종대왕은 백성의 90% 이상이 농사일을 하므로 농산물 생산 향상에 많은 관심을 가졌다. 농업이 국가의 근본이고 농민이 나라의 주인이라는 인식하에 세종은 농업의 발전에 지대한 관심을 갖고 농업 개혁

정책을 추진했다. 세종실록에는 친경(親耕)이라는 말이 나오는데 세종이 직접 농사를 지었다고 기록하고 있다. 세종은 각 지역 관찰사들에게 지역별로 농사를 잘 짓는 농부의 농사법을 가려내고 손수 농사를 체험한 후 교훈적인 사례들을 모아 「농사직설(農事直說)」을 편찬해 보급하였다. 세종대왕이 의 농사 기술 발전에 치밀함을 많은 노력을 했음을 엿볼 수 있다.

세종은 의학, 과학 분야에서도 농업 우선 정책과 관련해 농사에 필요한 기후 관측 도구 등이 획기적으로 발명된 시기가 세종 때다. 혼천의, 자격루, 측우기 등 우리의 독자적인 기술로 개발한 많은 발명품은 조선의 과학 기술을 세계적인 수준으로 올리는 계기가 되었다. 또 그 당시엔 중국산 약재로 만든 중국 처방의 약재들이 주류를 이루었는데 우리 땅에서 나는 약재로 우리에 맞는 처방을 구성한 예를 수집하여 기록한 「향약집성방(鄕藥集成方)」을 완성하였다. 이로써 우리의 독자적인 약 체계를 정리하였다.

세종은 훌륭한 경제 정책을 추진했는데, 그것은 화폐 개혁이다. 조선은 상업 발달이 미진해 화폐가 아주 늦게 등장했고, 이유는 백성들이 화폐의 가치를 의심했기 때문이다. 세종은 화폐가 널리 사용되면 경제적으로 큰 도움이 될 것이라고 생각했고, 세금 징수 등 국가를 운영하는 데도 유리할 것이라고 봤다. 그리고 이런 정책은 세종과 마찬가지로 화폐 개혁을 시도했던 선왕 태종의 정책을 유지하는 명분도 있었다.

국토도 작고 천연자원이 부족한 우리나라가 선진국이 부러워할 정도로 성장한 것은 예부터 우리 조상들의 생활 지혜가 있었고, 피땀 흘려 오늘의 대한민국을 만든 모든 국민에게 공이 있다고 생각한다. 한류 열

풍이 세계에서 선풍을 일으키고 있는 현실을 접하며 우리 국민의 근면 정신과 뛰어난 창의력이 놀랍다.

4. 재능 있는 인재를 발굴하고 적재적소에 배치하여야 한다.

세종은 재능이 있는 국가의 인재를 폭넓게 활용했다. 세종 시대 중요 인재로 황희·김종서·최윤덕·박연·장영실·이순지·성삼문·박팽년 등 세종 시대에 배출된 수많은 인물은 세종의 인재활용 리더십을 말해 준다. 세종의 인재 등용에서 우선 주목되는 것은 반대 세력까지 포용한 점이다.

우리나라 역사상 최고의 재상으로 평가를 받고 있는 황희(黃喜, 1363~1452) 정승은 세종이 왕세자에 오르는 것을 반대한 대표적인 인물이다. 1418년 태종이 장자인 양녕대군을 세자의 자리에서 폐위하고 셋째 아들 충녕대군을 세자로 지명할 때 황희는 이에 대해 강하게 비판하였다. 결국 황희는 태종의 노여움을 사서 유배의 길에 올랐지만, 1422년 세종은 자기의 세자책봉을 반대한 황희를 다시 한양으로 불러들였다. 그는 반대 이유가 분명했고, 선왕인 태종을 잘 보좌하던 정치인 황희의 능력을 높이 샀기 때문이다.

세종은 능력이 뛰어났지만 독단적으로 정국을 운용하지는 않았다. 국가가 필요하다면 자신을 반대한 황희나 신분이 천한 장영실, 그리고 성장성만 보였던 성삼문, 박팽년을 등용하는 데 주저하지 않았다. 결국 황희와 같은 명재상, 북방 개척을 한 김종서와 최윤덕, 집현전의 성삼

문과 신숙주, 음악가 박연, 천민 출신의 과학자 장영실까지 세종 시대에 배출된 인재의 면면들은 우리 역사에서도 가히 「드림팀」이라고 부를 만하다.

세종시대 과학자 하면 먼저 떠오르는 인물인 장영실(蔣英實)은 동래의 관노(官奴) 출신이었다. 「세종실록」에 의하면 장영실의 아버지는 본래 원나라 소주·항주 사람이었고, 어머니는 기생이었다. 당시에는 기생의 아들을 등용할 수 없다는 반대 의견이 많았지만 세종은 "공교(工巧)한 솜씨가 보통 사람보다 뛰어나므로 태종께서 보호하시었고, 나도 역시 이를 아낀다." 하며 장영실을 적극 변호해 주었다. 신분에 구애받지 않고 능력과 자질로 인물을 평가한 세종의 눈이 장영실이라는 천재 과학자를 탄생시킨 것이다.

조선시대 최고의 음악가로 평가받는 박연(朴堧)은 세종이 그의 음악적 자질을 알아본 경우였다. 당시 음악이 고려의 전통음악과 중국 주나라 음악 등이 뒤섞여 있어서 세종은 이를 바로 잡으려고 했다. 박연은 충북 영동 출신으로 40세가 넘은 늦은 나이에 과거에 급제하였지만, 궁중음악 정비라는 세종의 특명을 받고 악학 별좌(別坐)에 임명되자 음악의 정비와 악기 제작에 심혈을 기울였다. 그 결과 표준음을 마련하고 경기도 남양에서 채취한 경석을 이용하여 편경(編磬)을 제작하기도 하였다

집현전의 설치는 세종시대의 인재풀을 상징하며, 무엇보다 세종이 혼자만의 힘으로 국가의 정책을 결정하지 않고 중요한 결정은 집현전 학자들과 함께 결정했다. 그리고 집현전에서 배출된 쟁쟁한 인적자원은 15세기 찬란한 민족문화를 완성하는 원동력이 되었다. 집현전이라

는 국가 인재의 보고(寶庫)를 최대한 활용하면서 '함께하는 정치'의 모범을 보였다는 점에서도 세종은 역사상 가장 위대한 왕으로 길이 남을 것이다.

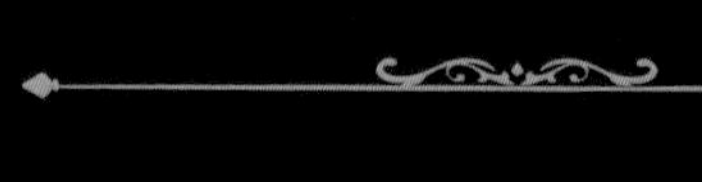

15. 영웅은 난세에 태어난다

밤이 어두울 때 더 많은 별을 본다. (토마스 앨바 에디슨)

세계적인 발명 천재 에디슨은 "천재는 1%의 영감과 99%의 노력으로 이루어져 있다."라고 했다. 이 말은 누구나 한 번은 들어 봤을 것이다. 에디슨에게 1%의 영감이 없었다면 99%의 노력은 없었을 것이다. 어두운 밤에 하늘을 별을 찾듯, 그의 영감은 미지의 세계에서 찾은 것이다. 영감은 목표를 만들고 목표는 노력을 만들었기 때문에 많은 발명품이 탄생할 수 있었다. 어떠한 목표에 대해서 노력을 하다 보면 작은 성공을 경험하겠지만 그 와중에 많은 실패를 경험하기도 한다. 에디슨은 이 실패에 대해 실망하지 않고 성공을 위한 경험으로 보았다. 그 것이 성공을 이루기 위한 기본자세이다.

동학 농민혁명의 선지자 전봉준은 우리 역사의 가장 혼란기인 조선 말기에 태어났다. 세계 강국들은 조선을 식민지 삼으려고 호시탐탐 기회를 보고 있었고 조선의 왕인 고종은 대원군과 명성황후 사이에서 중심을 못 잡고 있었고, 전국의 지방 관료인 탐관오리들은 어려운 농민의 재물을 탈취하여 불량한 재산을 축적하고 있었다. 이러한 나라를 보면서 어려운 환경 속에서 농민을 선동하여 나라를 바로잡고자 많은 노력을 했다. 비록 많은 농민의 희생과 성공하지는 못했지만 후세에게 많은 교훈을 남긴 혁명 운동이었다.

애국자 전봉준의 동학혁명

전봉준은 1855년 전북 고창의 당촌 마을에서 가난한 선비 전창혁의 아들로 태어났다. 아버지 전창혁은 고부 군수 조병갑(趙秉甲)의 탐학에 저항하다가 모진 곤장을 맞고 한 달 만에 죽음을 당하였다. 뒷날 전봉준이 사회개혁의 큰 뜻을 품게 된 것은 아버지의 영향에서 비롯된 것으로 보인다.

장성한 전봉준은 생계를 위해 훈장뿐 아니라 때로는 풍수쟁이, 약장수 노릇을 했고 편지를 대필하기도 했다. 경작하는 논은 세 마지기(600평)에 불과하여 저녁에는 죽으로 끼니를 때우는 가난한 생활을 하였다. 아버지는 풍수지리에 지식이 있어서 전국의 길지를 찾아 유랑 생활을 했으며 이 유랑 생활은 그가 후(後)에 동학농민운동을 함께 할 사람들과 만나는 계기가 되었다. 이 과정에서 전봉준은 1890년대 초 황하일의 소개로 동학에 입교하였고, 그 뒤 얼마 안 되어 동학의 제2세 교주 최시형(崔時亨)으로부터 고부지방의 동학접주(接主)로 임명되었다. 동학에 입교하게 된 동기는 스스로가 말하고 있듯이, 동학은 경천수심(敬天守心)의 도(道)로, 충효를 근본으로 삼고 있기 때문에 보국안민(輔國安民)하기 위해서라고 한다.

동학 지도층은 대중적 시위 운동을 계획하고 1893년 3월 전국의 교

도들에게 충북 보은에 집합하도록 했다. 그리하여 2만 여명의 교도가 보은에 모인 가운데, 서장옥, 손화중, 전봉준 등의 주도로 전라도의 교도들은 전북 금구에서 따로 집회를 연 것이다. 전봉준은 동학을 사회 개혁의 지도 원리로 인식하고 농민의 입장에서 동학교도와 농민을 결합시킴으로써 농민운동을 지도해 나갈 수 있었던 것이다.

1894년 1월 10일 전봉준과 고부의 농민들은 군수 조병갑(趙秉甲)의 학정에 대항하여 민란을 일으켰다. 후일 체포된 후 전봉준은 조병갑이 만석보(전라북도 정읍시 이평면에 있던 관개용 저수지)의 축조 및 부친 조규순의 송덕비 건립 명목으로 백성들에게 노동력과 비용을 부담시켰을 뿐 아니라, 한재(旱災)가 들어도 면세해 주지 않고 도리어 국세의 3배나 징수하였고, 부농을 잡아다가 불효·음행·잡기·불목(不睦: 서로 사이가 좋지 아니함) 등의 죄명을 씌워 재물을 약탈하였다.

1893년 11월부터 전봉준과 농민들은 조병갑 또는 전주 감사에게 폐정의 시정을 호소했지만 모두 거부당했다. 그 과정에서 1893년 11월에 동지 20명을 규합하여 사발통문(沙鉢通文: 어떤 일을 함께하고자 하는 사람 이름을 사발 모양으로 둥글게 뻥 돌려 적어, 같은 뜻을 가진 다른 사람을 모으기 위해 널리 알리는 문서를 말함)을 작성하고 거사할 것을 맹약하고, 드디어 이듬해인 1894년 정월 10일 1,000여 명의 동학농민군을 이끌고 봉기하였다. 이것이 고부민란이다. 농민군이 고부 관아를 습격하자 조병갑은 전주로 도망, 고부읍을 점령한 농민군은 무기고를 파괴하여 무장하고 불법으로 빼앗겼던 세곡(稅穀)을 창고에서 꺼내 농민들에게 돌려 주었다.

이 보고에 접한 고종은 조병갑 등 부패 무능한 관리를 처벌하고 새

로 장흥 부사 이용태(李容泰)를 안핵사(按覈使: 조선 후기에, 지방에서 발생한 민란을 수습하기 위하여 파견하던 임시 벼슬)로 삼고, 용안 현감 박원명(朴源明)을 고부 군수로 임명하여 사태를 조사, 수습하도록 하였다. 이 동안 자연발생적으로 고부민란에 참여하였던 농민들은 대개 집으로 돌아가고 전봉준의 주력부대는 백산(白山)으로 이동, 주둔하고 있었다.

고종도 민란의 원인은 탐학한 관리가 백성을 침탈한 데 있다고 보고 관리들을 시찰하게 하는 명을 내렸고, 박원명도 3월 초 농민들에게 죄를 용서하니 집으로 돌아가서 생업에 힘쓰라고 권유했다. 전봉준은 2월 20일경 봉기를 전라도 전역으로 확산하고자 「보국안민(輔國安民)」을 취지로 하는 「창의격문(倡義檄文)」을 각지에 보내고 함열의 조창(漕倉: 세곡의 수송과 보관을 위하여 강가나 바닷가에 지어 놓은 곳집)을 습격해 전운영(轉運營)을 혁파할 것을 촉구했지만, 지역 경계를 넘으면 반란이 됨을 우려한 농민들은 이를 거부하였고, 결국 1894년 3월 3일 박원명의 회유와 설득을 믿고 해산하였다.

고부 민란이 원만한 해결을 보지 못하고 동학농민운동이라는 더 큰 봉기로 이어진 것은, 뒤늦게 도착한 안핵사 이용태가 박원명의 수습책들을 무시하고 주모자를 색출하여 처벌했을 뿐 아니라, 민란에 동학교도가 다수 참여했다는 이유로 무관한 교도들까지 탄압했기 때문이었다. 이로 인해 고부 민란에 참여하기를 거부했던 무장의 손화중과 태인의 김개남까지도 호응하여 1894년 3월 20일 손화중의 거점인 무장에서 봉기를 일으킨 것이 동학농민운동의 시작이었다.

1894년 4월 4일 전봉준이 이끄는 동학농민군은 부안을 점령하고, 전주를 향하여 진격중 황토현(黃土峴)에서 영군(營軍)을 대파하고, 이어서

정읍·홍덕·고창을 석권하고 파죽지세로 무장에 진입, 이곳을 완전히 장악하였다. 여기에서 전봉준은 창의문을 발표하여 동학농민이 봉기하게 된 뜻을 재천명하였고, 4월 12일에서 4월 17일 사이에는 영광·함평·무안 일대에 진격하고, 4월 24일에는 드디어 장성을 출발, 4월 27일에는 전주성을 점령하였다.

전봉준은 봉기 당시 무장 포고문을 발표하여 거병의 목적이 「보국안민」임을 밝혔다. 임금은 선정을 펼칠 자질이 있으나 신하들이 임금의 총명을 가리고 백성들을 착취하기 때문에 나라의 근본인 백성이 도탄에 빠져 나라가 망할 지경에 이르렀고, 농민군은 이를 바로잡기 위해 일어났다는 것이었다. 전봉준은 폐정의 근원을 탐관오리들로 보았을 뿐 조선 왕조를 전복할 생각은 없었다.

이러한 생각을 가진 전봉준이었기에, 전투 과정에서 농민군의 희생이 컸던 데다 정부가 청나라에 농민군을 진압할 군대의 파견을 요청했음을 알자 5월 8일 전주화약을 맺고 철병하였다. 화약의 조건은 농민군은 해산하고 정부는 이들의 폐정개혁안을 받아들인다는 것이었다. 농민군의 요구는 삼정(三政)의 조세 제도를 개혁하고 외국 상인의 상거래를 개항장에 한정하는 한편, 체포된 동학교도들을 석방하고 대원군의 섭정을 시행하라는 것 등이었다.

1894년 6월 2일 전주가 동학농민군에 의해 함락되었다는 보고를 받은 정부는 자력으로는 농민군을 진압할 수 없다고 판단, 임오군란 진압 시의 전례에 따라 청국에 요청하였다. 일본 정부는 6월 2일 서울주재

임시대리공사로부터 조선이 청국에 파병을 요청하였다는 보고를 받고 제5사단을 조선에 파견하기로 결정한다. 청일전쟁은 일본군이 청군이 보호하고 있던 경복궁을 공격함으로써 시작되었다. 이어 일본군은 서울의 조선군대를 무장시킨 다음 아산 근처에 집결한 청군을 공격할 태세를 갖추었다. 이어 29일에 벌어진 성환 전투에서 일본 육군은 아산에 상륙했던 청국군을 쉽게 격파해 버렸다. 우수한 장비를 갖추고 훈련을 받은 일본군은 평양의 전투, 황해해전, 압록강 전투, 대만 침략 등을 승전하여 청일전쟁을 승리로 이끌게 된다. 이로써 중국이 전통적으로 조선에 대해 행사해 왔던 종주권이 없어지게 되었다. 동시에 일본은 강화도조약·제물포조약·톈진조약 등으로써 일관되게 추진해서 조선에 대한 우월한 정치·군사·경제적 지배권을 확고하게 장악하였다. 또, 청국은 랴오둥반도·대만·펑후(澎湖)열도 등을 일본에 할양한다.

한편, 전봉준은 지금 청일전쟁이 일어나고 있지만 전쟁이 끝나고 승리한 나라는 우리를 칠 것이라는 생각이 들었다. 섣부른 행동으로 임금과 왕조의 안위까지 위협하기보다는 우선 집강소(執綱所: 동학농민운동 때 농민군이 전라도 각 고을의 관아에 설치한 민정기관)를 통한 개혁에 집중하기로 했다.

하지만 같은 시기 7~8월에는 삼남 각 지역에서 일본을 몰아내자는 척왜(斥倭) 봉기가 일어났고, 농민군의 체제를 개편하고 무장력을 강화하던 남원 김개남의 휘하에는 전라좌도 일대에서 7만여 명의 농민들이 몰려들었다고 한다. 이에 전봉준도 9월 8일경에는 식량이나 전투에 필요한 물품들을 확보하기 시작하는 등 재봉기 준비에 착수했다.

그리하여 마침내 1894년 10월 12일 농민군은 '척왜'를 기치로 동학농

민운동의 2차 봉기를 일으키고 삼례를 출발하여 북상하기 시작하였다. 봉기에 소극적이던 동학 교주 최시형(崔時亨)의 승인도 얻어, 봉기 시점에는 손병희(孫秉熙)가 이끄는 북접의 농민군도 전봉준의 부대와 합류함으로써, 2차 봉기에는 전라·충청 일대의 농민군이 총동원되었다. 이 중에서 주력 부대인 전봉준과 손병희는 북상하고, 김개남은 북상군의 거점지인 전주에 남아 뒤를 대비하며, 손화중과 최경선은 후방을 수비하는 형태의 작전이었다.

주력 부대는 10월 23일에 충남 공주에 도착하여, 10월 말에 1차 전투, 11월 초에 2차 전투를 벌였지만, 결과는 농민군의 대패였다. 관군·일본군·민보군의 연합세력은 수적으로는 농민군에 훨씬 미치지 못했지만, 훈련된 군대와 압도적인 화력을 갖추었던 것이다. 전봉준은 후방 부대에 지원군을 요청했지만 지원을 받을 수 없었고, 그러한 상황에서 공주 우금치 전투에서 대대적인 공세를 벌였지만 결국 11월 11일 일본군의 압도적인 화력에 궤멸되었다. 결국 전봉준이 이끄는 주력군은 11월 말 원평·태인 전투에서 대패한 이후 해산했다.

이후 관군에 쫓기던 전봉준은 전남 입암산성과 백양사를 거쳐 12월 2일에는 순창 피노리에 도착했다. 태인에 머무르고 있던 김개남을 찾아가던 도중이었다. 하지만 순창에서 만난 옛 부하 김경천의 고발로 체포되었다. 체포 당시 입은 부상이 커서 그곳에서 치료를 받던 중, 역시 1895년 1월 6일에 체포되어 온 손화중이 나주목사 민종렬에게 머리를 조아리며 '소인'으로 자칭하자, 전봉준은 "진실로 짐승 같은 놈"이라며 사람을 잘못 보고 거사를 도모해서 일을 그르쳤다고 질책했다. 전봉준은 관리들을 보고 모두 너라고 부르고 꾸짖으면서 조금도 굴복하지 않

왔고, "내 죄는 종묘사직(宗廟社稷: 왕실과 나라를 통틀어 이르는 말)에 관계되니 죽게 되면 죽을 뿐"이라며 자신을 함부로 대하는 자들을 꾸짖으며 끝까지 당당했던 것이다.

다시 서울로 압송된 전봉준은 일본 영사관에 인도되어, 법무아문(法務衙門) 권설재판소에서 1895년 2월 9일부터 3월 10일까지 재판을 받고 3월 29일에 사형을 선고받았다.

판결은 그날로 국왕의 재가를 얻어, 1895년 3월 30일 새벽 2시, 전봉준은 손화중·최경선·김덕명·성두환 등과 함께 무악재 아래에서 교수형으로 처형되었다. 전봉준은 마흔두 살의 한창 나이였다. 전봉준의 죽음으로, 개벽 세상을 꿈꾸며 역사의 어둠을 밝힌 동학 농민 운동은 끝이 났다. 농민군은 일본군의 철저한 진압으로 더 이상 대규모 봉기를 일으킬 수 없게 되자, 영학당, 활빈당 같은 비밀 조직에 들어갔다. 칼과 총으로 무장한 활빈당원들은 부패한 관리나 악랄한 양반, 부잣집을 털어 항일 운동 자금으로 썼고, 또 일부는 가난한 백성들에게 나눠 주었다.

5년이 지난 1910년, 일본은 총칼을 앞세워 조선의 국권을 모두 빼앗았으며, 조선은 세계 지도에서 사라졌고, 일본의 식민지가 되었다. 하지만 항일 투쟁은 하루도 빠짐없이 계속되었으며, 1919년 삼천리 방방곡곡을 뒤흔든 삼일운동은 온 민족이 전국적으로 일어난 독립운동이었다. 삼일운동으로 중국 상하이에 임시 정부가 들어섰고, 나라 잃은 독립 운동가들이 임시정부에서 끊임없이 독립운동을 했다.

백성이 진정한 주인인 나라, 백성을 하늘처럼 떠받드는 나라를 만들고자 한 전봉준의 꿈! 그 꿈은 지금도 여전히 우리의 가슴을 설레게 한다. 전봉준은 결국 그 뜻을 이루지 못하고 죽음을 맞았다. 하지만 몸집

이 작아 녹두라는 별칭을 얻은 녹두장군 전봉준의 죽음을 안타까워하며 생겨난 민요들은 지금도 불멸의 생명을 이어가고 있다.

난세(亂世)와 영웅(英雄)

1. 영웅이란?

영웅의 뜻은 '지혜와 재능이 뛰어나고 용맹하여 보통 사람이 하기 어려운 일을 해내는 사람'이라고 한다. 한마디로 보통사람이 아니고, 보통사람이 할 수 없는 일을 해내는 사람이라고 볼 수 있다. 그 해낼 수 있는 일은, 질 수밖에 없는 전쟁을 승리로 이끌었을 때, 쓸어져 가는 나라를 구했을 때, 큰 재난으로부터 많은 사람을 구했을 때 등 많은 지혜와 용맹이 아니면 해낼 수 없는 일들을 말한다.

그러나 제2차 세계 대전의 영웅 미 해군 사령관 윌리엄 홀시는 "세상에 위대한 사람은 없다. 오직 평범한 인물들의 위대한 도전이 있을 뿐이다."라고 말했다. 그는 1941년 12월 진주만 공습부터 1942년 6월 미드웨이 해전 사이에 있었던 주요 항공모함 작전의 야전 사령관이었다. 진주만 공습 당시 그곳에 없었기 때문에 진주만 공습의 목표물이 되지 않았다. 이후 진주만에 입항한 뒤 미국의 분노를 잘 나타내는 이른바 "이 전쟁이 끝나면 일본어는 지옥에서나 쓰는 언어가 되어 있을 것이다!"라는 명언을 남겼다. 이후 일본 침공 직전에서 일본이 항복할 때까지 함대를 지휘하였다. 그리고 일본이 항복문서를 서명한 전함 미주리

가 바로 홀시 제독의 기함이다.

일반적으로 전쟁에서는 '영웅'들이 탄생한다. 그들은 다른 사람들과는 확실하게 다른 정신, 다른 태도, 다른 전략으로 전쟁에 임한다. 자신을 살리기 위해, 그리고 부하들의 생명을 아끼기 위해 최고도의 정신을 집중해 전쟁에 임하게 된다. 따라서 그들의 모습은 한 인간이 가질 수 있는 '최선'의 것이며 가장 단호한 자세일 수밖에 없다. 전쟁은 아군과 적군이 있다. 적군을 죽이지 않으면 아군이 죽는 인간 최악의 생존경쟁이다. 아군의 최소의 인명 피해를 안고 적을 섬멸한다면 전쟁 최고의 영웅이 되는 것이다. 세계 역사는 크고 작은 전쟁 속에서 국가가 형성되어 왔다. 지금도 지구촌은 강대국 간에 기 싸움과 중·소국들의 영토 싸움은 계속되고 있다.

2. 전쟁은 왜 일어나는가?

지난 20세기를 돌아보면 전 세계에서 전쟁이 끊이지 않았다. 그 가운데 단연 두드러진 것은 제1·2차 세계대전이다. 양차 세계대전에서 각각 1천6백만 명과 5천만 명이 죽은 것으로 추산된다. 그러나 제1차 세계대전인 1914년 이전에도 보어전쟁, 청일전쟁, 러일전쟁, 발칸전쟁, 쿠바를 차지하기 위한 미국-스페인 전쟁과 많은 식민지 전쟁들이 있었다. 1945년 이후의 유력한 흐름은 냉전이었다. 그러나 한반도, 말레이시아, 아덴, 그리스, 쿠바, 과테말라, 베트남, 캄보디아, 짐바브웨, 모잠비크, 인도, 파키스탄, 방글라데시, 비아프라아일랜드, 엘살바도르 등지에서

수많은 국지전이 벌어졌다. 전쟁은 거의 끝이 없다.

그토록 많은 생명을 파괴하고 인간적 자원을 엄청나게 낭비하는 전쟁이 다반사로 일어나는 것을 어떻게 설명할 수 있을까? 수천 년의 역사와 수백 년의 진보된 문화와 국제협력단체가 많은데 왜 우리는 여전히 전쟁에서 벗어나지 못하는가? 모든 국제사회가 싫어하는 끔찍한 전쟁이 더 계속 빈발하는 이유는 무엇인가? 중세 이후에 제국주의 시대로 접어들면서 확실히 전쟁은 많아졌다. 서로 많은 땅을 차지하고 더 많은 부를 얻기 위해서 치열하게 싸웠다.

전쟁은 나라 간의 정치 갈등의 연속이라고 볼 수 있다. 따라서 전쟁은 전제 조건 없이 저절로 발생하지 않는다. 전쟁 그 자체가 목적이 아니며, 다른 방법이 효과가 없는 것으로 나타났을 때 정치적 목표를 달성하기 위한 최후의 도구일 뿐이다. 모든 전쟁에는 전쟁 전에 외교로 해결할 수 없는 특정한 정치적 목표를 야기하는 원인이 있다. 이러한 이유는 다양할 뿐만 아니라 그에 따른 정치적 목적도 있다. 전쟁 발발 원인을 보면 국가 지도자의 야욕(野慾)으로 시작한다. 그들은 권력의 야욕이 많고, 영토의 욕심이 많은 사람이다. 대표적인 야욕의 국가 지도자는 독일의 히틀러, 소련의 스탈린, 일본의 메이지, 북한의 김일성 등은 대표적인 전쟁광이라고 볼 수 있다. 한마디로 그들의 야욕을 채우는 대가로 수백만 수천만 군인과 국민 죽는 것이다.

전쟁이 없을 수는 없을 것인가? 영국의 역사학자 아놀드 토인비는 "전쟁은 인간이 존재할 때부터 따라다니는 일상적인 사건이며 이것이 없어질 가능성은 거의 상상할 수 없다."라고 했다. 지금도 중동 지역에서는 종교적인 갈등으로 전쟁이 끊임없이 일어나고 있다. 그리고 현재

도 반러 정부인 우크라이나와 종주국 행세를 하려는 러시아가 전쟁을 벌이고 있으며, 많은 사상자와 재산피해를 내고 있다. 하지만 과거와 같이 영토를 더 차지하려고 다른 나라를 침공하는 식의 전쟁은 없을 것 같다. 그렇게 해서 얻는 이익이 별로 없기 때문이다. 물론 새로운 이유가 나타나서 또 다른 전쟁이 있을 수도 있겠지만 공산주의가 몰락한 이때 민주주의와 자본주의가 퍼지면 퍼질수록 전쟁의 필요성은 줄어들 것이란 생각이 든다.

3. 대한민국의 호국 영웅들

▷ **강감찬:** 고려시대의 명신. 여요전쟁 당시 거란의 대군을 몰살해버린 귀주 대첩을 주도한 문신(文臣)으로, 동아시아 역사 전체에 영향을 미친 구국영웅이다.

▷ **곽재우:** 조선 시대 의병장이자 성리학자. 임진왜란 당시 활약한 의병장으로 유명하다. 붉은 옷은 입은 장수라서 홍의장군(紅衣將軍)이라는 이름으로 유명하다.

▷ **광개토대왕:** 고구려 시대 최고의 정복자. 18세 소년의 나이로 즉위하자마자 바로 정복전쟁에 나서 39세의 젊은 나이에 죽을 때까지 평생 동안 정복전쟁만 했으며, 모든 원정에서 승리하며 동북아시아를 호령한 정복자다.

▷ **권율:** 조선 중기 문관이자 장군으로 임진왜란 초기 이치 전투, 독성산성 전투, 행주 대첩 등에서 혁혁한 공을 세웠다.

▷ **백선엽:** 제 강점기 시절의 간도특설대 복무 전력으로 인해 친일반민족행위자라는 비판을 받았지만, 6.25 전쟁 중 위기에 빠진 대한민국을 구해낸 명장이라는 찬사를 받는, 대한민국 현대사의 명과 암을 동시에 보여주는 인물이다.

▷ **안중근:** 1909년 10월 26일 중국 하얼빈역에서 이토 히로부미를 사살했다. 그는 형장에 서서 기뻐하며 말하기를 "나는 대한 독립을 위해 죽고, 동양 평화를 위해 죽는데 어찌 죽음이 한스럽겠소?" 하였다. 마침내 한복으로 갈아입고 조용히 형장으로 나아가니, 나이 32세였다.

▷ **유관순:** 일제강점기 3·1만세운동을 주도한 독립운동가로 공주지방법원에서 징역 5년형을 받고 공소하여 경성복심법원에서 징역 3년형이 확정되어 서대문형무소에서 지내면서 옥중에서도 만세를 불렀다. 1920년 9월에 악형으로 옥중에서 순사할 때의 나이가 18세의 소녀였다.

▷ **을지문덕:** 고구려 영양왕대에 고구려를 침략한 수나라의 수양제에 맞서 고구려를 지켜낸 불세출(不世出)의 명장으로 유명하다.

▷ **이순신:** 16세기 조선의 무신으로, 일본이 조선을 침공하여 일어난 전쟁인 임진왜란 당시 조선 수군을 통솔했던 제독이자 구국영웅이다. 전쟁터에서 병사들에게 "必死則生 必生則死(필사즉생 필생즉사, 죽고자 하면 살 것이고, 살고자 하면 죽을 것이다.)"라는 말로 유명하다.

▷ **장보고:** 통일신라의 군인이자 호족. 어린 시절 당나라로 넘어가 그곳에서 벼슬을 했다가 고향인 신라로 돌아와 군인이 되었으며 훗날 청해진 대사가 되어 당시 한중일 사이의 바다를 장악하며 엄청난 부와 권력을 손에 넣었던 인물이다.

▷ **최무선:** 고려 후기 사회는 왜구의 침략으로 백성들이 많은 고통을 받고 있었다. 이러한 시대 상황에서 최무선은 한국 역사상 최초로 화약을 발명하고, 이를 이용한 무기를 만들어 왜구를 물리친 위대한 과학자이자 무인이었다.

▷ **최영:** 고려 말 최고 명장으로 업적은 외세로부터 나라를 수차례 수호하였다. 그는 여러 차례 왜구를 토벌하여 두각을 나타냈고 1352년에 조일신의 난을 평정한 공으로 호군(護軍: 고려 말기의 장군(將軍)의 고친 이름)이 되었다. 그리고 '황금 보기를 돌같이 하라'라는 유명한 말을 남겼다.

외국의 침략으로부터 한국을 지킨 대표적인 영웅을 몇 분을 찾아봤지만 이분들 말고도 한국을 지키기 위해서 목숨을 잃은 호국 영웅들

은 헤아릴 수 없이 많다. 그분들이 있었기 때문에 한국이라는 나라가 존재할 수 있었고, 우리는 지금 편하게 살 수 있다고 생각한다. 우리는 끊임없이 호국 영웅들을 위하여 항상 감사하고 깊은 애도를 표해야 한다고 생각한다.

4. 전쟁 대신 평화를 찾아야 한다.

한반도 최대의 비극인 6·25 전쟁은 1950년 6월 25일 일요일 새벽 4시경 북한 김일성이 치밀한 사전 계획에 따라 북위 38도선 전역에 걸쳐 기습 남침한 전쟁이다. 이 전쟁은 1953년 7월 27일 휴전 협정이 체결되기까지 3년 1개월간 교전이 이어졌다. 전쟁 준비를 충분히 한 북한은 무방비 상태의 남한을 일방적인 승리로 끝날 것으로 예상했지만, 미국과 연합군의 도움으로 전쟁은 무승부로 끝나고 지금 세계 유일의 분단국가로 남아 있다.

6·25 전쟁의 공식 집계한 피해자는 국군 63만 명과 유엔군 15만 명의 사상자를 냈으며, 남쪽 민간인 1백만 명이 다치거나 죽거나 실종됐다. 북쪽에도 엄청난 규모의 인명 피해가 발생했을 것으로 본다. 북한군의 전면 공격 이후 남쪽 끝에서 북쪽 끝까지 전선이 휩쓸고 지나가며 수백만 명이 희생된 처절한 한국전쟁이다.

6.25 전쟁은 국가경쟁력과 발전역량을 밑바닥을 떨어뜨릴 만큼 파괴적인 영향을 미쳤는데, 인적 피해뿐만 아니라 물적으로는 전력 74%, 남한 공업의 60%, 건물 660,100동, 전선 60,766km, 교량 9,312km가

파괴되었다. 해방 후, 빈약했던 공업 시설로 어렵게 꾸려가던 남한 경제는 그나마 남아 있는 공장 등 생산 시설들이 모두 파괴되어서 모든 것을 다시 시작해야 하는 상황이 되었다.

전쟁을 치른 뒤 지금까지 군사 대치 상황에 있는 한국은 전쟁의 아픔을 딛고 6·25 전쟁과 같은 전쟁을 다시 겪지 않기 위해서 열심히 군대와 경제를 키웠다. 그 결과 세계 10대 경제국으로 우뚝 서게 되었고 국방력도 세계 6위라는 당당한 국가가 되었다. 그러나 북한은 주민들의 생활이 어려워서 아사(餓死)하는 상황에서도 전쟁 준비에 몰두하여 핵무기까지 개발한 상태가 되었고 세계에서 가장 긴장되고 방위 전선이 형성되는 한반도가 되었다. 그러나 우리는 다시는 끔찍한 전쟁은 한반도에서 또 일어나서는 안 된다고 생각한다. 그런 점에서 우리에게 평화에 대한 노력을 끊임없이 해야 할 것이고, 경제력과 국방력을 튼튼히 하여서 북한과 주변국들이 무시하지 못하도록 해야 한다.

한편으론 세계적으로 산업화가 일어나고 민주주의와 상업주의가 확산되면서 평화가 확산되었다. 이제 세계는 무역을 통해서 서로의 이익이 밀접하게 연결되어 있어서 상대가 잘못되면 나도 잘못되게 되는 체제가 된 것이다. 그것이 합쳐져서 결국 전쟁을 통한 이익보다 평화가 주는 이익이 더 크기에 전쟁은 줄어들고 있다고 이야기한다. 과거에 폭력적인 수단을 통해서 더 나은 부를 가질 수 있었던 것에 비해서 지금은 평화로운 분위기에서 서로가 함께 갈 때 더 큰 이익을 얻을 수 있을 것이다. 세계가 지향하는 것과 반대로 역행하는 북한의 지도자는 하루 빨리 개화된 사상을 가지고 한반도가 평화로 지향하게 해주기를 기대한다.

16. 네가 살면 내가 죽는다는 권력 다툼

공자께서 말씀하셨다. "이익에 따라서 행동하면 원망이 많은 법이다" (논어 4-12)

군자는 지도자다. 그러니 지도자는 의리(義理)를 따르고 이익(利益)를 멀리해야 한다. 나만을 위한 이익을 멀리하지 못하면 공정성을 잃게 되고 결국 지도자의 자격을 잃게 될 것이다.

마르쿠스 아우렐리우스는 이렇게 말을 했다.

"'나'라고 하는 것은 무엇인가? 그것은 다만 보잘것없는 살덩어리와 한줄기 호흡, 그리고 이것들을 지배하는 이성, 이것이 나의 전체다. 인간의 주인은 이성이다. 이 점을 상기하라. 사리사욕에 이끌려 이성을 노예로 전락시키지 말라. 꼭두각시처럼 비사회적인 행동에 얽매여 조종당해서는 안 된다. 오늘을 불평하고 내일을 한탄함으로써 자신의 운명을 노예로 전락시키지 말라."라고 했다.

다산 정약용은 벼슬에 오르면서 항상 백성의 어려운 생활을 걱정하며 어떻게 하면 농민들을 잘살게 할 수 있을까 하는 생각을 가졌다. 남인으로서 노론과의 파벌 싸움 속에서도 나라를 위해 힘썼지만 결국 18년간의 유배 생활을 하게 된다.

당파에 밀려 18년간 유배당한 천재 정약용

다산 정약용은 1762년 6월 16일 경기도 광주군 초부방 마현리(지금의 경기도 남양주시 조안면 능내리 마재마을)에서 5남 3녀 가운데 넷째 아들로 태어났다. 아버지는 진주목사를 지낸 정재원이고, 어머니 해남 윤씨는 고산 윤선도의 후손이다. 정약용의 집안은 대대로 벼슬을 한 집안이지만 남인이라는 이유로 고조할아버지 정시윤을 마지막으로 벼슬을 한 사람이 없다. 권력을 쥔 서인들이 벼슬길을 막았기 때문이다.

정약용은 태어날 때부터 약해서 병치레가 많았다. 완두창, 마마 등 무서운 병에 걸렸지만 죽지 않고 살았다. 정약용은 일찍부터 아버지에게 글을 배웠으며 공부를 좋아하고 아주 영리한 아이였다. 정약용은 아홉 살 때 어머니가 돌아가셨다. 어머니에게 많이 의지해야 하는 어린 나이에 어머니를 잃은 정약용은 가슴이 뻥 뚫리는 것 같았고, 고통과 외로운 마음을 견디기 힘들었다. 정약용은 어머니를 잃은 슬픔을 잊기 위해 공부에 마음을 쏟았다. 시간이 나는 대로 책의 구절을 베끼고 글을 지었다. 지은 글을 바닥에 쌓으면 정약용의 키를 넘을 정도였다.

정약용의 집안은 이름 있는 양반 집안이라 땅도 많고 일하는 종도 많이 있었다. 많은 사람이 정약용 집의 땅을 도지(賭地)하여 농사를 지으며 살았다. 그러나 그들이 아무리 열심히 일해도 항상 땅 없이 가난

하게 사는 것에 정약용은 항상 궁금했다. 정약용은 그것 말고도 궁금한 것이 많았다. 우주는 어떻게 만들어졌는지, 양반과 상놈은 언제 생겼는지, 부자와 가난한 자는 왜 생겼는지, 많은 것이 궁금했다. 운길산 수종사는 정약용의 놀이터였다. 전망도 좋고, 조용해서 책읽기가 좋았다. 정약용이 수종사에 갈 때는 지게에다 책을 한가득 지고 산에 올라갔다. 그리고 그 책을 다 읽고 내려왔다.

정약용은 15세에 풍산 홍씨와 결혼하여 서울 생활을 시작하였다. 홍씨는 병마절도사를 역임한 홍화보의 외동딸이었는데, 당대 남인계의 명망 높은 집안이었다. 정약용은 신혼 초에는 회현동 처가에서 살다가 이듬해에 남산 기슭 소룡동으로 이사를 갔다. 정약용은 이 집에서 친구도 많이 사귀고 과거 공부도 하였다. 특히 남인계 처남 인호, 은호 그리고 매형 이승훈 등과 많은 교류를 했다. 정약용은 이들을 통해, 실학의 아버지로 불리는 성호 이익을 알게 되었다. 이익은 조선의 현실과 백성들의 삶을 깊이 파고들어 100권이 넘은 저서를 남겼다. 현실 문제를 정면으로 다룬 저서이다 보니 글이 생생하게 살아 있었다. 원한 맺힌 신분 제도를 없애야만 나라가 바로 선다는 이익의 주장에 정약용은 충격을 받았다. 이익의 글은 그동안의 생각을 산산조각 내었다. 이익의 글에는 어릴 적부터 품은 의문에 대한 답이 있었다.

그러던 중 정약용에게 행운이 찾아왔다. 매형 이승훈이 이익 집안의 종손이자 남인을 대표하는 대학자인 이가환을 소개시켜 주었다. 정약용은 이가환에게 마음이 끌렸다. 어리다고 얕보지 않고 정성껏 대하는 것에 놀랐고, 어떤 주제라도 막힘없이 이야기하는 박학다식(博學多識)함에 다시 놀랐다. 이가환은 패기 넘치는 정약용이 마음에 들었다. 그리

고 조선을 벗어나 더 넓은 세상을 보라고 충고했다. 당시 조선은 성리학만이 최고의 학문이라고 생각하는 선비들이 많이 있었다. 그날 이가환은 정약용에게 넓은 학문의 세계를 보여주었고, 정약용은 그 심오함을 맛볼 수 있었다.

1776년 영조 시대가 끝나고, 스물다섯 살의 젊고 패기 있는 정조 시대가 열렸다. 정조는 영조의 손자이고 뒤주 속에서 죽은 사도세자의 아들이다. 사도세자를 죽게 한 노론들은 마음이 편하지가 않았다. 그 당시 아버지를 죽인 노론들은 왕을 우습게 알 정도로 권세를 누리고 있었다. 그들은 백성을 쥐어짜고 나랏돈을 빼돌려 부정으로 재산을 축적했다. 나라와 백성을 살리려면 노론의 권력을 빼앗아야 했다. 그러나 그들의 권력은 왕인 정조까지 위험할 정도였다. 정조는 어진 척 게으른 왕이 아니라 부지런한 왕이 되겠다고 말했다. 부지런한 왕 밑에는 게으른 신하가 있을 수 없었다. 정약용은 궁궐에 신선한 공기가 퍼져 나가는 것을 느꼈다. 정약용은 왕을 모시고 개혁에 앞장서겠다는 꿈을 꾸었다. 그러려면 열심히 공부해서 과거에 합격해야 했다.

정약용은 아버지가 지방 현감으로 발령이 나서 전라도 화순, 경상도 진주, 충청도 예천 등을 두루 돌아다녔다. 덕분에 사람을 많이 사귀었고, 많은 스승을 만났으며, 되새겨야 할 역사를 기억했다. 정약용은 뜻을 세우고 열심히 공부해야겠다고 깊게 다짐했다. 스물두 살 때인 1783년, 정약용은 과거 예비시험인 소과에 합격하여 진사가 되었고 성균관에 입학할 자격도 얻었다. 정약용은 성균관에 가서 빼어난 인재들을 많이 만나고, 많은 책을 읽을 것이고, 학식 높은 대사성은 물론이고 임금도 뵙게 될 것을 생각하니 한껏 꿈이 부풀었다.

정조는 소과에 합격한 사람들을 궁궐로 불렀다. 정약용은 창경궁 선정전에서 처음으로 왕을 뵈었다. 정조는 정약용에게 나이를 물으며 관심을 주었다. 정조는 노론 대신들에 둘러싸여 외롭게 보였다. 정약용은 노론 대신들에 맞서서 끝까지 왕의 곁을 지키겠다고 마음먹었다. 정조와 18년의 인연은 이렇게 시작되었다. 정조는 성균관에 자주 들렀고, 인재들을 자주 대하면서 시험 문제도 직접 냈으며, 성적이 좋은 정약용에게 애정을 주었다. 정조의 총애는 질투와 시기를 부르는 화근이 되었다.

1784년, 정약용은 죽을 때까지 자신을 옭아맨 천주교를 만나게 된다. 정약용의 매형 이승훈은 청나라에 사신으로 가는 아버지를 따라가서 40일 동안 머무르면서 천주교를 접하게 된다. 그리고 거기에서 세례를 받고 '베드로'라는 세례명을 받았다. 이승훈이 세례를 받는 데 가장 큰 영향을 끼친 사람은 사돈인 이벽이었다. 이벽은 집안 대대로 보관해 온 천주교 책들을 읽고, 주변 사람들에게 천주교를 퍼트렸다. 누이의 제사에 온 이벽은 서울로 돌아가면서 정약용을 만나서 천주교에 관한 이야기를 했다. 세상의 창조와 변화를 하느님으로 설명하는 천주교에 정약용은 매혹되었다. 모든 사람은 하느님 앞에서 평등하다는 교리는 성호 이익의 가르침과 일치했다. 천주교는 썩어빠진 조선 사회를 개혁할 열쇠로 보였다. 정약용은 신자가 되어 예배 모임에 나갔다. 정약용은 성균관 근처에서 매형 이승훈과 교리 공부를 하다가 같은 성균관 출신인 이기경에게 들키고 만다. 왕의 총애를 받고 있던 정약용을, 이기경은 정약용이 사악한 종교를 믿는다고 고발한다. 그 당시 노론은 정조 앞에서 '천주교 신자는 제사를 지내지 않는다.'라고 하며, 짐승만

도 못하다고 말해왔다. 정조는 정약용의 일로 당파 싸움을 우려해 앞으로 천주교 책을 들여오는 것을 금지하고 들여온 천주교 책을 모두 없애라고 명령하면서 일을 무마시킨다.

1789년 1월, 정약용은 장원으로 과거에 급제했다. 과거에 급제한 정약용에게 내려진 벼슬은 종7품으로 중종의 장경왕후의 능을 관리하는 일이었다. 정종은 시간이 많이 남는 정약용에게 희정당에서 초계문신들에게 「대학」을 강의하고, 이를 묶어 책을 만드는 일을 맡겼다. 이에 감격한 정약용은 온 힘을 기울여 만든 책이 「희정당대학강의」이다. 정조는 정약용에게 다른 임무를 또 주었다. 정조의 아버지 사도세자 묘를 동대문 밖에 있던 것을 왕릉으로 격상하여 화성으로 옮겼는데 정조가 묘소를 참배하려면 한강을 건너야 했다. 이에 정약용에게 한강을 안전하게 건널 수 있도록 다리를 놓으라고 명령했다. 당시 기술로 1㎞가 넘는 한강에 다리를 놓는 것은 불가능한 것이었다. 그래서 정약용은 배를 이용하여 다리를 놓은 것을 생각해 냈으며 많은 연구 끝에 성공한다. 그래서 정조는 배다리를 이용하여 화성에 있는 사도세자의 묘소를 무사히 참배한다. 정조는 정약용의 능력을 인정하고 실세 중에 실세인 초계문신(抄啓文臣: 규장각에 특별히 마련된 교육 및 연구 과정을 밟던 문신)으로 기용한다. 그리고 2년 뒤에는 홍문관 수찬(정6품)이 되었다. 아버지가 그토록 바라던 자리였다. 승승장구하는 정약용을 보고 노론은 눈엣가시처럼 여겼다.

그 무렵 전라도 전산에서 천주교 신자인 윤지충과 권상연이라는 선비가 부모의 위패를 불태우고 제사를 거부하는 일이 일어났다. 이에 분개한 사회 지도층 양반들은 삼강오륜을 무참히 짓밟았다며 무거운 벌

을 요구했다. 정조는 이를 받아들여 죄인을 처형하고 전국에 천주교를 금하는 방을 붙였다. 천주교를 믿거나 책을 가지고 있으면 당사자뿐 아니라 해당 고을 수령에게도 무거운 책임을 묻겠다는 내용이었다. 정약용은 세상의 무서움을 알았다. 언제라도 노론에게 꼬투리를 잡히면 집안이 박살 난다는 것을 알았다. 이번에는 무사히 고비를 넘겼지만 과거에 천주교에서 예배를 본 혐의가 깨끗이 사라진 것은 아니다. 10년 뒤 신유사옥(辛酉邪獄) 때 정약용은 다시 한번 죽을 고비를 넘긴다.

1792년, 진주 목사로 있던 아버지가 세상을 떴다. 정약용은 관직에서 물러나, 부친 묘 옆에 움막을 짓고 3년 시묘(侍墓)살이에 들어갔다. 그러나 정조는 정약용을 가만두지 않았다. 정조는 아버지 묘를 자주 찾아 못다 한 효도를 하고 싶었다. 그러나 매번 배다리를 놓고 간다는 것은 너무 번거로운 일이었다. 그래서 정조는 도읍을 아예 묘소 근처로 옮기겠다는 생각을 하게 된다. 도읍을 옮기면 서울에 근거를 둔 노론의 기세도 꺾을 수 있을 것으로 생각했다. 정조는 노론의 눈치를 보며 수원에 성을 쌓고 남부를 대표하는 성을 쌓겠다고 운을 떼었다. 대부분의 노론도 찬성했다. 정조는 성곽 설계를 정약용에게 맡겼다. 정약용은 상주라고 거절했지만 정종은 막무가내로 정약용에게 일을 맡겼다. 정약용은 할 수 없이 짬을 내서 중국 서적 등을 보면서 1년 만에 화성 설계서 「성화주략(城華籌略)」을 완성했다. 수원 화성은 2년 9개월 뒤인 1796년 9월에 완공되었으며, 총비용 873,517냥에 연인원 70여만 명이 동원되었다.

3년 시묘살이를 마치고 온 정약용은 바로 경기 북부 적성, 마전, 연천, 삭녕 네 고을을 살피는 암행어사에 임명된다. 정약용은 각 고을을

돌면서 백성들의 처참한 삶을 직접 보았다. 각 고을의 현감과 군수들은 노론을 등에 업고 부정부패를 일삼고 있으며, 백성들의 돈이나 환곡을 받아서 자기 배를 채우고 있었다. 정약용은 이들을 정조에게 고발하여 처벌 받게 하였다. 반면 정약용은 노론들의 실세를 건드렸으니 앞날이 순탄치 않을 것이 불 보듯 뻔했다. 그러나 정약용은 제 몸을 위하여 약삭빠르게 살기보다 옳은 일을 하다 손해 보는 게 낫다고 믿었다. 정조는 이러한 강직함을 높이 샀고 정약용을 감싸고 키워줄 셈이었다. 정조는 노론의 권세가 왕권까지 위협한다는 것을 알고 있었다. 그를 방지하기 위해서 규장각을 세워서 인재를 키워 왕의 친위세력을 키우려고 했다. 그리고 노론을 견제하고 남인과 소론을 키우기 위해 좌의정에 이가환을, 우부승지에 정약용을 기용하였다. 그러나 이러한 균형은 오래가지 못했다. 조선인 천주교 요청으로 청나라 신부 주문모가 국내에 들어와 세례를 베풀고 천주교를 퍼트리는 것이 노론에게 발각되었다. 노론의 압력으로 이가환은 정2품에서 정3품으로 좌천되고 정약용도 정3품에서 종6품으로 일곱 계단이 좌천되었고 충청도 금정의 찰방(察訪: 조선시대에 각 도의 역참을 관장하던 종6품의 외관직)으로 발령을 받았다. 정말 보기 드문 좌천이었다. 정약용은 4년 전에 서학에서 손을 뗐는데도 계속 자신의 삶을 옥죄니 너무 괴로웠다.

1795년 정약용은 서울로 다시 올라와서 규장각의 교서가 되어 책을 펴내는 일에 참가했다. 정약용을 542권이라는 우리 역사에 보기 드문 방대한 저서를 남겼다. 정조는 1797년 노론의 반대에도 정약용을 동부승지(同副承旨: 왕명의 출납을 전담하는 곳)에 임명했다. 남인을 다시 기용하겠다는 의지를 보인 것이다. 정조는 지금까지 꿈꾸어 오던 왕도 정치를

펼치려 했다. 왕도 정치는 왕과 백성이 곧바로 이어져 한 덩어리가 되는 정치를 말한다. 정조는 지방 관리들이 부정을 못 하도록 암행어사를 수시로 파견하고, 백성이 억울한 일이 있을 때는 직접 꽹과리를 두드려서 왕에게 직접 호소할 수 있게 했다. 노론들은 정약용이 동부승지로 임명된 것을 못 마땅하게 생각하고 있었다. 그들은 다시 정약용을 천주교와 엮어서 악소문을 퍼트렸다. 그래서 결국 정조는 정약용을 불러 황해도 곡산 부사로 잠시 가 있으라고 명한다.

정약용은 곡산에서 2년가량 있으면서 백성들의 고통을 줄이는 데 전념했다. 그러나 정약용은 힘없는 지방관일 뿐 해결하는 데 한계가 있었다. 그러나 백성들은 세상에서 보기 드문 수령이 왔다고 칭송했다. 정약용은 백성들이 하루 종일 허리도 펴지 못하고 일하는데 굶주리고 가난하게 사는 이유가 무엇인지 알려고 노력했다. 백성이 가난하게 사는 이유를 세 가지로 봤다.

첫째, 농사지을 땅이 없다는 것이다.

둘째, 세금이 너무 무겁다.

셋째, 땅에 비해 인구가 많다.

정약용이 이러한 고민을 하고 있을 때 정조는 전국에 있는 모든 관리에게 선포하여 농업생산을 끌어올리려면 어떻게 해야 하는지 방안을 적어내라고 했다. 정약용은 다음과 같이 세 가지 안(案)을 올렸다.

첫째, 사농공상이라 하여 농민이 선비보다 낮고,

둘째, 농업이 상업보다 이익이 낮으며,

셋째, 공업보다 힘들다.

이것을 고치려면 놀고먹는 사람을 없애고, 농기구를 개발하며, 물을

가둘 저수지를 늘려야 한다고 보고했다. 그리고 농민의 지위를 높여야 한다고 주장했다.

정약용은 다시 서울로 와서 형조참의(刑曹參議)에 임명된다. 그러나 노론이 가만두지 않았다. 또 과거의 일을 가지고 상소문을 올렸다. 사교를 믿은 자를 높은 자리에 있어서는 안 된다는 것이다. 정약용은 벼슬자리에서 물러날 생각을 굳혔다. 그리고 물러나겠다는 글을 쓰는데 눈물이 앞을 가렸다. 정약용은 서른여덟의 젊은 나이에 벼슬을 마감했다. 빗발치는 상소문으로 서울에서도 살지 못하고 고향인 마재로 내려갔다. 정조는 아전을 통하여 책을 한 짐 보내면서 기다리고 있으면 다시 부르겠다고 했다. 그러나 정조는 그 약속을 지키지 못하고 바로 세상을 뜨고 말았다. 정약용은 가슴이 무너지는 아픔을 느꼈다. 정조는 정약용에게 선비의 본분을 가르쳐준 군주였다. 이제 정약용 옆에는 보듬어 줄 사람이 아무도 없었다.

정조가 죽고 순조가 왕위에 올랐다. 순조는 이제 겨우 열한 살이다 보니 증조할머니인 영조의 계비인 정순왕후가 나라를 다스렸다. 1801년 새해를 맞아 정순왕후는 천주교를 단호히 금지하는 명령을 내렸다. 천주교 신자들한테 칼바람이 불었다. 그동안 정약용에게 반감을 가졌던 노론들은 정약용을 가만두지 않았다. 그러나 정약용에게 증거를 찾지 못하여 사형은 면하고 유배를 당했으며, 정약용 집안은 풍비박산이 났다. 이 사건을 신유사옥(辛酉邪獄)이라고 한다. 신유사옥으로 셋째 형 정약종은 순교하고, 한때 천주교를 받아들였다가 이제는 거리를 둔 둘째 형 정약전과 정약용은 기나긴 유배 생활이 시작되었다.

정약용은 교난이 발발한 직후 경상도 포항 부근에 있는 장기로 유배

되었다. 그러나 그는 곧 이어 발생한 황사영백서사건(黃嗣永帛書事件: 황사영이 토굴 속에 숨어 '황사영 백서'를 써 중국 베이징의 주교에게 전하려 하였으나 발각되어 처형된 사건)의 여파로 다시 문초를 받고 전라도 강진(康津)에서 유배생활을 하게 되었다. 그의 강진 유배기는 관료로서는 확실히 암흑기였지만, 학자로서는 매우 알찬 수확기였다고 할 수 있다. 많은 문도를 거느리고 강학과 연구, 저술에만 전념할 수 있었기 때문이다. 그는 이 기간에 중국 진나라 이전의 선진(先秦) 시대에 발생했던 원시 유학을 집중적으로 연구함으로써 이를 기반으로 해서 성리학적 사상체계를 극복해 보고자 하였다. 정약용은 이 강진 유배 기간 동안 자신의 실학적 학문을 완성시킬 수 있는 기회로 활용하였다.

초기의 엄혹(嚴酷)한 감시와 압박이 조금씩 풀리면서 정약용은 1808년 다산초당(茶山草堂)으로 거처를 옮겼다. 다산초당은 제자들과 함께 학업에 정진하는 연구 공간이 되었으며, 방대한 저술을 낳는 곳이 되었다. 정약용의 제자에는 읍중(邑中: 지방 관아가 있던 마을)시절에 수학한 제자들과 다산초당에서 수학한 제자(다산 18제자)들이 있다. 정약용의 제자들은 정약용의 저술활동에 큰 힘이 되었다. 정약용은 4서 6경에 대한 연구를 하였으며 1818년 해배되기까지의 마지막 기간에는 경세학(經世學) 연구서의 대부분을 이곳에서 마쳤다. 「경세유표(經世遺表)」, 「목민심서(牧民心書)」 등을 저술하였고 미처 끝내지 못한 「흠흠신서(欽欽新書)」는 고향 집에 돌아가 저술을 마친다. 또한 다산은 수많은 서정시 및 사회시를 지어 19세기 초반 강진일대의 풍속과 세태를 읊으며, 압제와 핍박에 시달리던 농어민의 참상을 눈물 어린 시어로 대변해 주었다.

1818년 8월 반가운 소식이 전해왔다. 기다리고 기다리던 석방 명령

이 강진에 떨어졌다. 드디어 유배에서 풀려나게 되었다. 18년 유배를 마치고 고향에 돌아간 정약용은 저술의 수정 보완을 계속했다. 한편, 소론계의 석천(石泉) 신작(申綽), 노론계의 대산(臺山) 김매순(金邁淳), 연천(淵泉) 홍석주(洪奭周) 등과 같은 석학들과 학문 교류를 했다.

다산은 회갑 때 자신의 삶을 정리하는 「자찬묘지명(自撰墓誌銘)」을 썼는데, 여기서 자신의 호를 사암(俟菴)이라 했다. 이는 "백세 이후 성인을 기다려도 미혹됨이 없다".(百世以俟聖人而不惑)에서 따온 이름이다. 학문적 자부심일 수도 있고, 훗날에 대한 기다림으로 해석할 수도 있다.

1836년 회혼일(回婚日: 해로하는 부부가 혼인한 지 예순 돌이 되는 날)인 2월 22일(양력 4월 7일) 회혼을 축하하기 위해 모인 가족들이 보는 가운데 정약용은 세상을 떠났다.

정약용의 사상은 당시 사회가 직면해 있던 봉건적 부조리를 극복할 만한 정신력을 가진 선비였다. 오늘날의 학계에서는 그를 실학사상의 집대성한 선비이자 조선 후기 사회가 배출한 대표적 개혁사상가로 평가하고 있다. 그는 당시 사회가 직면해 있던 각종 모순을 직시하고, 사회개혁을 위한 여러 방향을 모색하였다. 그리고 현실에 대한 날카로운 비판의식을 가지고 그 문제점들을 찾으려 했다. 나아가 그는 문제점이 가지고 있는 근본적 원인에 대해 규명하고자 하였고, 이를 기반으로 하여 그 문제에 대한 구체적이고 실천적인 개혁안을 마련해 보기 위해 노력하였다.

그리고 이와 같은 개혁안은 정조와 같은 성군(聖君)이 왕도정치의 구현을 위해서 실천해야 할 것으로 판단하였다. 이 왕도정치의 실현에는 창의적이고 강직한 신하의 보필이 필요하다고 생각하고 정약용은 정조

의 사랑을 받으면서 정조를 성심껏 보좌하는 역할을 했다. 정조와 정약용은 현세의 문제점을 공유하고 개혁하려고 노력했지만, 노론의 당파에 밀려서 번번이 실패하게 된다. 오랜 귀양살이를 통해 당시 사회의 피폐상을 정확히 파악할 수 있었다. 이로써 그는 이상적이며 참신한 개혁안들을 제시할 수 있었던 것이다.

반면에 그는 개혁안을 자신이 직접 추진할 수 없었고, 관직에 대한 경험 부족은 그의 개혁안에 현장성의 결여라는 문제점이 있었고 노론의 권세를 꺾을 만한 능력을 발휘하지 못했다. 즉, 개혁의 목표와 개혁된 사회상에 대해서는 뚜렷이 제시하고 있지만, 개혁된 사회를 이루기 위한 구체적 방법이나 과정에 대해서는 별다른 대안을 가지고 있지 못하였다.

그러나 정약용은 18세기를 전후하여 우리나라 사회에서 강력히 제시되고 있던 개혁의 의지를 집대성했고, 개혁의 당위성을 명백하게 해주었던 인물임에는 틀림이 없다. 그에게는 개혁을 향한 열정과 함께, 빈곤과 착취에 시달리던 민에 대한 애정이 확연히 드러나고 있다. 그는 시대의 문제점을 밝혀내는 데 과감했으며, 노론의 권세에 눌려서 제대로 정치를 할 수 없는 왕권을 회복하고 권력의 균형을 해결하기 위해 고뇌하고 노력한 선비였다.

그는 이상적인 왕도 정치가 이 땅에서 이루어질 수 있으리라는 희망을 간직하고 있었다. 그러기에 그는 스스로 좌절하지 않고 그 방대한 개혁 사상을 전개해 나갈 수 있었다. 우리는 그의 개혁안이 묵살되거나 좌절되어가는 과정에서 조선 왕조의 몰락 원인을 찾을 수 있을 것이다.

조선의 끝없는 당파 싸움

동서고금에 어느 나라인들 정쟁(政爭) 없는 나라가 있었을까만, 오백 년간 이어진 조선 왕조의 당쟁은 유난히 커 보였고, 그 끝없는 당쟁(黨爭)이 끝내 망국(亡國)으로 귀결되었음에도 불구하고, 아직 우리 민족의 DNA 속에는 그 당쟁의 이력들이 고스란히 지워지지 않은 채 오늘에 이른 것이 아닌지 모르겠다. 조선의 당파 싸움은 임금을 중심에 둔 권력 다툼이었으며 당권을 빼앗기면 죽음을 면치 못하는 전쟁터와 같았다. 어떻게 이러한 비극이 일어났을까 의구심이 든다.

조선에서는 성리학(性理學)이 많이 발달했다. 고려 후기 공민왕은 인간 본성과 우주의 이치를 탐구하는 새로운 유학인 성리학 중심으로 인재를 등용했기 때문이다. 고려 말에 성리학을 중심으로 온건개혁파인 이색, 길재, 정몽주 등이 있고 급진 개혁파인 정도전, 조준, 남은 등으로 나뉘었다. 온건 개혁파인 정몽주 세력이 이방원에게 제거되고, 급진 개혁파인 정도전 등의 설계 하에 1392년 조선이 건국되었다. 급진 개혁세력은 집현전을 중심으로 한 조선 초기의 중앙정치의 중심 세력이 되었다. 이들이 훈구파다. 훈구는 조선 건국에 공을 세운 세력이란 뜻이다. 길재 등 온건 개혁파는 정권의 실세인 급진세력을 피해서 지방 향촌 서원에서 후진을 양성하고 학문 연구에 몰두하였다. 이들이

사림파다.

조선의 붕당정치(朋黨政治: 과거에 관료들이 서로 파벌을 이루어 정권을 다투던 일)의 시작은 세자 책봉도 하지 못한 채 서거한 명종의 다음 왕 선조가 갑자기 즉위하면서 외척에 의한 척신정치(戚臣政治: 외척이 중심이 된 정치)가 사라지고, 사림파가 정계에 대거 진출하면서 시작된다. 동인과 서인이 나뉜 이유는 이조전랑 자리를 두고 심의겸과 김효원을 지지하던 사람들이 나누어졌다고 한다. 이조(吏曹)라는 부서는 인사이동 및 승진과 좌천의 초안을 만드는 자리이다. 초안이 만들어지면 특별한 승진 이유나 결격 사유가 없는 한 그대로 유지될 것이니, 이 초안을 짜는 이조전랑 자리가 요직이 될 수밖에 없었다. 이에 따라 이이의 제자는 서인이 되고, 이황의 제자는 동인이 되었다.

남인과 북인이 나누어지는 계기를 살펴보자. 이이가 살아 있을 때 서인이 우세하다, 이이가 죽고 나자 동인이 우세하고, 정여립의 모반 사건으로 동인이 몰락하고 서인이 집권한다. 그리고 세자 책봉 문제를 둘러싼 「건저의」(建儲議: 세자를 책봉한다는 뜻) 사건으로 동인이 집권하고 약 30년간 지속된다. 동인이 집권을 하자마자, 서인의 정철을 어떻게 처리하느냐를 두고서, 정철을 사형시켜야 한다는 강경론이 북인이 되고, 유배로 끝내야 한다고 주장하는 온건론이 남인이 된다.

남인인 유성룡이 임진왜란 때 화의를 주장했다는 이유로 쫓겨나고 북인이 권력을 잡자, 이 북인이 대북(大北)과 소북(小北)으로 나누어진다. 나이 든 세력이 대북이고, 젊은 세력이 소북이라고 한다. 소북이 약해지자 대북이 나누어져 이산해가 이끄는 육북(肉北)과 홍여순이 이끄는 골북(骨北)으로 나뉜다. 그리고 광해군 대에 또 나뉘어져 골북(骨北)

과 육북(肉北)은 인목대비 폐위를 주장하고, 중북(中北)은 인목대비 폐위를 반대한다.

인조가 왕위에 올라 얼마 지나지 않아 발생한 「이괄의 난」은 권력을 잡은 서인과 권력이 없는 남인이 누가 더 공을 세웠나를 내세우며 더 많은 권력을 잡기 위한 다툼의 과정에서 발생한다. 그 후 서로 상대방이 북인이나 광해군과 연관을 두고 자리다툼을 하다가 남인에 비하여 제1당처럼 많은 권력을 잡았던 서인은 청서와 공서, 노서와 소서, 원당과 낙당 등으로 나뉘었다.

현종이 즉위하자 서인과 남인 간에 예송논쟁(현종 즉위 직후 효종의 모후인 자의대비가 행해야 했던 상례 격식을 두고 서인과 남인 간에 벌어진 논쟁)이 벌어져 1차에서는 서인이 이기고, 2차에서는 남인이 이긴다. 남인의 주장은 효종이 둘째 아들이지만 3년 상을 주장하고 남인은 왕이지만 둘째이기 때문에 1년 상을 주장했다. 1차 예송논쟁에서 서인이 이겼을 때, 남인이 대거 쫓겨났고, 2차 예송논쟁에서 남인이 이기자 서인을 대거 쫓아냈다.

거대 당파인 서인이 두 쪽으로 갈라졌다. 윤휴의 중용설(中庸說)을 둘러싸고 시비가 확대되어 나이 많은 송시열이 옳다고 믿는 노론과 젊은 윤증 측이 옳다는 소론으로 갈라진 것이다. 숙종 때까지 대개 노론이 권력을 잡았는데, 경종 때 잠시 소론이 정권을 잡게 된다. 노론은 자신들이 지지하던 연잉군(경종의 배다른 동생. 후에 영조가 됨)을 경종의 후사로 정해야 한다고 하였다. 연잉군이 세제(世弟)가 되자 이번에는 이 세제가 경종 대신 대리청정을 해야 한다고 주장한다. 그러자 경종을 지지하던 소론이 위기의식을 느끼고, 세제의 대리 청정 주장은 '왕권 교체를 기

도한 역모'로 몰아세운다. 그리고 노론의 4대신을 파직할 뿐만 아니라 거제, 남해, 진도 등에 유배를 보낸다. 이 와중에 소론 내부에서 노론을 끝까지 씨를 말려야 한다는 급소(急少)와 너무 심하게 다루면 안 된다는 완소(緩少)가 나누어지게 된다.

정조의 정치는 영조에 이어 탕평책(蕩平策)이었다. 이는 각 당파와 인재들을 균등하게 등용하는 정치를 말한다. 정조는 자신의 정통성과 사도세자의 명예 회복, 할아버지 영조의 결정에 손상이 가지 않는 '의리'를 찾아야 했다. 아울러 노론과 소론 등 각 당파와 정약용을 비롯한 인재들을 고루 등용해 품고 있었던 개혁을 차질 없이 추진하고자 했다. 이때 탕평책을 제대로 했으면 나라가 좀 좋아졌을 텐데, 노론의 눈치를 보며 탕평책을 강력하게 펴지 못했다. 그 당시 당파의 세력과 뿌리가 얼마나 깊었는지 짐작할 수 있겠다.

조선의 사대사화(四大士禍)

무오사화(戊午士禍)는 연산군(1494~1506)이 즉위하면서 서로 협력하던 훈구파와 사림파의 사정은 달라졌다. 원래 시재(詩才)와 감성이 뛰어난 연산군은 어머니(성종의 비, 폐비 윤씨)가 신하들의 충돌로 죽게 된 것을 알고 일어난 사건이다. 학덕 있는 훈구 대신들은 대부분 사망하고, 사림 세력은 더욱 커져서 그들의 분방한 언론(言論) 활동이 왕의 노여움을 사는 일이 많았다. 이런 분위기를 이용하여 평소 사림의 공격을 받아 수세에 몰려 있던 훈구 대신의 잔류 세력인 유자광 등은 1498년(연산군 4년) 김일손이 지은 사초를 문제 삼아 왕을 충동하여 김종직(金宗直)과 관련이 있는 수십 명의 사림을 사형·유배 혹은 파직케 했다. 이 사건으로 말미암아 김종직 문인으로 구성된 영남 사림이 대부분 몰락하고 말았다.

갑자사화(甲子士禍)는 1504년(연산군 10년)에 일어난 사화이며, 사림을 정계에서 몰아낸 후 연산군은 훈구 대신마저 제거하여 자신의 권력을 강화하려 했다. 이 사화는 홍귀달(조선 전기 대제학, 대사헌, 이조판서 등을 역임한 문신) 집안의 왕명 불복에 대하여 연산군이 관련자들을 처벌하면서 시작되었다. 당시는 무오사화(戊午士禍)로 인하여 언관 활동이 극히 위축되어 있었기 때문에 연산군의 폭정과 갖가지 무도한 행동들에 대

한 신료(臣僚)들의 반대가 표면화되지 못하고 있었다. 연산군은 홍귀달의 일을 시작으로 하여 성종 재위 시 자신의 모후를 폐비시키고 사사하는 데 반대하지 않았던 모든 신료를 벌하는 것으로 확대하였다. 이로써 230여 명의 신료와 그의 가족들이 처참한 화를 입었으며, 이후 연산군의 폭정은 가속화되어 폐위로 귀결되었다.

기묘사화(己卯士禍)는 1519년(중종 14년)에 조광조 일파를 견제하기 위해 일어난 사화로써, 두 차례의 사화로 쓸 만한 인재들을 처단하고 난 뒤 연산군의 음탕과 사치는 심해지고, 관리들에게 '신언패(愼言牌: 연산군이 직소(直訴)를 막기 위해 신하들에게 목에 걸게 한 패)'라는 패쪽을 차고 다니게 하여 말조심을 하도록 억눌렀으며, 자신의 행동을 비난하는 글이 국문으로 쓰였다 하여 국문 학습을 탄압하고 국문 서적을 불사르기도 했다. 연산군의 학정에 견디다 못한 박원종(朴元宗)·성희안(成希顔)·유순정(柳順汀) 등 훈구 대신들은 군대를 동원해 연산군을 추방하고 그의 이복동생을 왕으로 추대했다. 이것이 중종반정(中宗反正, 1506년)이다. 중종은 처음에 사림을 신임했으나, 나중에는 지나치게 군주를 압박하는 데 실증을 느꼈다. 이런 분위기를 이용하여 1519년(중종 14년) 남곤(南袞)·심정(沈貞) 등 훈구 대신들은 조광조 일파에게 반역죄의 누명을 씌워 무참하게 죽이거나 유배 보냈다. 이것이 기묘사화(己卯士禍)이다.

을사사화(乙巳士禍)는 기묘사화가 있은 지 10년 뒤에 중종은 훈구 세력을 견제하기 위하여 다시 사림을 등용했으나, 1545년에 명종(明宗)이 즉위하면서 또다시 밀려나는 네 번째 화를 입었다. 이 사건은 외척(外戚) 간의 권력싸움에서 빚어진 것이 다른 사화와 다르다. 즉 중종이 타계하자, 첫째 계비(莊敬王后)의 소생인 인종(仁宗)이 즉위하고 왕비의 동생

인 윤임(尹任, 大尹)이 세력을 떨쳤으나, 인종이 재위 8개월 만에 타계하자 둘째 계비인 문정왕후(文定王后)의 소생인 명종(明宗)이 왕위에 올랐다. 명종 역시 어린 관계로 왕후가 수렴청정하고 동생인 윤원형(尹元衡, 小尹) 일파가 실권을 장악했는데, 집권하자마자 선왕의 외척인 윤임(尹任) 일파를 몰아낸 것이다.

일본의 식민주의 사학자들은 조선인들이 당파를 지어 끝없이 싸움을 하는 한심하고 저열한 품성을 지니고 있다는 당파성론을 주장하였다. 당색에 따른 차별과 다툼은 조선인들 사이에서도 어느 정도 통용되고 있는 문제의식이었기 때문에 식민주의 사학자들의 불순한 의도가 담긴 당파성론은 조선인들 사이에서도 널리 퍼졌다. 특히 임진왜란 직전 황윤길과 김성일의 엇갈린 보고를 당쟁 때문으로 보는 시각은 나라가 전쟁에 휘말려 망하든 말든 당파 싸움에만 골몰하는 조선인들의 한심함을 드러냈기 때문에 더 널리 퍼진 감이 있다. 과거의 잘못에 대한 비판과 반성은 미래를 위해서라도 꼭 필요하다. 현대 한국의 정치를 보면 과거 조선시대 당파 싸움과 별반 차이가 없어 보인다. 정치인들이 국민의 이익보다 자기 당의 이익을 우선하여 매진하는 것을 볼 때, 세월이 많이 지나갔지만 정치인들의 이기적인 생각은 옛날 그대로임을 느끼며 참 한심하다는 생각이 든다.

17. 자기 배만 채우는 욕심쟁이 탐관오리들

증자가 말했다. "지도자는 강한 의지가 없으면 안 된다. 막중하고 갈 길은 멀기 때문이다. 인의 실현을 자신의 임무로 삼았으니 그 책임이 막중하지 않겠는가. 죽은 뒤에야 그 일이 끝나니 이 또한 멀지 않은가?" (논어 8-7)

장자 역시 지도자에 대해, "지도자가 될 만한 사람은 역경에도 불만을 품지 않고, 영달(지위가 높고 귀하게 됨)해도 기뻐하지 않고, 좌절하지 않고 성공해도 자만하지 않는다."라고 말했다.

나라가 위험에 처했을 때는 위험에서 구해야 하고 평화로울 때는 앞으로 닥칠 위험을 예상하기를 게을리해서는 안 된다.

백성을 구하려던 홍경래, 계획이 더 치밀했다면

홍경래(1771~1812)는 본관은 남양으로 평안북도 용강군 다미면에서 태어났다. 그는 여덟 살 때 이미 한시를 지을 정도로 비범한 아이였다. 1798년(정조 22) 과거 시험에 낙방하며 서북 지방에 대한 차별과 안동김씨의 외척 세도정치 하의 여러 모순에 불만을 품고 과거를 단념한 채 병서의 연구에 몰두하였다.

조선 후기에 사회·경제적의 성장함에 따라 여러 사회모순에 대한 불만이 확산되어 갔다. 교육 정책의 확대로 지식인이 양산되고, 재력을 이용하여 무사로서 진출하는 사람들도 많아짐에 따라 정부에서는 문무 과거의 급제자를 크게 늘렸지만, 삼정[조선시대 국가 재정의 3대 요소인 전정(田政)·군정(軍政)·환정(還政)]의 문란은 농민층 분해를 더욱 촉진시켰고, 특권 상인과 지방 사상인 간의 대립도 심화되었다.

평안도는 대청무역과 금광의 활성화로 빠른 경제 발전과 역동적인 사회상을 보이고 있었으나 정치권력으로부터 소외되어 백성들의 불만이 컸다. 특히, 지방의 탐관오리들이 농민들에게 과중한 세금을 부과하여 돈과 재물을 갈취했기 때문에 먹고살기 점점 힘들어졌다. 어린이와 죽은 자에게도 군포세도 요구했고, 심지어는 세금이 두려워서 도망간 옆집 사람의 세금까지 내라는 것이었다. 돈이나 재산이 없어서 세금

을 낼 수 없는 집에서는 군포를 대신하여, 농사짓는 소를 끌고 가는 일도 있었다. 하지만 아무리 다그치고 협박해도 돈 한 푼 없는 가난한 농민들은 줄줄이 묶여 관아로 끌려갈 수밖에 없었다. 관아로 끌려간 이들은 모진 매를 맞고 죽거나 성한 몸으로 돌아올 수가 없는 비극적인 일들이 비일비재했다.

홍경래는 평민 출신으로 평양 향시를 통과하고 유교와 풍수지리를 익힌 지식인이었다. 입신양명(立身揚名: 출세해서 세상에 이름을 날림)을 위해 한양에서 대과에 응시하였으나 낙방하였다. 그 당시 평안도 출신은 고려의 유민이라고 해서 차별하는 경향이 있었다. 대과에 낙방하고 성균관을 나온 홍경래는 앞이 막막했다. 너무 허탈한 나머지 온몸에 맥이 탁 풀렸다. 과거에 꿈을 품고 한양에 가서 대과에 합격하여 어지러운 정치를 바로잡고 싶었던 홍경래는 이런 현실에 낙담하여 세상을 바꿀 결심을 하는 계기가 되었다.

용강으로 돌아온 홍경래는 훈장이 되어 동네 아이들을 가르치고, 사람이 죽으면 무덤 자리를 봐주는 지관을 하면서 근근이 살아갔다. 그러나 홍경래의 가슴은 항상 불길이 타오르고 있었다. 그러던 중 홍경래에게 마음이 통하는 우군이 나타났다. 인삼 장사를 하는 우군칙과 양반 가문의 김사용과 김창시였다. 이들은 가끔 만나서 세상 돌아가는 이야기를 하면서 밤을 새웠다. 갑작스럽게 죽은 정조의 사인에 대해서 의문을 품고 조정의 혼란스러움에 한탄하며 이야기를 나누었다. 「정감록」에 나오는, 조선이 400년이 지나면 나라가 혼란스러워져서 망하고 정씨가 나타나서 새 나라를 세운다는 이야기를 가지고 눈을 반짝였다. 그 당시 평안도는 철을 캐는 광산도 많이 있고, 철을 제련하는 대장간

도 많이 있었다. 이는 무기를 만들 수 있는 좋은 조건일 수 있고 먹기 살기 힘든 농민들은 금을 캐려고 광산이 많은 평안도로 몰려오기 때문에 사람을 모으기도 좋았다. 그리고 중국과 가까워서 무역으로 돈을 많이 번 상인들도 많아서 재원을 확보하는 데도 큰 어려움이 없을 것이라고 생각했다. 홍경래는 세 사람의 손을 잡으며 새 나라, 새 세상을 만들기로 뜻을 모으고, 태어날 때는 달라도 죽을 때는 똑같은 날일 것을 비밀리에 약속한다.

홍경래는 전국을 다니며 죽은 사람의 묘지를 봐 주고, 사람들의 사주팔자를 봐 주면서 민심을 파악하고 봉기에 동조할 사람을 포섭하였다. 백성들의 고통은 어디에나 비슷했다. 농지가 부족한 북쪽은 무역과 상공업이 발달했고, 들이 넓은 남쪽은 농사를 짓고 살았다. 홍경래는 사람을 만날수록 가슴 속에 품은 불덩어리는 더 뜨겁게 달궈졌다. 장사나 대장간 그리고 공장으로 돈을 많이 번 사람들은 신분 차별 때문에 불만이 많이 쌓였고, 세상만 바꿀 수 있다면 얼마든지 돈을 대줄 마음이 있었다. 혁명을 꿈꾼 지도부가 많은 사람을 만나고 준비하는 동안 세월은 몇 해가 지났고 세도정치로 백성의 삶은 점점 힘들어졌고 봉기의 기운도 점점 무르익었다.

홍경래는 몇 해 동안 떠돌이 생활을 하면서 많은 동지들을 모을 수 있었다. 이제는 실제 무기를 들고 싸울 군사가 필요했다. 홍경래는 신도에 집을 마련하고 이곳에서 장수를 훈련시키기로 했다. 그는 농부행세를 하며 장수들을 끌어모았다. 맨 먼저 만난 사람은 씨름 장사인 홍봉의였다. 그는 결혼도 하지 않은 떠돌이 총각으로 홍총각이라고 불렀다. 그밖에 뱃사공 양시위 등 장사 20여 명을 모을 수 있었다. 그들은 매일

아침마다 말타기, 활쏘기, 창던기지 등 무술을 몇 년 동안 익혔다.

홍경래는 난을 일으킬 계획을 세우며, 상인인 우군칙, 명망 있는 양반 가문 출신의 지식인 김사용·김창시, 역노(驛奴) 출신의 부호로서 무과에 급제한 이희저, 장사로서 평민 출신의 홍총각과 몰락한 향족(鄕族) 출신의 이제초 등이 최고 지휘부를 구성하였다. 이들의 신분과 생업은 매우 다양할 뿐 아니라 복잡하게 뒤섞여 있었지만, 지식을 갖춘 지도부와 자금을 대는 부호들 그리고 나름대로 몇 년 동안 훈련을 받은 장수들로 비교적 짜임새가 있었다.

전쟁을 할 장사들은 주로 홍경래의 조직 활동에 의해 멀리 평안도 남부 및 황해도로부터 모여든 인물들이었다. 그 밖에 박천의 등 상인들도 많이 참여하였다. 상인들은 특히 봉기 준비 단계에서 자금을 조달하고 군졸을 모으는 데 절대적인 성과를 올렸다. 주도 세력은 또한 철산의 정경행 등 청천강 이북 각처의 권력을 쥐고 있는 명망가들과 행정 실무자들을 포섭하여 지역의 안보를 관리하게 했다.

군사력과 군비를 마련한 주도층은 1811년(순조 11) 12월 20일에 봉기하기로 결정했다. 그러나 관가에서 낌새를 눈치챘기 때문에 2일 앞으로 날짜를 땡겨서 12월 18일로 날짜를 정했다. 봉기군은 두 갈래로 나누어 진격하기로 했다. 홍경래는 평서대원수(平西大元帥)로서 본대를 지휘하여 남으로 한강까지 진격하고, 김사용은 부원수로서 북으로 의주까지 진격하기로 했다. 군을 두 갈래로 나뉘어 진 것은 의주에 있는 관군이 뒤를 쳤을 때를 대처하기 위해서다. 일반 군졸은 상인들이 운산의 금광에서 일할 광부들을 구한다는 구실로 임금을 주어 끌어들인 인물들로서, 대개 가산·박천 지역의 땅 없는 농민이나 임금 노동자들

로 구성되었다.

봉기군 선봉대를 맡은 홍총각은 단숨에 가산·박천·태천을 별다른 저항 없이 즉시 점령하였고, 북진군도 곽산·정주를 점령한 후 어려움 없이 선천·철산을 거쳐 이듬해 1월 3일에는 용천을 점령함으로써 의주를 위협하였다. 점령한 읍에서는 기존의 행정 체계와 관속을 이용하여 군졸을 징발하고 군량·군비를 조달하였다. 봉기군은 청천강 이북의 여러 읍에서 기세를 올렸으나 요해처(要害處: 지세가 적에게 불리하고 자기편에는 유리한 지점)인 영변에서 의견 대립으로 홍경래를 살해하려는 세력들이 발각되어 김대린 등이 처형되었다. 그러나 홍경래가 부상을 당하게 됨에 따라 시간이 좀 지체되었다. 봉기군은 다시 군사를 정비하느라 전략적 요충지인 안주에 병력을 집중하느라고 시간을 지체하게 되었다. 이것은 봉기군이 패하는 요인 중에 하나가 되었다.

그 사이 전열을 정비한 안주의 관군과 12월 29일 박천 송림에서 격돌하였으나 봉기군은 패하였고 그날 밤 정주성으로 퇴각해 들어가 전략상 수세에 몰리게 되었다. 북진군 역시 의주의 김견신·허항이 이끄는 의주 민병대의 반격을 받은 데다, 송림전투에서 승리한 기세를 몰아 진격하는 관군에게 곽산 사송평(四松坪)에서 패전함으로써 군사를 해산하고 주요 인물들은 정주성에 들어갔다. 한겨울 정주성으로 쫓겨 간 봉기군은 매우 열악한 상황이었으며 식량이 떨어져 죽는 이가 속출했다. 그 후 정주성의 봉기군은 한성에서 파견한 순무영 군사와 지방에서 동원된 관군의 연합 부대에 맞서 전투를 계속하면서 오랫동안 성을 지켰으나, 땅굴을 파고 들어가 성을 파괴한 관군에 의해 1812년 4월 19일 진압되었다. 이때 2,983명이 체포되어 여자와 소년을 제외한 2000

여 명 전원이 일시에 처형되었고, 지도자들은 전사하거나 한성으로 압송되어 참수되었다.

홍경래가 이끈 평안도 농민 항쟁은 실패로 끝났지만, 이전에는 없던 새로운 사회가 만들어졌다. 농민, 상인, 노동자, 양반 지식인, 관리 등이 한마음으로 똘똘 뭉쳐 새로운 나라를 세우려고 뜻을 모았다. 그러나 홍경래가 이끈 농민 항쟁은 새 나라를 세운다는 큰 목표는 세웠지만 목표를 뒷받침을 할 사상적 기반이 약했다. 홍경래를 비롯한 주동 세력은 탐관오리를 내쫓고 현명한 새 왕을 세운다고 했지만 어떤 사람을 왕으로 세우며, 그리고 봉기군이 주로 신분이 낮은 천민들이 많다는 것을 인지하여 거기에 맞는 비전이 있어야 했다. 군사적 한계로는 제대로 훈련된 병사가 적어서 먼 한양까지 간다는 것은 많은 무리가 있었으며, 정기적으로 훈련을 받은 관군과 싸움에서 이길 수 있는 전략이 부족했다. 진격 도중에 홍경래와 지휘부에서 갈등이 생겨서 일정이 지체된 것도 하나의 실패 요인이 되었다. 그리고 적은 봉기군이 남북으로 갈라져서 진격함으로써 힘이 분산되어 효과적으로 공격하지 못한 것도 실패한 원인으로 본다. 그러나 이 농민항쟁은 당시 사회 발전을 바탕으로 한 지배체제는 외부에서 성장한 지식인과 농민과 상인들이 혼합된 신분이 봉기를 주도했다는 점에서 중세 말기의 지배체제를 허물어가는 데 중요한 단계가 되었다. 그 후로도 사회 변혁 세력은 민중들의 희원(希願)을 담아 홍경래가 죽지 않고 섬에서 봉기를 준비한다고 믿고 희망을 잃지 않고 있었다. 홍경래 난에 의해서 이씨 왕조에 대한 전면적인 부정과 새로운 정치체제가 구성되고 있었다. 그리고 비록 평안도 지방이 주요 무대였지만 기타 지역에서 조정의 무능을 한탄하

며 일어난 농민층의 산발적인 소요는 같은 맥락 속에서 파악해야 할 것이다.

돈은 인생을 행복하게 할 수 있을까?

1. 조선의 탐관오리

조선시대의 농민 등 서민들을 가장 힘들게 한 것은 지방의 탐관오리(貪官汚吏)들이다. 탐관오리란 탐욕(貪慾)이 많은 오물(汚物) 같은 관리를 의미한다. 다시 말해서 재물만 탐하는 부정부패한 관료, 정치인을 뜻하는 단어다.

조선시대 대표적인 탐관오리들을 몇 개의 예로 들어 보겠다.

경상우도 병마절도사 백낙신은 진주목사 홍병원과 함께 농민을 수탈한 금액이 줄잡아 4만~5만 냥을 불법 착취 했다. 결국 1862년 진주민란을 일어나게 되었다. 그들이 자진 해산하기까지 4일 동안 부정 향리들을 닥치는 대로 붙잡아 4명을 타살하고 수십 명은 부상을 입혔다. 또 평소 지탄의 대상이 되었던 부호들을 습격해 23개 면에 걸쳐, 가옥 126호를 파괴하고 재물을 빼앗으니, 그 피해액이 모두 10만 냥에 달하였다고 한다.

고부군수 조병갑 역시 대표적인 탐관오리이다. 그는 군수로 부임한 뒤 흉년을 핑계로 만석보(萬石洑)를 쌓게 하고, 강제로 물세를 받았는데 그 총액이 쌀로 700여 석에 달했다. 자기 아버지의 송덕비(頌德碑: 공덕을 기리기 위하여 세운 비)를 세운다는 핑계로 1,000냥을 착취했다. 민심은 최

악 상태가 되었으며 이로 인하여 1894년 동학농민운동이 일어나게 된다. 동학교도들은 전봉준을 중심으로 전라도·충청도 일대 농민들을 모아 고부 관아를 습격해 고부민란(古阜民亂: 동학농민운동의 시발점이 된 농민봉기)을 일으켰다. 관아를 점령한 전봉준은 정부에 대하여 조병갑의 횡포를 시정할 것과 일본 상인의 침투를 금지하라는 등의 요구사항을 제시한 결과, 정부로부터 폐정을 시정하겠다는 약속을 받고 10여 일 만에 해산하였다.

순조의 재위 후반기에는 김좌근이 군국 사무를 관장하였으며 안동김씨의 세도정치와 함께 탐관오리 수탈도 깊어졌다. 이 시기의 세도가문들은 부정부패가 심화되어 농민들의 재산을 착취하고 뇌물을 상습적으로 받아서 재산을 축적하였다. 과거급제까지 돈으로 합격할 수 있었으니 부패는 극에 달했다. 이 당시 영의정에 세 번이나 오른 안동김씨의 중심인물 김좌근(金左根)과 나주 기생 나합(羅閤)이 대표적이다. 관직을 얻기 위해서는 김좌근에게 눈도장을 찍어야 했는데 먼저 그의 첩 나합에게 먼저 뇌물을 바쳐야 했다고 한다.

물론 모든 관료가 다 부패한 건 아니다. 상식적으로 부패한 관료가 많다면 사회 자체가 정상적으로 유지되지 못 할 것이다. 모든 관료가 부정부패를 한 것은 아니지만 정치인이라면 국민에게 모범을 보여야 하는 자리로서 청렴결백한 마음으로 나라를 보살펴야 한다고 본다. 그러나 예로부터 정치인들의 부정부패로 인해서 정치인들을 부정하게 보는 시각이 많다. 지금도 불법 정치자금 등으로 망신을 당하고 정치생명이 끝나는 정치가들이 가끔 있지만 정치인들은 모든 국민의 모범이 되어야 한다고 본다. 미국의 신학자이자 작가인 제임스 클라크는 "정치꾼

은 다음 선거를 생각하고 훌륭한 정치가는 다음 세대를 생각한다."라고 했다. 모든 국민은 정치꾼이 아닌 훌륭한 정치가를 보고 싶어 한다.

2. 돈은 어떻게 벌어야 좋을까?

돈이 많다고 항상 행복한 삶을 사는 것은 아니다. 주변을 보면 돈이 많은 부자들도 걱정거리가 많고, 불행하게 사는 것을 많이 본다. 돈이 없는 가난한 사람이 볼 때 이해가 안 되는 일이지만, 부자들도 돈으로 해결할 수 없는 걱정거리가 있다는 것을 알 수 있다.

그러나 돈은 적은 것보다 많은 것이 좋다. 인생은 생각보다 길고, 긴 인생을 살면서 많은 일을 겪는다. 수많은 일은 대부분 돈으로 해결할 수 있는 일이다. 우리가 기본적인 생활을 위한 의식주(衣食住)도 돈 없으면 해결이 안 된다. 몸이 아플 때 병원에 가야 할 때도 돈이 필요하다. 공부를 할 때도 돈이 있어야 한다. 돈이 있어야 문화생활을 할 수 있다. 결혼하기 위해서는 돈이 있어야 한다. 처녀들은 돈 없는 총각을 결혼 상대로 생각하지 않을 것이다. 돈은 행복과 부귀와 모든 욕구를 해결해 줄 수 있는 것이라고 생각하고 있다. 그러면 돈은 어떻게 벌어야 좋을까?

① 돈은 정당하게 벌어야 한다.

돈 버는 방법은 천차만별(千差萬別)이다. 밥을 빌어먹는 거지부터 세계 굴지의 회사 회장까지, 언변이 뛰어나서 정치에 입문한 정치인, 속임수

에 능한 사기꾼, 남의 재물을 보면 소유욕이 이글거리는 도둑놈까지 돈 버는 방법은 다양하다. 돈을 버는 것도 정도에 맞게 벌어야지 남에게 손해를 끼치면서 돈을 버는 사기꾼이나 도둑놈은 사회와 격리시켜야 하는 범죄인이다. 사람은 누구나 돈을 벌기 위해 자기의 모든 능력과 지혜를 짜내어 돈 버는 데 투자한다. 돈을 많이 번 사람은 더 많이 벌려고 끊임없이 노력한다. 돈에 대한 욕심은 한계가 없는 것 같다. 우리가 살고 있는 자본주의 사회에서는 범죄로 돈 버는 것이 아니면 능력에 따라 얼마든지 돈을 벌 수 있다.

국내 제일의 삼성그룹의 창업주 故 이병철 회장은 1936년 부친에게서 물려받은 쌀 300석분의 토지를 기반으로 정비소를 창업하고, 2년 뒤에는 무역회사인 삼성상회을 설립하고, 또 4년 뒤에는 조선양조를 인수하였고, 10년 뒤에는 일본, 홍콩 등과 무역을 하는 삼성물산으로 급성장해 나갔다. 6·25전쟁 뒤에는 제일제당과 제일모직을 설립했고, 흥업은행과 조흥은행, 상업은행을 인수함으로써 국내 제일의 재벌로 등장했다. 1960~70년대 국내 사정이 좋지 않을 때도 보험, 전자, 중공업 등 사업을 확장하여 국내 선두자리를 지켜왔다.

이병철 회장은 평소 자기의 사업 지론이 있었는데 그 지론은 바로 "시대가 원하는 사업을 한다."이었다. 소득이 올라가면서 질 좋은 옷감의 수요가 증가할 것이란 것은 당연히 예측 가능하지만 그렇게 제일모직을 창업하고 모직 사업은 시작되었고 많은 연구 끝에 1995년 대한민국 최초로 모직 생산에 성공하게 된다. 제일모직의 설립은 그 당시로 보면 굉장한 모험이었으며 국내 의류 패션을 혁명시킨 사업이라고 볼 수 있다. 제일모직의 성공으로 삼성은 기업의 자리를 확고하게 되었고,

계속적으로 성장을 하던 때 이병철 회장의 아들 이건희가 한 가지 사업계획서를 제출하였다.

이건희는 아버지 이병철 회장에게 앞으로는 컴퓨터가 대세이고, 컴퓨터에는 반도체가 필수적이기 때문에 반도체 사업에 투자해야 한다고 아버지에게 적극적으로 권유한다. 이건희는 아버지 밑에서 묵묵히 일만 한 것이 아니고 앞으로 100년 미래를 본 안목이 있었다는 것은 실로 놀랄 일이다. 그러나 이건희의 지속적인 설득에 이병철 회장은 반도체 산업에 관심을 가지게 되었고 1974년 한국 반도체를 인수하고 본격적으로 반도체 사업에 뛰어들게 된다. 그러나 70년대 오일쇼크는 돈이 많이 들어가는 반도체를 계속 해야 하는지 이병철 회장을 기로에 서게 하였다.

이병철 회장은 우연한 기회에 미국의 실리콘밸리를 방문하게 되고 그곳에서 컴퓨터로 사무 처리하는 것을 보게 되면서 반도체 사업은 미래의 중요한 사업임을 깨닫게 된다. 반도체에 대해서 스스로 연구하면 할수록 반도체에 대한 확신이 생기게 되었으며, 장고의 고민 끝에 결국 1982년 반도체 사업에 본격적으로 착수하게 된다. 이로 인하여 반도체 개발의 성공으로 한국은 선진국으로 도약할 수 있었고 미국, 일본에 이어 세 번째로 초고밀도집적회로를 만들 수 있는 국가가 되었다.

현대그룹의 창업주 故 정주영 회장은 1925년 11월 25일, 지금은 북한 땅인 강원도 통천군 송전면 아산리에서 태어났다. 1930년 송정 소학교를 졸업한 그는 가난 때문에 농사일을 시작하게 된다. 농사일을 하면서 가난을 벗어날 수 없다고 생각하고 무작정 서울로 상경을 했다. 아무 연고도 없이 서울에 도착한 정주영은 인천 부둣가에서 막노동을 하면

서 돈을 벌어 서울에 정착하게 된다. 서울에 정착해서 복흥상회라는 쌀가게 배달원으로 일을 하였다. 1946년 한국이 해방하자 충무로에 현대자동차 공업사를 세우고 그간의 경험을 바탕으로 미군의 차를 수리해 주면서 사업을 키워갔다. 이러한 경험을 통해 현대자동차를 설립할 수 있었을 것이다. 1947년 정주영은 건설업을 시작한다. 이렇게 탄생한 회사가 현재의 현대건설의 모터인 현대토건사를 설립한다. 하지만 곧 6·25전쟁이 터지면서 정주영은 빈손으로 부산으로 피난을 가게 되었다. 하지만 이곳에서 다시 한번 기회를 얻게 된다. 1952년에는 미국의 아이젠하워 대통령의 방한을 앞두고 정주영은 양변기 사업과 난방사업을 맡게 된다. 정주영은 용산을 뒤지면서 양변기를 만들 수 있는 재료를 모아 왔고 12일간의 밤낮으로 매달려 공사를 끝내게 된다. 그 후 1953년 UN 사령부는 사절단 참배에 앞서 부산의 유엔군 묘지에 푸른 잔디 깔기, 1957년 한강 인도교 복구공사, 1965년 국내 처음으로 해외 현장인 태국에 진출하여 파타니 나리타왓 고속도로를 건설, 1966년 전쟁 중인 베트남의 복구 사업인 매콩강 준설공사 등으로 굴지의 현대건설이 탄생하게 된다. 1967년에는 자동차 사업을 다시 시작해 현대자동차 주식회사를 설립하여 첫 작품인 코티나를 생산하게 된다. 1970년 정주영 회장은 경부고속도로를 2년 만에 완공한다. 그리고 현대조선중공업도 설립하게 된다. 정주영 회장은 "도전"과 "창조"로 기억되는 인물이다. 정주영 회장은 지인 하나 없는 서울에 와서 황무지에 농지를 만들 듯이 안 해본 것 없이 닥치는 대로 일을 했다. 그는 "나는 무엇이라도 할 수 있다."라는 신념을 가지고 "어떤 일을 시작하든 반드시 된다."라는 자신감과 긍정적인 사고로 모든 일에 임했다. 목표에 대한 신념이

투철하고 이에 상응한 노력만 쏟아부으면 누구라도 무슨 일이든 할 수 있다는 태도를 중요시했다.

② 돈은 자기 능력대로, 즐겁게 벌어야 한다.

돈은 내 능력에 맞게 벌면 된다. 사람은 누구나 돈 벌 능력을 갖고 있다. 옛말에 '사람은 모두 다 자기 밥그릇은 가지고 태어난다.'라는 말이 있다. 이 말은 누구나 밥벌이할 수 있는 능력을 가지고 태어난다는 뜻이다. 사람은 누구나 남보다 잘하는 특기를 가지고 있다. 암기를 잘하는 사람, 수학을 잘하는 사람, 과학 분야를 잘하는 사람, 그림을 잘 그리는 사람, 그리고 사교성이 좋은 사람, 언변이 좋은 사람, 운동을 잘하는 사람 등 남보다 잘하는 분야가 있다. 직업을 선택할 때는 남보다 우수한 부분을 개발해야 경쟁에서 이길 수 있다.

직업을 선택할 때는 연봉에 너무 얽매이지 말고 시대적 흐름과 자기의 적성을 고려해야 한다. 자신의 적성을 고려하는 것이 일을 즐겁게 할 수 있고, 오랫동안 일을 해도 실증을 느끼지 않을 것이다. 불교의 용어로 무아지경(無我之境)이라는 말이 있다. 이는 '정신이 한 곳에 쏠려 스스로를 잊고 있는 경지'를 말한다. 자기 직업에 대해서도 이러한 무아지경 속에서 일한다면 개인의 만족과 보람은 물론이고, 일의 성과에도 큰 효과를 볼 수 있을 것이다. 미국의 철학자 엘버트 허버드는 "직업에서 행복을 찾아라. 아니면 행복이 무엇인지 절대 모를 것이다."라고 말했다. 그는 일을 하면서 행복을 찾으라고 했다. 다른 곳에서 찾은 행복은 진정한 행복이 아니라는 것이다. 대부분의 사람들은 일을 하면서 돈을 찾지, 행복을 찾으려고 하는 사람은 드물 것이다.

사람들의 인생은 유소년기와 노년기를 제외하면, 생계를 위해서 전 생애를 거의 직장에서 보내게 된다. 직장 생활이 즐겁지 않다면 인생을 불행하게 산다는 것이다. 다시 말하면 행복한 인생을 만들려면 직장을 돈벌이 장소로만 생각하지 말고 행복을 찾을 수 있는 장소로 만들어야 한다는 것이다. 미국의 사상가 겸 시인인 랄프 왈도 에머슨은 "나는 평생 단 하루도 노동을 해 본 적이 없다. 일하는 그 자체가 기쁨이고 즐거움이었다."라고 말했다. 이 말은 일을 노동으로 생각하지 말고, 기쁨과 즐거움으로 생각하라는 것이다. 그렇게 하면, 일에서 오는 만족도는 달라질 것이라는 것이다.

일을 하다 보면 적성이 안 맞고 능력이 모자라서 직장을 그만두는 사람이 많다. 모든 사람이 자기 적성에 딱 맞는 직장을 구할 수 있으면 좋겠지만 그렇지 못한 사람이 많다. 그러나 직장이라는 곳은 자기와 가족의 생계를 책임지는 곳이라서 쉽게 직장을 포기하면 안 된다. 자기 능력이 좋아서 직장을 쉽게 구할 수 있다면 모르지만, 직장을 생각 없이 그만두면 큰 낭패가 될 수 있다. 자기에게 안 맞는 직장이라도 충실하게 일하면서, 자기가 원하는 일을 할 수 있는 능력을 확실하게 배울 때까지 자기계발을 해야 한다. 그러한 노력으로 능력이 갖추어지면 그때 가서 직장을 옮기면 된다. 직장을 몇 번 옮기면 그것이 습성화 되어서 조금만 불편하면 직장을 옮기려고 하므로 직장을 자주 옮기려는 습성을 가지면 안 된다고 생각한다.

18. 영혼의 행복

하나님이 자기 형상 곧 하나님의 형상대로 사람을 창조하시되 남자와 여자를 창조하시고, 하나님이 그들에게 복을 주시며 하나님이 그들에게 이르시되 생육하고 번성하여 땅에 충만하라, 땅을 정복하라, 바다의 물고기와 하늘의 새와 땅에 움직이는 모든 생물을 다스리라 하시니라. (창세기 1: 27-28)

나의 영혼이 잠잠히 하나님만 바람이여 나의 구원이 그에게서 나오는 도다. 오직 그만이 나의 반석이시요 나의 구원이시요 나의 요새이시니 내가 크게 흔들리지 아니하리로다. (시편 62:1-2)

성경에 나와 있듯이 하나님은 사람을 흙으로 만드시고 사람의 코에 생기를 집어넣으시고, 그리고 사람의 머리에 영혼을 넣어 주셨다. 남자와 여자를 창조하셔서 자손을 번성하게 하시고 그들에게 먹고살 수 있게 먹거리를 풍부하게 만들어 주셨다. 지구상에 많은 동식물을 창조하시고 그들을 다스리게 하셨다. 하나님은 많은 생물을 창조하셨지만 사람과 같은 영혼을 주시지는 않았다. 사람을 창조하실 때 하나님과 가장 비슷하게 창조하셨으니 영혼도 하나님에 근접했다고 볼 수 있다. 정말 하나님은 인간을 만드실 때 많은 정성과 배려가 있었다고 볼 수 있다. 지구상에는 많은 종교가 있지만 미국을 비롯한 선진국들은 하나님을 믿는 기독교가 주류를 이루고 있다. 이러한 기독교가 어떻게 변천되어 왔을까?

마르틴 루터의 종교 개혁

마르틴 루터는 1483년 11월 10일 독일의 아이슬레벤에서 태어났다. 루터의 아버지 한스 루터는 구리 광산을 6개나 가지고 있는 중산층 가정이었다. 그 당시 유럽은 흑사병으로 많은 사람이 죽어가고 있었으며, 언덕 곳곳에 저승사자가 돌아다닌다고 생각했다. 사람들은 나쁜 짓을 하면 신이 가차 없이 벌을 내린다는 생각으로 두려워했다. 가톨릭교회는 하나님을 믿으면 죄를 용서받고 자유로워질 수 있다고 고백하며 성서와 행동을 가르쳤다. 가톨릭 교인들은 자신의 죄를 용서 받기 위해서 교회를 찾아 열심히 기도했다. 그들은 죄를 짓고 죽으면 연옥(죽으면 죗값을 치루기 위해 일정 기간 머무는 곳)에서 머무는 고통스러운 시간을 줄이기 위해 열심히 기도했다. 또한 연옥에서 지내는 시간을 줄이기 위한 방법으로 교황이 서명한 면죄부를 샀다.

루터는 완전히 가톨릭 문화 속에서 자라났다. 루터 부모는 모든 생활을 가톨릭교회 중심으로 살아갔다. 그리고 교육도 가톨릭교회가 운영하는 학교에서 교육을 받았다. 루터는 우수 학생으로 선생님들의 추천으로 에르푸르트 대학에서 법률, 의학, 신학을 공부하게 되었다. 루터 아버지는 루터가 법을 전공하여 법률가나 변호사나 판사가 되기를 희망했다. 1505년부터는 아버지의 뜻에 따라 법학을 공부하기 시작했다. 그러나 그해 여름, 천둥과 번개가 치는 가운데 루터의 삶의 방향이 바뀌었다. 빗줄기가 마구 내리치고 가까이에서 요란하게 천둥 번개가 치자, 루터는 두려움에 떨며 울부짖었다.

"성 안나여, 저를 도와주소서! 저는 수도사가 되겠습니다."

폭풍이 지난 뒤, 루터는 자신의 약속을 지켰다. 루터는 학교를 그만두고 수도원으로 들어갔다. 루터는 5세기 가톨릭 학자이자 주교인 성 아우구스티누스를 따르는 수도원을 선택했다. 수도사들은 새벽 두 시에 울리는 종소리와 함께 첫 기도를 올리며 하루 일과를 시작했다. 수도사들은 명상을 하며 성서를 공부했으며 적어도 하루 일곱 번 이상 기도를 했다. 수도원에서 생활하려면 규칙을 엄격히 지켜야 했고, 규율을 지키지 못하면 스스로에게 벌을 주었고 늘 기도하는 삶을 살았다.

루터는 열정이 넘치는 수도사였다. 하나님에게 좀 더 가까이 다가갈 수 있기를 원했고 자신의 죄를 매일 한 번 이상 사제(주교와 신부)에게 고백했다. 고백이 끝나면 참회시간을 가져서 자기가 얼마나 뉘우치는 지를 보이기 위해 먹지도 자지도 않았다. 그러나 하나님이 자신을 받아들이는지에 대해 항상 의심을 가졌다. 거룩한 하나님의 은총을 충분히 받았다고 느낀 적이 단 한 번도 없었기 때문이다. 1507년 스물다섯 살에 루터는 사제로 임명받았고 처음으로 미사를 집전하게 된다. 교회의 교리에 따르면 서품식(첫 미사) 때 하는 말은 빵을 하나님의 성체로 바꾸고 포도주를 예수 그리스도의 피로 바꾸는 기적을 낳는다고 했다. 이런 경험이 얼마나 두려운지 훗날 루터는 제단에서 거의 도망칠 뻔했다고 말했다.

루터는 예수 그리스도께서 나를 사랑하고 용서해 주실 때까지 내가 착한 일을 해야만 한다고 믿었다. 그는 자신이 경건해지려고 무척 노력했지만 언제나 그렇지 못했다고 생각했다.

아우구스티누스 교단은 100년 전부터 두 개 파로 갈라져 있었다. 하나는 참사회라는 수도회로 수도사들은 모든 규율을 엄격하게 지켜야 한다고 주장하는 파이고, 다른 하나는 은수자회로 수도회 소속 수도사들은 규율이 좀 더 느슨해도 된다고 생각했다. 이들 두 개 파는 서로 대립이 심각해졌다. 이를 해결하기 위해 로마의 지도자에게 청원할 대표를 뽑았는데 루터는 그 대표의 동행자로 로마에 가게 되었다. 혹독한 추위와 싸우며 알프스를 가로지르는 1,360㎞의 여행 끝에 드디어 40일 만에 로마에 도착했다.

로마에 도착한 루터는 지금까지 한 번도 경험하지 못한 세계와 마주하게 되었다. 로마는 성(聖) 유물의 보물 창고였다. 루터는 성스러운 도시를 처음 본 순간 땅에 엎드려 말했다.

"성스러운 로마여, 그대는 얼마나 축복받은 도시인가!"

로마에서 교황 40명과 순교자 76,000명이 묻혀 있는 무덤도 보았고, 모세의 '불타는 덤불 조각'이라는 것도 보았다. 예수를 따랐던 성 베드로와 성 바울의 시신이 온전히 보관되어 있다고 했다. 그리고 예수가 본디오 빌라도에게 심문받을 때 올라갔던 예루살렘의 계단이 로마로 옮겨져 라테란 궁전 앞에 세워졌다고 했다.

그러나 로마에 대한 경외감이 컸던 만큼 루터는 이내 환멸을 느꼈다. 그 환멸은 종교 지도자들이 성서를 제대로 모르고 게으르며 도덕적인 선량함과 헌신이 부족하다고 생각했다. 로마의 사제들은 기도나 좋은 일을 하기보다는 안락함과 맛있는 식사에 더 관심이 많은 것 같았다.

교황, 추기경, 그리고 주교들이 순결을 서약해 놓고도 정부를 두어 아이를 낳는다고 한다. 교황은 평화보다 전쟁을 좋아한다고 말했다. 종교 지도자들은 집과 음식들을 사치스럽고 낭비하면서 산다는 것을 알았다. 그러나 루터는 영적인 필요를 채우기 위해 성스러운 계단을 무릎으로 오르며 28개 층 하나하나에서 필요한 기도를 했다. 그런데 계단 꼭대기에 올라서자 의심이 들었다.

"이게 정말로 사실인지 누가 알겠는가?"

루터는 로마에서 다시 에르푸르트로 돌아왔지만 참사회의 임무를 완수하지 못했다. 참사회는 루터의 말을 들으려고 하지도 않았다. 루터가 할 수 있는 일은 아무것도 없었다. 그 후 루터는 영적인 싸움을 계속해야 했고 기도할 때마다 어려움을 겪었으며, 악마가 자기를 괴롭힌다고 생각했다. 어떻게 하면 정의로운 하나님 앞에서 살 수 있는지를 두고 심각하게 고민했다. 루터는 하나님을 다른 방식으로 보기 시작했다. 자신이 하나님을 만족시킬 수 있는 길은 전혀 없다고 생각했으며, 예수 그리스도가 십자가에 못 박혀 죽음으로써 하나님을 만족시켰다고 믿었다. 루터는 이렇게 썼다.

"예수 그리스도는 나를 위해 죽으셨다. 그분은 나를 올바르게 이끄셨고, 내 죄를 자신의 죄로 삼아 나를 대신하여 돌아가셨다, 그래서 난 그분으로 말미암아 죄를 사함 받고, 자유로워졌다."

루터가 중요하게 생각한 구절 가운데 하나는 신약의 〈로마서〉에 나온다. '사람은 율법을 지키는 것과는 관계없이 믿음을 통해서 하나님과 올바른 관계를 맺는다고 우리는 확신합니다.'라고 했다. 루터는 구원이란 그리스도를 통해 하나님이 내려 주는 은총이며, 그것은 믿음에 의해서 받게 되는 것이라고 대담하게 선언했다. 또한 교회나 사제가 없어도 하나님에게 다가갈 수 있다고 가르쳤다. 루터의 이런 이야기는 큰 호응을 얻었다.

교황 레오 10세는 로마에 짓고 있는 성 베드로 대성당을 빨리 완성하고 싶었지만 자금이 모자랐다. 교황은 돈을 모으는 가장 좋은 방법은 면죄부를 더 많이 파는 것이라고 말했다. 도미니크회 소속의 테첼은 교황의 뛰어난 영업사원이었다. 테첼의 목표는 연옥에서 벗어나게 해 준다는 증서, 즉 면죄부를 되도록 많이 파는 것이었다. 루터는 이를 몹시 못마땅하게 생각했다.

면죄부는 죄를 면하게 해 주는 종이 문서인데, 가톨릭교회에서는 그것을 구입만 하면 천국에 갈 수 있고, 이미 죽은 부모도 천국으로 모실 수 있다고 유혹했다. 말하자면 면죄부는 돈으로 사는 천국행 입장권인 셈이었다. 루터는 이것이 말도 안 되는 거짓말이라고 생각했다. 루터는 만일 교회가 사람들을 천국으로 인도할 수 있는 능력이 있다면 치사하게 돈을 받고 할 것이 아니라 거룩한 사랑으로 인도해야 한다고 주장했다.

루터가 있는 비텐베르크 신도들이 면죄부를 사 들고 들어오자 루터는 이에 맞서 대응했다. 1517년 10월 31일 성 교회 문에 큼직한 종이 한 장을 못으로 박아 붙인 것이다. 루터는 그것을 '면죄부의 힘과 효율성에 관한 논쟁'이라고 일컬었다. 거기에는 95개의 토론 주제가 있었다. 루터는 고백 성사, 신앙 고백, 죄, 인간애, 연옥, 지옥, 천국에 대해 토론하기를 바랐다. 또한 루터의 목록에는 사랑과 구원, 그리고 물론 면죄부도 포함되어 있었다. 루터는 지기가 쓴 주제의 사본을 대주교 알브레히트에게 보내면서 면죄부 판매를 비난하는 편지도 함께 보냈다. 루터의 「95개 조항」은 유럽 전체를 들끓게 하고 수천 부가 인쇄되어 군중들 사이로 돌아다녔다. 훗날 루터는 "달랑 종이 한 장 때문에 로마에서 그렇게 엄청난 폭풍이 일어나리라고는 생각하지 못했다."라고 말했다.

1517년 평소처럼 수업과 설교를 했다. 많은 사람이 루터의 생각을 받아들였지만 적도 늘어났다. 예전의 친한 친구들이 루터를 이단이라고 비난하기 시작했다. 루터는 아우구스티누스회의 집회에서 초청을 받아 강연할 때도 면죄부에 관한 자기의 입장을 명확히 밝히고 변호했다. 로마에서는 교황 레오 10세가 루터의 「95개 조항」을 조사하라고 지시했다. 교황과 프리에리아스는 정식으로 루터를 고발할 계획을 세웠다.

1518년 8월 7일 루터는 이단이라는 주장을 해명하기 위해 로마로 오라는 명령이 담긴 문서를 받았다. 루터는 로마로 가기를 주저했다. 이단으로 지목되면 사형을 당할 수 있기 때문이다. 루터는 로마에 가지 않았고 대신 교황이 보낸 추기경을 만나기로 했다. 추기경은 루터에게 세 가지를 명령했다. 첫째는 루터가 자신의 실수를 뉘우치고 철회하는 것, 둘째는 그 주장을 다시 가르치지 않겠다고 약속하는 것, 그리고 셋째는 교회의 평화를 깨뜨리지 않는 것이었다. 그러나 루터는 자기는 잘못한 것이 없다고 철회하지 않았다. 루터는 철회하겠다는 말만 하면 총애를 받을 수 있었지만 루터는 '내가 기독교인이 될 수 있게 해 준 깨달음을 부정하면서까지 이단이 되지는 않을 것'이라고 다짐했다.

루터는 신변에 위험을 느꼈다. 폰 슈타우피츠는 루터의 신변을 위험으로부터 보호해 주었다. 루터는 교황이 보낸 특사를 만나서 철회 요구를 받았지만 또 거절하고 상대가 문제 삼지 않고 조용히 있는다면 자신도 그러겠다고 했다. 교회의 지도자는 교황이 아니고 그리스도라고 루터는 주장했다. 또 성직자라고 해서 보통 기독교인보다 특별한 권위가 있는 것도 아니라고 주장했다. 루터의 많은 지지자들은 거리를 행렬했고 루터의 책은 수천 권 팔려나가기 시작했다. 루터의 강의를 듣는 학생 수도 넘쳐났다. 루터의 지지자들은 루터를 보호하기 위해 100여 명의 기사를 루터에게 보냈다.

1521년 5월 26일 보름스 칙령에 의해 루터는 신성 로마 제국의 공식적인 추방자가 되었고, 이제 아무나 루터를 잡아 죽일 수도 있게 되었다. 루터는 친구 프리드리히의 도움으로 바르트브르크 성에서 안전하게 보호되고 있었다. 루터는 그곳에서 집필에 전념했고 열 달 사이에 12권의 책을 썼다.

루터가 떠난 자리는 루터의 친구들이 맡아 지도를 계속했다. 사제들은 미사를 가톨릭 전통에 따르지 않았고, 평생 독신으로 산다는 서약을 깨고 결혼을 했고, 수도사 13명이 수도사를 떠났다. 그리고 면죄부를 쓰레기라고 선언했다. 학생들이 폭동을 일으키고 교회를 공격하기 시작했다. 시의회는 대규모 혁명이 일어나는 것은 아닌지 걱정했다. 루터는 이러한 폭동이 일어났다는 소식을 듣고 몹시 걱정했다. 그리고 폭동을 자제해 달라는 글을 보냈다. 루터를 체포하면 엄청난 폭동이 일어날 것으로 생각한 당국은 루터를 내버려 두었다.

루터는 다시 자리를 잡고 인내와 사랑과 약자에 대한 배려에 관해 설교했다. 루터의 신앙을 이해하고 따르는 추종자들이 점점 늘어났다. 루터를 따르는 사람들은 신교도·루터교도·개신교도라고 불렸다. 신교도 운동은 유럽 전체로 빠르게 퍼져나갔다. 많은 사람이 루터의 신앙을 받아들였다. 그 루터의 신앙이 바로 지금의 개신교(기독교)의 원조라고 말할 수 있다.

루터의 사상은 교회 밖으로까지 퍼졌다. 그 무렵 독일 경제는 농본주의였는데 농민들은 아무리 일해도 얼마 벌지 못했고 고용주들만 부를 축적하는 상황이었다. 이에 농민들이 고용주에 맞서 하나로 뭉쳤다. 농민의 대표는 바로 마르틴 루터였다. 일찍이 루터는 귀족의 횡포를 참을 수가 없었고 경고한 적이 있었다. 또 하나님도 그런 일은 참지 않을 거라고 덧붙였다. 루터는 평등과 평화를 누리고 싶었다만 약 30만 명의 농민은 수도원, 교회, 성을 파괴했다. 루터는 여러 마을을 다니며 농민들에게 평화롭게 행동하라고 요구했다. 제후들과 농민들 사이에 전쟁이 일어났고 많은 인명 피해가 발생했다. 농민 전쟁은 루터를 실망하게 만들었고, 그로 인해 루터는 자신의 개인적인 삶으로 눈을 돌렸다.

수도원의 수녀들도 자신들의 종교 서약을 무효로 하고 수녀원을 나와서 신교도를 따랐고 결혼도 했다. 1525년 6월 13일, 마흔세 살의 신부 루터는 스물일곱 살의 수녀 카타리나와 결혼을 했다. 그리고 1546년 2월 18일 쉰네 살에 죽음을 맞이한다. 종교 개혁을 위해 몸을 바친 루터는 죽었지만 그 사상만큼은 여전히 살아 있다.

루터의 종교 개혁이 성공할 수 있었던 이유는 루터의 주장이 독일의 민족주의 정서에 부합했기 때문이다. 그 당시 독일 사람들이 낸 세금과 헌금이 로마로 흘러 들어가 성 베드로 성당을 건축하는 데 몽땅 쓰였고, 교황과 성직자들의 호화스러운 생활에 사용했다는 루터의 비판하는 목소리가 독일 사람들의 마음을 사로잡을 수가 있었다. 또 하나는 인쇄술의 발달을 들 수 있다. 때마침 유럽에서 구텐베르크가 인쇄기를 발명하였고, 단기간에 많은 책을 찍어 낼 수 있었기 때문에 루터가 쓴 많은 책은 순식간에 유럽 전체로 퍼져 나갈 수 있었다.

종교적인 측면으로 볼 때 중세의 교황은 황제보다 높은 권위를 가지고 있으면서 교황의 자리를 놓고 자리다툼도 심한 상황이었다. 또한 로마 가톨릭교회는 부패로 인한 재정 악화를 채우기 위해 「면죄부」라는 문서를 팔면서 천국으로 갈 수 있다고 선전했는데 루터는 이것은 말도 안 되는 거짓말이라고 생각했다. 루터는 교회가 천국으로 인도할 능력이 있다면 돈을 받고 할 것이 아니라 거룩한 사랑으로 인도해야 한다고 주장했다.

루터는 하나님의 구원에 대해 생각하기를 "죄인인 내가 어떻게 거룩하신 하나님의 구원을 받을 수 있을까?"라는 불안과 두려움이 있었다. 이것을 해결하기 위해서 스스로를 괴롭히기도 하고, 아주 작은 죄도 고백해 보고, 금식 기도도 해보고, 선한 일도 해 봤지만 결코 만족할 만한 해답을 얻지 못했다. 그러다가 성서를 읽고 연구하면서 자신의 문제에 대한 답을 얻게 되었다. 루터가 발견한 해답은 「인간이 선한 행위나 면죄부로는 절대로 구원에 이룰 수 없고, '오직 믿음'으로 하나님이 베푸신 은혜를 믿음으로 받아들일 때만 구원을 받을 수 있다」 라고 생각했다.

인간은 왜 구원을 받아야 하나

성경 말씀에 의하면 사람은 누구나 태어나면서 죄를 짓고 태어났으니 이 죄를 면죄(免罪)하는 것을 구원을 받는다고 한다. 구원을 받기 위해서는 하느님의 아들 예수 그리스도를 믿고 순종해야지만 구원을 받고 죽어서 천당에 갈 수 있고, 그렇지 않으면 지옥으로 간다고 한다. 반면 불교에서는 누구나 태어나면서 생로병사(生老病死)의 고통을 가지고 태어난다고 한다. 그 고통을 벗어나는 것이 구원이라고 본다.

1. 기독교에서 구원의 의미

1) 사람은 누구나 태어날 때부터 죄인이기 때문에 죄인으로 살아가고 있다.

'그 때에 너희는 그 가운데서 행하여 이 세상 풍조를 따르고 공중의 권세 잡은 자를 따랐으니 곧 지금 불순종의 아들들 가운데서 역사하는 영이라' (에베소서 2: 2)

'전에는 우리도 다 그 가운데서 우리 육체의 욕심을 따라 지내며 육

체와 마음의 원하는 것을 하여 다른 이들과 같이 본질상 진노의 자녀 이었더니' (에베소서 2: 3)

2) 이 세상에서 살아 있는 동안에 죄를 해결하지 않고 죽으면 당신의 혼은 지옥으로 가게 된다.

'만일 네 발이 너를 범죄하게 하거든 찍어 버리라 다리 저는 자로 영생에 들어가는 것이 두 발을 가지고 지옥에 던져지는 것보다 나으니라' (마가복음 9: 45)

3) 그러나 하나님의 독생자(외아들) 주 예수 그리스도께서 모든 죄 문제를 해결해 놓으셨기 때문에 그분을 믿고 순종하고 구주로 영접해서 구원을 받은 사람에게는 하나님의 아들이 되면 영생하게 된다.

'하나님이 세상을 이처럼 사랑하사 독생자를 주셨으니 이는 그를 믿는 자마다 멸망하지 않고 영생을 얻게 하려 하심이라' (요한복음 3: 16)

'아들을 믿는 자에게는 영생이 있고 아들에 순종하지 아니하는 자는 영생을 보지 못하고 도리어 하나님의 진노가 그 위에 머물러 있느니라' (요한복음 3: 36)

2. 불교에서 구원의 의미

불교는 생로병사 윤회의 고통에서 벗어나는 것이 진정한 행복이라고 말하고 있다. 그래서 불교의 가르침이 효용을 가지려면 우선, 태어나고 늙고 병들고 죽는 일이 괴롭고 힘든 일이라는 인식이 있어야 한다. 이런 절절한 인식이 없다면 그에게 불교의 가르침은 무용할 것이다. 삶이 좋은 것, 아름다운 것, 얻고 누려야 하고 추구해야 하는 어떤 것이라는 인식이 팽배한 사람에게 불교의 가르침은 염세적으로 비칠 수 있다. 그러나 생로병사가 괴로운 일이라고 보는 것은 비관적(pessimistic)이 아니라 현실적(realistic)인 태도라고 해야 맞다. 현실을 있는 그대로 바르게 보는 것이다.

불교에서 죽어서 다시 태어난다는 윤회는 매우 원대하다. 이번 생에만 머물지 않는다. 시작을 알 수 없는 과거에서 이번 생을 거쳐 앞으로도 한동안 끝없이 내생으로 향하는 생의 길은 매우 원대한 시간관이다. 이 원대한 시간관에서 볼 때 수많은 생 중에 이번 생에 우리가 욕심내고 화내며 아옹다옹 싸우며 사는 것이 과연 어떤 의미가 있는지 돌아보지 않을 수 없다. (불교 명상의 글)

구원은 어떻게 받을 수 있나

1. 기독교에서 구원 받을 수 있는 방법

루터는 「인간이 선한 행위나 면죄부로는 절대로 구원에 이룰 수 없고, 오직 믿음으로 '하나님이 베푸신 은혜'를 믿음으로 받아들일 때에만 구원을 받을 수 있다」라고 했다. 그럼 하나님이 베푸신 은혜가 무엇일까.

'우리가 아직 죄인 되었을 때 그리스도께서 우리를 위하여 죽으심으로 하나님께서 우리에 대한 자기의 사랑을 확증하셨느니라.' (로마서 5: 8)

이것은 우리를 파멸로 이끄는 죄악을 하나님께서 사해주셨다고 말한다. 그리고 그 죄만 사하셨을 뿐만 아니라 죽었던 영혼을 구원해 주셨다. 완전히 멸망 당할 우리의 죄를 사하시고 구원해 주셨다. 이 하나님의 은혜를 우리가 기억해야 된다. 하나님의 은혜를 우리가 잊지 말고 우리가 감사해야 된다고 한다. (기독일보)

'상심한 자들을 고치시며 그들의 상처를 싸매시는 도다' (시편 147: 3)

시편 147편 3절을 보면 오늘날 근심과 걱정과 고통 가운데 우울증이나 불면증이나 또 공황장애(恐慌障礙: 뚜렷한 근거나 이유 없이 갑자기 심한 불안과 공포를 느끼는 것) 같은 마음의 병으로 고통받는 사람들이 너무나도 많다. 주님께서는 이런 마음의 병까지도 상처까지도 깨끗하게 치료하신다고 말씀하신다. 하나님께서 치료해 주셨기 때문에 우리가 건강하게 된 것이다. 이 은혜를 우리가 잊어서는 안 된다고 한다.

그 은혜를 잊어버리고 살아가는 사람들에게 하나님의 진노가 임하는 것을 우리는 얼마든지 볼 수가 있다. 대표적인 예로 히스기야 왕 같은 경우가 그렇다. 히스기야는 언제부턴가 하나님을 의지하지 않고 교만하게 된다. 그 후 나라가 망할 위기와 죽을병에 걸렸을 때 기도하여 하나님이 소원을 들어줬지만, 그 은혜를 저버리고 감사하지 않았다. 그리고 죽을병에서 살아난 것을 축하하는 사신들에게 자신의 재물과 업적을 자랑했다. 이에 따라 하나님은 벌을 내리셨다며 많은 사람이 히스기야 왕처럼 어려울 때는 하나님께 무릎 꿇고 간절히 기도하지만 소원이 이루어지면 그 일을 잊어버린다. 그 은혜를 절대로 잊으면 안 된다고 한다.

우리의 마음속에 가득한 교만한 모습을 하나님 앞에 모두 버리고 주님을 섬길 때 하나님께서 우리 마음과 삶 가운데 아름다운 보물들로 가득히 채우셔서 하나님의 형상을 닮아가게 하시고 하나님께서 영광을 받으시며 주의 나라와 영광을 위해 살아가게 된다. (인터넷 카페)

2. 불교에서 구원은 스스로 진리를 깨달음이다

불교는 인간이 스스로 진리를 깨달을 수 있고 깨달은 것을 스스로 성취할 수 있다고 믿는다. 스스로 해탈하고 스스로 구원하므로 '자력 종교'라고 볼 수 있다.

불교의 교주는 기원전 6세기경 살았던 석가모니이다. 그가 출가한 목적이 인생의 괴로움으로부터 벗어나는 것이라고 할 때 그 괴로움의 완전한 소멸되는 것인 열반이야말로 불교의 궁극적 목적인 동시에 최고의 가치가 아닐 수 없다. 흔히 승려의 죽음을 열반했다는 식으로 표현하는 경우가 있으나 그것은 의미가 변했거나 미화된 경우라고 할 수 있겠다. 승려가 죽는다고 해서 모든 열반의 경지에 도달하는 것은 아니며, 살아 있는 중에도 번뇌를 제거하여 괴로움을 벗을 수 있으므로 반드시 죽어야만 열반에 드는 것도 아니다.

불교 수행의 최고 목표는 부처가 되어 열반에 들어가는 것인데, 열반의 사전적 의미는 '불이 꺼진 상태(nirvana)'이며 그것은 곧 일체의 괴로움이 사라진 상태를 뜻한다. 혹은 탐욕, 증오, 어리석음 등 근본적인 모든 번뇌가 사라진 상태를 뜻하기도 한다. 이렇게 소극적이고 부정적인 어법으로 표현될 뿐만 아니라, 시원한 상태, 행복한 상태 등 적극적인 표현을 쓰기도 한다. 결국 이 모든 표현이 가리키는 바는 같다. 불길이 꺼졌으므로 시원하고 괴로움이 소멸되었으므로 평화롭고 행복한 상태가 곧 열반이라고 할 수 있는 것이다.

실천적인 문제에 있어서 불교는 세속적인 평범한 생활로는 결코 참다운 열반에 도달할 수 없음을 가르친다. 세속에는 극단적인 두 가지 생활방식이 있다. 하나는 감각적인 쾌락에 탐닉하는 생활이며, 다른 하나는 많은 수행자와 마찬가지로 자신의 몸을 채찍질하는 고행의 실천이다. 이 환락과 고행이라는 양극단을 피한 불고불락(不苦不樂)의 중도에 의하여 진실에 대한 바른 인식, 바른 깨달음을 얻음으로써 비로소 열반으로 향하게 되는 것이다.

원효대사께서는 "헛된 것은 일체생사요, 헛되지 않은 것은 일체열반"이라고 말씀하시고, 고려 말의 나옹왕사께서는 열반의 노래를 남겼는데, "삶이란 한 조각 구름이 피어나는 것과 같고 죽음이란 한 조각 구름이 스러지는 것과 같다."라고 하셨다.

결론적으로 열반은 수행의 완성이며, 수행의 목표는 열반을 얻는 것이다. 열반은 하늘나라 어딘가에 있는 물질적 세계도 아니고 열반 세계가 따로 정해져 있지도 않다. 어떠한 경지에 들어서면 괴로움을 소멸하고 더 이상 괴로움으로 느끼지 않는 평화롭고 행복해진다는 것이 바로 열반이라는 것이다. (바른믿음, 네이버 지식백과)

종교와 인간의 삶

종교란 무엇인가? 종교는 왜 필요한가? 인간의 가슴과 마음에서 종교를 완전히 제거하는 것이 왜 불가능한가?

1. 소년기(少年期)

사람은 누구나 한평생을 살아가면서 많은 일을 겪게 된다. 내 의지와 관계없이 태어나서 부모님의 극진한 보살핌 속에서 유년기를 거치게 된다. 그리고 학교에 가서 선생님을 만나서 공부를 하고, 친구를 사귀게 된다. 이것이 1단계 인생의 변곡점이라고 볼 수 있다. 좋은 학교에 가서 좋은 선생님을 만나야 하고 좋은 친구를 사귀어야 하고, 또 부모님의 조력도 필요하다. 이러한 요소들은 앞으로의 인생을 행복하게 하는 중요한 자원이지만 내 마음대로 되는 것이 아니다. 그리고 모든 사람에게 동일하게 주어지는 것도 아니다. 그럼 누구는 행복한 길로 가고, 누구는 불행한 길로 들어서야 할까. 인생길은 순간적인 선택에 의해서 크게 바뀌게 된다. 그것은 내 의지와 관계없이 이루어지는 것이기 때문에 우리는 종교를 의지하게 된다.

2. 청년기(青年期)

2단계 인생은 직업의 선택이라고 볼 수 있다. 공부를 잘해서 남들이 부러워하는 좋은 직장에 들어가는 사람도 있고, 아니면 중소기업이나 다른 직장을 선택하는 사람도 있다. 그리고 아버지를 잘 만나서 아버지 회사에 들어가서 고속 승진하는 사람도 있다. 직장은 의식주와 직결되기 때문에 앞으로 할 결혼과 가정생활하고 연관이 있기 때문에 많은 생각을 해야 한다고 본다. 직장은 거의 반평생을 바쳐야 하기 때문에 자신의 적성도 생각해야 하고, 장래성도 봐야 한다. 일단 직장에 들어가고 나면 일의 성취도와 대인관계라는 큰 산이 기다리고 있다. 이 산을 잘 넘어야지 그 직장에서 성공하게 된다. 여기서 좋은 상사와 선후배 그리고 동료를 잘 만나야 한다. 이것도 운이 따라야 하기 때문에 신의 믿음에 의지하게 된다.

3. 장년기(壯年期)

3단계의 인생은 결혼이라고 본다. 우리는 결혼을 함으로써 부모님의 영역에서 독립하여 새 가정을 갖게 되고 자식을 낳고 오순도순한 평생을 행복하게 살게 된다. 그러나 결혼을 함으로써 모두 행복해지는 것은 아니다. 결혼을 하고 얼마 되지 않아서 이혼하는 사람도 많이 있다. 결혼 생활 중에도 여러 가지 의견충돌로 가정불화가 일어나는 경우가 많이 있다. 그래서 결혼 상대는 신중하게 앞, 뒤, 좌, 우를 보고 자기와 조건은 잘 맞는지, 성격은 잘 맞는지 잘 봐서 선택을 하여야 한다. 일단 결혼 후에는 배우자의 장점만 보려고 노력해야 한다. 세상에 완벽한 사람은 한 사람도 없다. 배우자의 단점도 덮어줄 수 있는 사람만이 가정을 행복하게 만들 수 있는 자격이 있다. 좋은 사람을 만나는 것도 신의 가호(加護)가 필요하다. 결혼을 앞둔 미혼 남녀들은 항상 좋은 사람을 만나게 해 달라고 마음속으로 기도할 것이다.

4. 노년기(老年期)

1) 생계(生計)

마지막으로 인생의 말년인 노후이다. 사람은 누구나 나이를 먹으면 늙게 되고 늙으면 죽게 된다. 적지 않은 사람들은 각종 질병이나 사고로 노후 전에 세상을 뜬다. 그렇게 생각하면 노후를 맞은 많은 사람은 신의 은혜에 감사해야 한다. 노후가 되면 가장 중요한 것이 생계와 건강과 죽음을 생각한다. 노후에는 대부분 직장을 잃게 됨으로써 수입이 줄어들게 된다. 젊었을 때 노후 대책을 해놨지만 그렇게 풍족하게 사는 사람은 몇 안 될 것이다. 다행히도 자식이 결혼하여 독립했고, 질병 등 큰 우환이 없다면 많은 돈이 들어갈 일은 없다. 그러나 극빈(極貧) 생활을 면하기 위해서는 기본소득은 있어야 한다. 지금은 국민연금 등 연금제도가 잘 되어 있지만, 특별한 직종에 근무한 사람을 제외하면 그리 넉넉하지 못한 편이다. 그렇다고 자식들한테 도움을 받으려고 생각한다면 노후는 불행해지는 것이다. 자식들 도움 없이 의식주는 자립할 능력이 있어야 한다. 그러기 위해서는 젊었을 때부터 노후 대책을 세워 놓는 것이 필요하다.

2) 건강(健康)

노후가 되면 노인들의 가장 큰 희망은 건강하게 오래 사는 것일 것이다. 그러나 몸이 점점 쇠약해지고 고혈압 당뇨 등 성인병에 시달리게 된다. 아무리 장사라도 노쇠 현상은 막을 수가 없을 것이다. 다만 노쇠 현상이 천천히 올 수 있게 하는 것은 본인의 의지에 달려 있다고 본다. 건강 전문가들은 노인들의 건강을 지키기 위해서는 매일 1시간 이상 운동을 하는 것이 좋다고 한다. 운동으로는 너무 과격하지 않은 걷기, 가벼운 등산, 사이클 등 유산소 운동이 좋다고 한다. 그리고 건강한 음식과 맑은 공기는 건강을 위한 필수 조건이라고 생각한다. 노후에 부부 금슬(琴瑟)이 좋은 것도 건강에 많은 도움을 줄 것이다. 가까운 친구들과 만나서 취미생활 하는 것도 심신을 건강하게 하는 하나의 방법이다. 그렇게 열심히 건강관리를 해도 몸은 약해지고 질병은 찾아오게 된다. 그래서 기도 제목으로 가장 많이 나오는 것은 죽을 때까지 병 없이 건강하게 해 달라는 것일 것이다.

3) 죽음

노인이 되면 가장 많이 생각하고 또 가장 생각하기 싫은 것이 죽음일 것이다. 몇 살에 죽을지? 어떤 병으로 죽을지? 죽은 때 얼마나 고통이 있을지? 천당과 지옥은 있는지? 등 많은 것을 생각할 것이다. 그러나 이러한 의문에대하여 정답을 아는 사람은 한 사람도 없다. 누구나 죽음에 대한 소원은 병 없이 건강하게 오래 살다가 고통 없이 죽고, 죽은 다음에 영혼은 천당에 가는 것일 것이다. 노인들은 이러한 미지(未知)의 소원 때문에 종교에 대한 집착력이 강할 수 있다.

가톨릭교회는 죽은 다음 인간의 영혼은 연옥(煉獄)에 있을 것이라는 연옥설을 주장한다. 연옥은 죽음의 순간, 인간의 육체를 벗어난 영혼이 이 세상에서 지은 모든 죄에서 씻음을 얻고 영원한 구원을 얻기 위하여 불에 타는 고통을 당하는 장소 내지 과정을 가리킨다. 연옥설은 윤회설과 마찬가지로 영혼 불멸설에 근거하며, 몸 없는 영혼의 영원한 존재를 전제한다. 죽음과 마지막 부활 사이의 중간 기간을 설명하기 위하여 영혼 불멸설이 제시되었고, 영혼 불멸설은 연옥설과 결합되었다. 그리하여 연옥설은 인간의 영혼이 완전히 정화되어 하나님을 보기까지, 죄에 상응하는 벌을 연옥에서 당한다고 말한다. (출처: 기독교에서의 죽음, 작성자 찰리형)

불교에서 죽음이란 육신과 의식의 완전한 소멸(身智滅)을 뜻한다. 그러나 윤회를 전제로 할 경우 엄밀한 의미에서 죽음은 없다고 할 수 있다. 죽음은 현생(現生)으로부터의 출구이면서 동시에 내생(來生)으로의 입구가 되기 때문이다. 죽음과 재생(rebirth) 간의 시간적 격차를 인정하지 않는 상좌부 전통에서는 더욱더 그러하다. 그럼에도 불구하고 불교에서 죽음의 문제는 다른 종교에서와 마찬가지로 교리적으로 중요한 위치를 차지하고 있다. (출처: 불교평론)

많은 종교는 죽은 후에도 살아있을 때와 유사한 세상으로 보내진다고 믿고 있다. 그래서 고대 이집트에서는 파라오가 죽으면 매우 거대한 무덤을 만들어 파라오가 죽은 후 살아갈 거주 공간을 만들어 주는데 이를 피라미드라 한다. 또한 기독교와 불교도 각각 어떻게 살았느냐에 따라 죽은 후 가는 곳이 달라지며, 신앙심이 깊고 선량하게 살았으면 천국(극락)으로, 신앙심이 없고 악하게 살면 지옥으로 간다고 믿고 있다. 많은 종교와 문화, 문학 등에서 사후 세계를 말하고 있지만, 사후 세계는 경험적 관찰의 대상이 아니고 경험해볼 수도 없기 때문에 과학의 영역이 되지는 못한다고 본다.

사람은 누구나 죽는다. 노후를 살아가면서 죽음을 너무 생각하면 생활이 비참해질 수 있다. 노후의 정의로운 삶은 여생을 어떻게 살아가느냐가 중요할 것 같다. 과거를 회상하면서 내가 잘못했던 것은 뉘우치고 많은 덕을 쌓으며 좋은 일을 해야 할 것이고, 인생에 굴곡은 있었지만 이렇게 몸 건강하게 보존(保存)해 준 은혜에 감사하고, 욕심을 버리고 현재를 감사하면서, 오늘 하루를 보람 있고 선하게 살아간다면 죽은 후에도 천국(극락)으로 갈 것이 확실할 것이다.

참고문헌

아이세움 역사 인물(18권)

신윤식, 이상영 편저(2019), 『SMART 論語 논어 上』(구포출판사)

이수광 외 1인, 『논어』

성경

기 코르노(2006), 『마음의 치유』(북폴리오)

인터넷 지식 사이트(네이버, 다음)